U0143749

同一堂课 经典语文

A Class
Of Classic

张大春　向　阳——主编

南方出版传媒
花城出版社
中国·广州

图书在版编目（ＣＩＰ）数据

同一堂课经典语文. ① / 张大春，向阳主编. -- 广
州：花城出版社，2021.1（2021.2重印）
ISBN 978-7-5360-9198-6

Ⅰ. ①同… Ⅱ. ①张… ②向… Ⅲ. ①教育－随笔－
中国－文集 Ⅳ. ①G52-53

中国版本图书馆CIP数据核字(2020)第196213号

出 版 人：肖延兵
责任编辑：文　珍　周思仪
技术编辑：薛伟民　凌春梅
封面设计：八牛·设计 ８NEW DESIGN

书　　　名　同一堂课 经典语文 . ①
　　　　　　TONGYITANGKE JINGDIAN YUWEN ①
出版发行　花城出版社
　　　　　　（广州市环市东路水荫路 11 号）
经　　　销　全国新华书店
印　　　刷　佛山市迎高彩印有限公司
　　　　　　（佛山市顺德区陈村镇广隆工业区兴业七路 9 号）
开　　　本　880 毫米 ×1230 毫米 32 开
印　　　张　11.5　2 插页
字　　　数　260，000 字
版　　　次　2021 年 1 月第 1 版　2021 年 2 月第 2 次印刷
定　　　价　65.80 元

如发现印装质量问题，请直接与印刷厂联系调换。
购书热线：020-37604658　37602954
花城出版社网站：http://www.fcph.com.cn

《同一堂课 经典语文》编辑组

主 编

张大春 向 阳

编辑组

陈 涤 袁 蕾 郑 益 孟雨蒙 黄铭明 刘子哲

彭子敏 朱晓佳 苏俭玮 邢伊扬 吴 双 朱 骞

冯 洁 卢 佳(剧照)

序 言

张大春

"斅学半"是一个成词，出自《尚书·说命下》。"斅"，今音读作xiào，和学校的校字同音，它原始字形的构成，是左边一个繁体的"学"字，右边一个手持教鞭的"攵"（音pū）字，两边合起来，就是教的意思。

"斅学半"说的是：教育这件事，对于施教的一方是有益的；也可以进一步解释成：无论是施教或受教的任何一方，都只是整个教育过程里一部分的受惠者。

到了《礼记·学记》，则将"斅学半"的意义朝教与学两方面扩充起来，并且将"教"和"学"各自不为足的原因再进一步说明："学然后知不足，教然后知困。知不足，然后能自反也；知困，然后能自强也。故曰：教学相长也。"这一番见解，可以说是知识论和教育论的结合。其基本精神就是：求知与解答都不足以构成完整的教育。教育过程中施受双方的互动过程，才是使得教育这件事具备完整意义的事情。

2017年9月我应制作人向阳之约，抵达山东济南制锦市街小学参与《同一堂课》。这个学校当时已经创办一百一十多年了，和我仍然在济南市的家人亲戚都有着很深的渊源。我的伯父、父亲、姑姑、堂兄姐以及数不清的侄辈亲戚们，绵亘四代，几乎都是从这个小学毕业的。

我走进二年六班的课室，听见孩子们在嬉闹间偶然流露出我父母说话时才会的乡音，不觉有些错乱，仿佛我才是来温习什么课业的那个人。

我日后精细计算过，如果将课外活动（船游大明湖）的三个小时也包括在内，我在制锦市街小学上课的时间总共是三百五十分钟。我几乎没有一刻不在从四十三个孩子身上学到一些东西——可不要说我重新亲近了天真之情、赤子之心这种虚套子，我说的甚至还包括正确写字的笔画。

比方说，就是一个叫王涵诚博的小个头儿告诉我："欢"字的最后一笔不能写成"一捺"，得要写成"一个长点儿"。我必须说：我的知识还不足以应付这么细腻的文字学问题——教学相长不是？

我还可以举一个例子。在游湖和野餐之间，我们有大约一个小时的工夫，上一堂旧诗课。事前，孩子们的班主任王颖老师告诉我，他们从来没有受过古典式的训练，不知声调，不懂格律，一切得从零开始。质言之：这是孩子们第一次试着写出文言语感的诗句。然而，在那一个小时之中，全班同学完全运用自己已有的词汇，完成了一首《游大明湖》七绝："四面八方都是风，行舟西向水流东。荷枯湖浅浮云散，柳絮之间声不穷。"其间我什么忙也帮不上，大概只能说说某句某字平仄不对，某句某字过于俚白，如此而已。但是，也就只是提供了这么一丁点儿的扶持，孩子们很快就能有效地透过带有诗趣的眼光，完成他们对于大明湖秋景的观察。

更不消说，在那三百五十分钟里，我们还一起认识了十六个甲骨文、十六个金文、十六个小篆，学会一首可以贯通套用在所有五言绝句上的歌调，还认识了李白这个不回家的年轻人一生之中如何几次三番错过了他的时代——而不只是爱喝酒而已。

我和这些孩子们的缘分还不止于此。几个月之后，制作人向阳通知我：制锦市街小学二年六班师生之中还有一小队人马要来台湾上一堂课。

我们于是和台北市在地的静心小学的一群学生又规划出一整天的学习行程；从杜甫和李白诗中的食物，到当季在地菜市场里可以取得的食材，并且找到了一所法式餐厅，使用这些食材，做成孩子们非但可以下咽，而且还吃得腹鼓膨脬，以便于下午来到大龙峒的孔庙，在孔夫子的庭院里上一堂《诗经·七月》，甚至还模拟《七月》的手段，写了几句仿《诗经》体的四言诗。

回想起来，每一次登上《同一堂课》的讲堂，或者是像湖船、菜市那样的活动现场，我都是那个学得最多的人。一点儿都不夸张地说：正是《同一堂课》提供的讲堂，帮助我真正理解了也体悟了那些个知识是如何在初学之人身上"过"了一遍，而我初学的时候却错过了。

"敩学半"，然乎？然也。

如果要就我为孩子们设计的那一半——也就是从语文教学内容来说说什么的话，我想从两个角度来谈谈：一个是将一部分大学中文系里才会开出的文字学、训诂学、诗词曲学以及文学史课程的内容，用尽可能较浅白的语言传达给七八岁的孩子，让他们在较丰富的语言环境中对于语文修辞有更丰富和积极的反应与提问。以制锦市街小学二年六班的实作看来，教学现场并没有过度高估孩子们的资质，他们都消化得很好。

另一个课程设计的旨趣则是转换语文教育的验收形式。用"以创作带领教学"来扭转"以考试带领教学"。例言之：在二年六班上课前已经设定了全班同学必须共同完成一首古典诗歌的写作，那么，一步一步透过筑字、砌词、炼句、兴感的布局，学习者已经在看似是简易版的古文字、声韵、训诂课程里耳濡目染，熟悉了古汉语的语感和思路。

以上两者，在现行教育体制和实作上说来——尤其是从升学考试的考量上说来，可能显得特别"奢侈"，因为这样施作，似乎并不容易透过传统的考卷甄别出学习者的"那一半儿"究竟有没有公正、客观又易于评量的学习成果。不过，我想这正是《同一堂课》的构想宗旨。

我个人在《同一堂课》中所实施的教学，只是几十分之一。这个"教师分母"还包括了许多知名人士，有作家、导演、演员、舞者、运动选手……我们有理由相信：来自不同领域的专业人士在自己告别语文课堂之后几十年间，一定也有无数次检验自己语文成绩的人生经验，回想起我自己的这一类经验，并不好过，因为不只"学然后知不足"以及"教然后知困"。但凡是活着就会知不足，就会知困。然而，恰是非专业的语文老师半生之中鲜活体会过的自觉其不足，与自觉其困，能够为他们所面对的学习者带来更宝贵的借鉴。也正是在非语文专科的生活和职业里浸润、体验并打磨出生活与艺能的智慧，再回头来体味语文课所提供的生活与思维养料，宁非弥足珍贵而真实的生命教育呢？

然而制作人向阳对于如何重新打造语文教育的创意奇想并未止步于此。在《同一堂课》的第二季节目里，他又设计了一个"第二现场"，也就是两个迢递不同时空、不相往来的课堂，经由古典文化材料的涵泳，加之以各别讲者更多生活体验的参证，形成了"穿越"。这不只是语文课之嚆矢，也是《同一堂课》这个概念的发轫。试想：借由通信网络，如果有无数的语文课堂之间得以像《同一堂课》中的两个教学现场一样，而且能够及时反馈，随时应答，互相印证，彼此补充，这样的课堂又或许分别设置于天涯海角，则语文课所能串联的人生风景与经验维度，将是何等壮丽而广大呢？

为教育现场推拓出越发活泼而有效率的想法，会使人成天到晚只想从事教育工作的。《同一堂课》让教育者与受教育者发现了原来教育如此令人兴奋，这已经是空前的事了。

目　录

诗经·七月

代课老师 张大春
上课地点 台湾台北市私立静心中小学

诗经·七月

七月流火，九月授衣。一之日①觱发②，二之日栗烈。无衣无褐，何以卒岁。三之日于耜③，四之日举趾④。同我妇子，馌彼南亩。田畯至喜。

七月流火，九月授衣。春日载阳，有鸣仓庚。女执懿筐，遵彼微行，爰求柔桑。春日迟迟，采蘩祁祁⑤，女心伤悲，殆及公子同归。

七月流火，八月萑苇。蚕月条桑，取彼斧斨⑥。以伐远扬，猗彼女桑。七月鸣鵙，八月载绩。载玄载黄，我朱孔阳，为公子裳。

四月秀葽，五月鸣蜩。八月其获，十月陨箨。一之日于貉，取彼狐狸，为公子裘。二之日其同，载缵武功。言私其豵⑦，献豜⑧于公。

五月斯螽⑨动股，六月莎鸡振羽。七月在野，八月在宇，九月

---

① 一之日：即夏历的十一月。周历以夏历的十一月为正月。下文二之日，夏历十二月；三之日，夏历一月（正月）；四之日，夏历二月。夏历三月，就不作五之日，只称为"春"。
② 觱（bì）发：寒风触物的声音。
③ 于：为，这里指修理。耜（sì）：农具，犁的一种。
④ 举趾：举足下田，开始春耕。
⑤ 蘩：草名，亦名白蒿。祁祁：形容采蘩妇女众多的样子。
⑥ 斨（qiāng）：方孔的斧。
⑦ 豵：本义是小猪，此处疑泛指小兽。
⑧ 豜（jiān）：三岁的大猪，这里疑泛指大兽。
⑨ 斯螽（zhōng）：亦名螽斯，今名蚱蜢。

在户，十月蟋蟀入我床下。穹窒熏鼠，塞向墐户。嗟我妇子，曰为改岁，入此室处。

六月食郁①及薁②，七月亨葵及菽③，八月剥④枣，十月获稻。为此春酒⑤，以介⑥眉寿⑦。七月食瓜，八月断壶⑧，九月叔⑨苴⑩。采荼薪樗⑪，食我农夫。

九月筑场圃，十月纳禾稼，黍稷重穋，禾麻菽麦。嗟我农夫，我稼既同，上入执宫功。昼尔于茅，宵尔索绹。亟其乘屋，其始播百谷。

二之日凿冰冲冲，三之日纳于凌阴。四之日其蚤，献羔祭韭。九月肃霜，十月涤场。朋酒斯飨，曰杀羔羊。跻彼公堂，称彼兕觥，万寿无疆。

----

① 郁：植物名，唐棣之类。树高五六尺，果实像李子，赤色。
② 薁：植物名，果实大如桂圆。一说为野葡萄。
③ 菽：豆的总名。
④ 剥：读为"扑"，打。
⑤ 春酒：冬天酿酒经春始成，叫作"春酒"。枣和稻都是酿酒的原料。
⑥ 介：祈求。
⑦ 眉寿：长寿，人老眉间有豪毛，叫秀眉，所以长寿称眉寿。
⑧ 壶：葫芦。
⑨ 叔：拾。
⑩ 苴：秋麻之籽，可以吃。
⑪ 樗：木名，臭椿。薪樗：言采樗木为薪。

讲堂录

大家好，我是张大春。

今天上课的方式会跟你们平常的上课方式不太一样。

第一，我不要求你们在上课的过程中认识所有的字，如果我念，我请你们也跟着念那个读音。

第二，我们不解释字句，我会把整个讲解的内容用情境的方式说明，像说故事一样说下去。所以这堂课需要你们带着思考去体会这些诗。思考几个问题：

1. 为什么会有诗？诗它代表一种音律美，还是人生的某些状态呢？有些诗反映的可能是群体的生活；有些诗则是非常个人；也有一些诗可能是某一种生命经验和哲理。所以，不能单纯从一个角度去解释所有的作品。

2. 你们怎么去辨认月份呢？比如七月跟六月有什么不同？中国人还要讲究节气，二十四节气，用二十八个字来说明：春雨惊春清谷天，夏满芒夏暑相连。秋处露秋寒霜降，冬雪雪冬小大寒。

我先讲一个我的经历。小时候，学校教我们唱《农家好》，"农家好，农家好，绿水青山四面绕"。好美的风景。但我们到底住过农家没有，劳动过没有？其实都没有。小的时候勉勉强强在唱丰收、唱耕种，但跟土地都没有什么关系。到我年纪比较大一点了，自己独自住在乡下一个地方写稿子，那个时候开始要自己下厨做饭，我什么菜都不认识。我跑到菜场，有一个种菜的老先生开始教我辨识各种蔬菜，辨认春天里各种菇，比如跳舞菇、雪白菇、鸿禧菇、金针菇、杏鲍菇。

老先生教了我以后，我才渐渐明白一个道理：为什么古人讲"七月流火，九月授衣"，为什么讲"六月食郁及薁"，"九月筑场圃"，这都是因为每一个季节、每一个生活的时段都有它分明的特色。

学会辨认时间很重要。时间不仅是指某一年、某一月或者某一天。比如，我曾经在某段时间内，往返济南和台北，这就不只是数字了，它包括了地理条件。我们对一段时间的认知，也包含了它的地理元素以及生活内容，所以今天，我们的课主要是请大家辨认时间、地点，以及和它的生活内容相关的东西。

第一课 食物的季节：春来秋至

我先介绍一个人，这个人叫储光羲，他是唐朝的一个大诗人，年纪比李白大概小六岁，这个人只活了五十多岁就过世了。可是他在一生中，为唐朝的诗歌留下了许多非常珍贵的农家生活题材作品。储光羲是士大夫阶级，是做官的人，是一个文人。但他非常喜欢农家生活，代表作有《田家杂兴》和《田家即事》。"田家"意思是农民人家，农户、农家。我们今天要先讲他的诗。

第一首《田家杂兴·其八》，在念的时候，特别留意一下"菰米饭"这三个字：

种桑百馀树，种黍三十亩。

衣食既有馀，时时会亲友。

夏来菰米饭，秋至菊花酒。

孺人喜逢迎，稚子解趋走。

下面这是后半首，它跟上半首押同样的韵，都是上声韵，第三声：

> 日暮闲园里，团团荫榆柳。
> 酪酊乘夜归，凉风吹户牖。
> 清浅望河汉，低昂看北斗。
> 数瓮犹未开，来朝能饮否。

我们先讲菰米饭，"夏来菰米饭，秋至菊花酒"。"夏来"跟"秋至"是什么意思？

学生：季节。

对，是季节。夏天到了就要吃菰米饭。菰米跟白米不一样，外面有一层壳。一般的米，外面的壳是黄的，而菰米外面的壳是黑的，米的形状细长。菰米一般都生长在水边，正常生长的时候，远远地看过去一片黑。但是当它被真菌感染的时候，它的根部会变得很肥大，而且是白色的，看起来根本不像米。来看另外一首杜甫的诗，也有菰米在里面。

杜甫比李白小 11 岁，比刚才讲的储光羲要小 5 岁。但是杜甫最后活得比较久一点，在李白过世之后还活了几年。这是杜甫在过世前四年，于现在的四川所写的诗。当时四川叫蜀地，距离都城长安几千里。这首诗是他《秋兴八首》这组诗的第七首，也是代表着他想念长安，遥望之而不及的情感——非常个人的情感：

> 昆明池水汉时功，武帝旌旗在眼中。
> 织女机丝虚夜月，石鲸鳞甲动秋风。
> 波漂菰米沉云黑，露冷莲房坠粉红。
> 关塞极天惟鸟道，江湖满地一渔翁。

张大春老师用《诗经》教学生们何为农耕。

"波漂菰米沉云黑",什么意思呢?菰米生长于水边,可以吃,只要把它的壳舂开了,就可以煮饭吃了。但是"波漂菰米",是可以收成的粮食都没有去收,任它漂在波上,变成像黑云一片的景象,意思就是浪费掉了。再看下一句,"露冷莲房坠粉红"。莲房,就是莲蓬,也是食物,但这里任由它就坠落在水塘里面,没有人去收拾。

这两句表示,经过了战乱,老百姓的生活不能恢复正常的秩序。可以吃的、可以收成的东西,都不能够正常地收,说明当时杜甫在蜀地,过着一种漂泊流浪的生活,这才会有后面的两句:"关塞极天惟鸟道,江湖满地一渔翁。"从蜀地要回到长安,隔着重重的山河,没有路可通。"江湖满地一渔翁",渔翁就是杜甫。

对比第一首，储光羲到了夏天可以吃菰米饭，而到了杜甫这里，菰米饭不仅吃不到，连采都不能采。我们接着看下面这首《宿五松山下荀媪家》，赫赫有名的李白来了：

> 我宿五松下，寂寥无所欢。
>
> 田家秋作苦，邻女夜春寒。
>
> 跪进雕胡饭，月光明素盘。
>
> 令人惭漂母，三谢不能餐。

"邻女夜春寒"，刚才说到米要去壳，那个动作就是"春"字。"令人惭漂母"，漂，在这里念 piǎo。音不同，字义就不同，是洗的意思，比如组词：漂白、漂染、漂洗。洗衣服的老太太，谓之"漂母"。

为什么说"令人惭漂母"？这是来源于韩信的故事。楚汉相争的时候，汉高祖的大元帅韩信，年轻的时候曾经没饭吃，结果一个洗衣服的老太太给了他一顿饭。后来我们引用这个典故，就是指受人一顿饭的恩惠。"令人惭漂母，三谢不能餐。"受了一饭之恩，老是想要感谢她，感动得吃不下。

这首诗是李白在流浪中，非常落魄的时候写的。当时他生活不是很稳定，"寂寥无所欢"，心情也很郁闷，连饭都没得吃。直到有一天，他经过了现在安徽省铜陵县东南边的一座山，五松山，一个农家妇女给他提供了一碗雕胡饭，也就是菰米饭。

第二课　《诗经》中的一月到十二月

刚才我们念的诗，是五个字或者是七个字一句，现在我们要念的这首，是四个字一句，也叫四言诗，但并不是每一句都是四个字，有时候会有一些变化：

"七月流火，九月授衣。一之日觱发，二之日栗烈。无衣无褐，何以卒岁。三之日于耜，四之日举趾。同我妇子，馌彼南亩。田畯至喜……"

你们有没有听到一个韵律和节奏感？七月怎么样，八月怎么样，四月怎么样，五月怎么样……学过音乐的都知道，诗的最基本的一个美感就来自于它的旋律，诗歌的这种重复会产生一种语言和韵律上的美感。

这首诗选自《诗经·豳风》，题目叫《七月》，但并不是只讲七月，而是讲一整年。此诗反映了周代早期的农业生产情况和农民的日常生活情况。我们把这首诗从一月理到十二月。

阴历一月，在《诗经》里称"三之日"。三之日要干嘛？整理农具，所以有"于耜"这两个字。这时候天寒地冻，还没有开始耕田。阴历一月你们在干嘛，放寒假吧？你们在放寒假，农人也要放寒假。但是农人在家里不能闲着，要忙着把冬天的冰块贮藏到地窖里。因为古代没有电冰箱，人们夏天要吃冰凉的东西，就得用地窖藏冰。

二月是四之日，"四之日举趾"，拿脚踩农具，翻土。这时候，农人真正的生活就已经开始。

三月就更复杂了，这里没写，但注意一个词：蚕月。养蚕的人家要种桑树，给蚕宝宝吃桑叶。储光羲的诗第一句就告诉我们"种桑百馀树"，蚕可以吐丝做茧，把茧煮一煮，然后抽丝，用于纺。蚕月到三月的时候也叫"条桑"，这里还有"斧斨"两个字，拿着斧子去砍那桑树上长的枝条，拿桑叶回来喂蚕。

"四月秀葽"，四月，我们可以开始吃一些树上结的野果子。"五月鸣蜩"，蜩就是知了。阴历五月，知了就开始叫了，就是夏天的声音。

五月还有一种虫叫斯螽，也叫螽斯，据说是跟蟋蟀这一科非常接近的虫，包括接下来提到的莎鸡。莎鸡不是一种鸡，而是纺织娘，一种昆虫。蟋蟀、斯螽、纺织娘都是非常类似的昆虫。

五月知了开始叫了，斯螽开始振动翅膀，到了六月纺织娘加入，这时候还可以"食郁及薁"，树上结的李子熟了，可以吃李子了，也可以吃薁，一种野葡萄。

这首诗里面七月份是出现最多的。七月流火，流火指的是一种天文现象。太阳系有一颗行星叫火星，可是在天文学上还有一颗是中国人俗称的大火星，两者并不是同一颗。大火星位于天蝎座，我们现在叫它"心宿二"，是一颗红超巨星，距离地球至少有500光年，很遥远。

七月，这是中国古人观察天象来决定自己要做什么事情的一个标准。什么标准呢？当那颗非常亮的大火星开始往西边走，就表示天气要变凉，也表示农事要改变。七月还有一种鸟，伯劳鸟。"七月鸣鵙"，也就是七月的时候，伯劳鸟开始叫了，而且叫得很凶，提醒我们天气开始变凉，最热的时间已经过去了。

蟋蟀的移动位置也是一个指标。七月的时候，蟋蟀在田野里，表示外面还很暖和。到了八月，"蟋蟀在宇"，宇就是屋檐底下。到了九月呢？"九月在户"，蟋蟀已经到了门口了，它要避寒。到了十月，很冷，蟋蟀到我床下面来了。

第三段，"七月流火，八月萑苇"，萑苇是什么意思呢？就是去收藏在野地、在水边的芦苇。古人把芦苇收起来编织成一个筐子，可以用来放蚕蛹。

这个时候秋天已经到了，"九月授衣"，裁制衣服的材料都已经准备好，所以到九月份的时候必须有厚的衣服让我们过冬，不然无衣无褐。"八月其获，十月陨箨"，八月收稻子，十月的时候，树叶已经开始凋零了。"陨箨"，树叶都掉下来了，表示天气比九月还要冷了，蟋蟀到床底下去了。

十一月，就是一之日，就是觱发，就是风寒开始。二之日栗烈，到十二月，风寒更强，而且会侵害人身。所以在这之前，八月、九月、十月的时候，都要做好入冬的准备。等到十月蟋蟀入我床下的时候，我们必须把房子里所有向北的窗户和墙用泥土塞住，还要熏鼠，把老鼠给赶走，不然老鼠跟你一起过冬。

应对非常寒冷的天气要有种种操作，不只是吃东西、穿衣服，还要整理房屋。同时，还要做一件事，既然八月收割了稻子，九月的时候，就要利用一点秋冬的太阳光，把农作物晒干，要筑场圃，把晒谷子的场地整理好。

"十月纳禾稼"，十月把农作物收起来，这就是农夫这一年的生活。但不要忘了十一月，特别是在十二月的时候，还要凿冰冲冲。一月份不是要把冰放在地窖里面嘛，所以要提前一个月就去凿冰。另外，到十月份以后，除了农事活动，古人还有一个重要活动，就是"载缵武功"，"载"是个虚字，"武功"指打猎、围猎，捕一些哺乳兽类。

"言私其豵，献豣于公"，捕到了一岁以下的小兽，你可以养它，也可以把它宰了吃，可如果是比较大的，像"豣"是比较大的野猪，就要奉献给当地的行政长官，这是古代宗法制度里面的一个很重要的礼法。

只要有华人的地方就有孔庙，每个孔庙必有一个大成殿。

第三课　台北孔庙仿写《诗经》

你们学习了"七月流火，九月授衣"，也学习了储光羲的诗、杜甫的诗和李白的诗。《诗经》的四个字常常是两个叠字一个节奏的，比如说"采采苤苢，薄言采之"，"关关雎鸠，在河之洲"。我们现在就要模仿《诗经·七月》这首诗的方式，来展开你们对于自己人生的回顾。

想一想，你的人生中的某一个七月是如何展开的？你可以从你个人的经验开始联想，也可以从一个自然环境开始联想。

学生：老师，不如从气象变化开始讲。

张大春：好，七月台湾有一种大家都非常小心的天气现象，是什么？

学生：台风。

张大春：七月强台，那九月怎么样？

学生：入秋。台风是风，秋天也是有风的。

张大春：好，都有风。我们今天也许就可以锁定在风上。秋天吹的是西风，冬天是北风。七月强台，九月份还有风。九月也应该有一个蛮严重的东西。《诗经》里面有一个虚字是可以放在这里的，云彩的"云"，九月云灾。如果你们不同意也没关系。总之，第二个句子必须是一个仄声字收尾。一声二声是平声，三声四声就是仄声，而且你可以不押韵。但是你要想好它的意思，因为我们先定了有台风。七月份台风过了以后，九月份怎么办？

学生："九二一"大地震。

张大春：七月强台，九月震灾。我写下来了。接下来一之日，十一月了。你可以有三个字，可以四个字，可以五个字，甚至可以两句、三句、四句都可以。但是经历过台风、震灾之后，是不是自然环境应该恢复了？自然的力量使得土地又慢慢地从它的伤痕里平复过来。假如七月有灾难、九月有灾难，到了十一月，人已经开始正常地恢复生活，从事原本的产业，进行农耕。比如一之日地力恢复，很高兴地看到草发芽了，所以一之日兴见草莱，这个草，可能是杂草，不管它是不是农作物，杂草先长出来。

这时候到了二之日，十二月份，哪一种农作物会在这个季节长出来？有哪一些菜是冬天吃的？比如白菜、萝卜。

我们做了三句，起码要四句，还有一句。第三句照应第一句和第二句，同样地，第四句也要回头照应第三句或者是前三句。最后一句，我们就把环境完全恢复：

"七月强台，九月震灾，一之日兴见草莱，二之日还我植栽。"

三之日已经要开始有作物了。这时候的作物很多了，一月葱，二月韭。三月迎接春天了，春日来了。

学生：春日麻雀唧唧叫。

张大春：它不像《诗经》的句子，应该怎么改呢？"春日鹦雀，嘤其鸣矣"，在《诗经》里面，是呼唤朋友的意思。"嘤其鸣矣"的"鸣"是押韵的字。记不记得我们讲储光羲的诗，农家的人每天最高兴的事，便是时时会亲友，有朋友在这个世界上，要比他吃得饱、喝得足更重要。因此，鸟儿也是要找朋友的，你们到学校来，也都要找朋友。"独学而无友，则孤陋而寡闻"，学习也要跟朋友一块儿。

如果你们要去看朋友，你们会带什么礼物呢？

学生：花籽。我们学过的一篇课文里说，花籽是一种美好的比喻，我们要和朋友分享最美好的礼物。

张大春：而且花籽还会成长，对不对？跟感情一样会成长。好，

“春日鸩雀，嘤其鸣矣，惠我花籽，永其情矣。”这样听起来有点像《诗经》了。我们现在把今天创作的诗念一念：

七月强台，九月震灾，一之日兴见草莱，二之日还我植栽。

春日鸩雀，嘤其鸣矣，惠我花籽，永其情矣。

你们完成了两章，而且把诗的意思都已经表达得很完整了，谢谢你们！

结课八分钟

我非常感动的是，同学们最后把作品里的关键精神都发挥出来了，特别是“春日鸩雀，嘤其鸣矣，惠我花籽，永其情矣”。

送花籽，寓意着两个学校同学的友情能够像花种子一样慢慢地发芽、慢慢地成长。你们原本是不认识的天涯陌生人，一起上了同一堂语文课，一起念了《诗经》中的《七月》。

这首诗也告诉我们，如果要真正地认识一个人的生活是生命的发展，我们要跟环境、自然条件以及所有的生活内容息息相关地去认知。我们跟自然环境的关系是相当复杂的，如何合理利用地力，有非常多其他的秘密。但是无论如何，都要先从认识我们的环境，认识我们吃的蔬菜、水果、作物开始。

你们的人生才刚开始，今后你们要去想：每一年自己是怎么过的？三月怎么样，四月怎么样，五月、七月、十月、十二月、新年又怎么样……

希望你们都能认得你生命的一段时间，不能只是一个数字。最重要的是，你到任何地方去，你见到的人和物都要累积起来，丰富你对时间和空间、环境和地理的认知以及情感，那就是你们生命里最重要的养分来源。

讲堂录

祖籍济南，生于台北，这是作家张大春的"双城故事"。

旨在"同文同宗"的《同一堂课》，当然也有许多"双城故事"。最巧合的一件，恰好发生在张大春身上。

在《同一堂课》中，张大春做了两次代课老师。一次，在他父亲家族大部分成员都曾就读的学校——济南制锦市街小学；另一次，在台北。

在台北授课这一次，《同一堂课》希望能让济南与台北的学生真正坐进同一个课堂。

在和济南校方沟通时，工作人员惊喜地发现，济南制锦市街小学也有自己的双城故事——他们在台北有一所"姊妹学校"，台北市私立静心中小学。这所学校由蒋纬国筹办，还有马英九、陈士骏、张震、霍建华等诸多台湾名人校友。

学校完全符合《同一堂课》的选校要求，当项目组拿着方案和张大春沟通时，张大春惊讶道："这所学校，也是我孩子读书的母校啊！"

识时 识农 识物

在台北市私立静心中小学门口，济南的孩子们一下车就看到了在等候他们的大春老师。时隔多日再次重逢，孩子们飞快地冲过去围抱住了张大春，一个又一个"挂"了他一身，师生笑作一团。

久别重逢，济南制锦市街小学的孩子们拥向大春老师。

　　进入教室，静心中小学的学生已在座位上等候。张大春意识到学生们互不相识、都有些紧张，他决定在开课前，让两个学校的同学们互相认识一下。济南的刘成武面对陌生的教室和同学非常紧张，他把今年说成了明年，暑假说成了寒假，他小声嘀咕道："垮掉了垮掉了，该说些什么呢？"大春老师一脸慈爱地看着他，耐心地提醒他完成了自我介绍。台北市私立静心中小学的学生也轮流上来介绍自己。终于可以开课了。

　　《诗经》要怎么讲？正值盛夏七月，张大春选择了《七月》，问学生："大家是怎么辨别岁数和月份的？"孩子们七嘴八舌："过一个生日就长大一岁"，"6月有30天，7月有31天"，"开学的第二个月是4月，开学的最后一个月是6月"，"4月在春天、9月在秋天"。这是这堂课的主题：辨认时间和地点以及其中的生活内容。这首诗写的是中国周代北方农夫一整年的生活。古代农夫是那样生活的，那么现在呢？张大春引出另一首简单的诗《识农歌》。诗中提到了很多台湾地区的农作物：青椒、佛手瓜、苦瓜、箭笋、甘薯、仙草、花椰……都是孩子们生活中能见到吃到的农作物。这些与土地相关的知识，来自城市的小学生，无论济南还是台北，都是第一次了解。

语文课可以去菜市场和餐厅上吗？讲《诗经》就可以。第二堂课，张大春在台北兴隆菜市场和餐厅里教学，让同学们认识身边的时令作物。

去市场的任务是寻找第一堂课时所提到的农作物。一进菜市场，满目果蔬，眼花缭乱，小学生们开始暴露"本性"——想买大

张大春老师带孩子们在菜市场里找出课上学到过的蔬果。

西瓜，想买凤梨，想买玉米，张大春只得不停地强调"只能买诗里出现的"。当遇到了茭白笋，张大春揭晓，这就是菰米长大后的样子，孩子们恍然大悟。

带着满筐的果蔬，师生来到常春藤法式餐厅，等待食材烹饪成美食。张大春问孩子们："今天见到的食材里有没有你从来没见过的？"答案很有趣，济南的孩子没见过南方水果百香果和荔枝，台北的孩子有些惊讶。"制锦市街的同学可以说说你们熟悉的食材。"大春老师说。学生温苗峰脆生生答道，"烟台的苹果，莱阳的梨，都比不上潍县的萝卜皮"，大春老师一脸慈爱地看着她。饭菜上桌了，古诗中的文字变成了餐桌上的美味，茭白饭、山苦瓜、花椰菜逐一亮相。济南与台北的小学生在一蔬一饭中，联结了土地，联结了两座城市。

"惠我花籽，永其情矣"

第三堂课设在台北孔庙。这座孔庙始于明代，日军侵台后被毁，1939年重建，如今已恢复昔日巍峨的面貌。每年9月28日孔子诞辰，台北孔庙都会举行隆重的祭孔大典。师生走进孔庙，一进门只见一队身着红袍、头戴礼帽、手拿竹简的人依次走过。张大春老师解释道，这是孔庙的一种向孔圣人请安的礼仪，叫作巡香。走进大殿，就看见蒋中正颁发的两块匾额——"有教无类"和"道贯德明"，其中"类"字少了一个点，"贯"字的一竖写成了两个点，书法家张大春告诉学生，这种书写法，叫作帖写。在孔庙的偏殿门口，孩子们坐在红色的条凳上，开启了最后一堂课。

"孩子们，我认为背诗或者背古文不是最重要也不是最直接的学习道路，最直接的是写诗，是创作"。在济南大明湖畔，制锦市街小学的学生曾在张大春的指引下，创作出了人生中第一首七绝。在台北，他们将与私立静心中小学的学生一起，挑战仿写《诗经》。

学生温苗锋提出可以写花籽。

"什么？瓜子？"张大春没听明白。

济南的孩子们七嘴八舌地开始解释，王函诚博告诉张大春："我们以前学过的课文中提到说，花籽是一种代表美好意义的礼物。"

孩子们说的课文叫《开满鲜花的小路》，故事讲的是长颈鹿大叔寄给鼹鼠先生的花籽，被他无心漏在路上。第二年春天，花籽掉落之处，出现了一条开满鲜花的小路，给大家带来了花香和快乐的故事。这是大陆二年级的语文课文，张大春和台北的孩子自然从未听过，却也觉得花籽有着很美好的寓意。张大春赞叹道："友情就像是种子一样，可以慢慢生长。"

最后一句诗成——"惠我花籽，永其情矣"。

继《秋游大明湖》后，师生合力模仿《诗经》的格律，又完成了一首小诗。张大春在课后说："尽管这次的《诗经》仿写，看起来好像比在济南那次的七言创作更难，但其实考验的是对于现实生活细节的掌握，尤其是农业。孩子们的经验掌握不够，这很正常。""但我能感受到两岸的孩子，在这三天的学习生活中，他们的情谊就像花籽一样，在慢慢发芽，慢慢地成长。"张大春说。

论 语

代课老师 张国立
上课地点 山东曲阜市实验小学

论 语 ①

乐

子曰："知之者不如好之者，好之者不如乐之者。"（《雍也》）

子曰："兴于《诗》，立于礼，成于乐。"（《泰伯》）

子曰："知者乐水，仁者乐山。"（《雍也》）

孝

子游问孝。子曰："今之孝者，是谓能养。至于犬马，皆能有养；不敬，何以别乎？"（《为政》）

子曰："父母在，不远游，游必有方。"（《里仁》）

子曰："父母之年，不可不知也。一则以喜，一则以惧。"（《里仁》）

子曰："事父母几谏，见志不从，又敬不违，劳而不怨。"（《里仁》）

子曰："父母唯其疾之忧。"（《为政》）

仁

己所不欲，勿施于人。（《颜渊》）

己欲立而立人，己欲达而达人。（《雍也》）

子贡曰："我不欲人之加诸我也，吾亦欲无加诸人。"子曰："赐也，非尔所及也。"（《公冶长》）

子曰："三人行，必有我师焉。择其善者而从之，其不善者而改之。"（《述而》）

---

① 《论语》成书于春秋战国之际，是记载孔子及其弟子言行的书。《论语》集中体现了孔子在政治、伦理、哲学、教育等方面的思想，是儒家最重要的经典著作。

孔子是老师中的老师，第一课先去拜拜孔子。

讲堂录

我是张国立。在上课之前，我先讲一个故事。

《史记》有记载："项王已死，楚地皆降汉，独鲁不下。汉乃引天下兵欲屠之。"

项王就是项羽。楚汉相争，项羽死后，他统治的楚地军民都归降了汉，唯独鲁城没有。汉王刘邦准备派兵屠城。先派谋士张良偷偷进城，试图劝降。但张良发现，大军都要打来了，鲁城百姓该唱歌唱歌，该喝酒喝酒，十分镇定，视死如归。张良把情况汇报给刘邦，刘邦不信，乔装成商贩进城看，发现城里确实丝毫不慌乱。这时，一位老太太叫住他们说，一看你们就不是本地人，明天刘邦要打进来了，你们快走吧，不然死得多冤呀。老太太又牵出了一个孩子，说，拜托你们把这个孩子一起带走。我们的城被灭了没关系，但要留一个人将来为我们报仇。刘邦一听，肃然起敬。第二天，刘邦的百万大军穿着孝服，抬着项羽的棺材，来到了鲁城门下，对着城里喊：不打了，咱们和平相处吧。

这个故事讲的就是你们山东的祖先，他们有气节，很了不起。

你们还有了不起的一位祖先，就是孔子。

我今天给大家上的语文课，讲的就是孔子的《论语》。

第一课　孔子是一个鲜活的人

大家都知道孔子是鲁国人，但他的祖籍其实是宋国，在今天的河南省。孔子出生在尼山附近的鲁昌平乡陬邑，也就是今天尼山西五里的鲁元村。

孔子出身军人世家，父亲叫叔梁纥，一个县级干部。孔子的爷爷在宋国是个武官，相当于国防部长。后来他们家道中衰，被迫移民鲁国，地位不如从前。孔子又是庶出，在整个孔家地位不是特别高。

孔子的妈妈叫颜征在，姥姥家就是颜氏了。他后来的弟子里，有八个人出自颜氏家族，最出名的一个学生叫颜回。

孔子的爸爸比妈妈大50岁，孔子3岁丧父，17岁丧母。因为身世的原因，孔子从小受人歧视，这也练就了他忍辱负重的个性。

孔子长得不是特别好看，有点像年画上的老寿星，眉毛和胡子很长。荀子说他"面如蒙魌，低眉鼓翘"。眉骨高，眼窝深，耳朵还是往后长的，和招风耳相反，有点像大螃蟹。

孔子有多高？传说他爸爸身高十尺，力气很大，打仗的时候曾力托悬门。孔子也有遗传优势，《史记》上说孔子身长九尺六寸，按照春秋鲁尺计算，一尺等于20.5厘米，那他身高就有1.968米。如果按照后来的汉尺算，一尺等于23.1厘米，他身高就是221.76厘米，和姚明差不多了。

孔子还是个驼背。我倒觉得，是因为孔子个子太高、咱们普通人太矮了，所以他总要俯身说话。他的驼背，其实是温柔和谦虚的一种表现。

他的学生子禽问子贡：老师怎么总能知道别国的政事？你看

他长得挺吓人，人家怎么敢跟他讲呢？子贡就说：因为老师"温良恭俭让"，他的态度温柔谦虚，所以别人愿意把事情告诉他。

孔子精通六艺，这是有记载的。他非常喜欢音乐，除了丧礼的日子以外，他几乎每天都唱歌，放在今天，一定是个麦霸。他要是听到别人唱的歌自己不会唱，就马上麻烦人家再唱一遍，他跟着学，还学得特别快。《述而》里面有一句：

子在齐闻《韶》，三月不知肉味，曰："不图为乐之至于斯也。"

意思是，孔子听了音乐，吃肉都不觉得香了，满脑子都是音乐。

有一次，孔子问弟子们的志向是什么，有说做商人的，有说报国的。弟子曾点说：

"莫春者，春服既成，冠者五六人，童子六七人，浴乎沂，风乎于舞雩，咏而归。"

意思是，我觉得现在都是春天了，咱们穿上春天的衣裳，约上朋友，到沂河里游个泳、洗个澡，再到舞雩台吹吹风，一路唱歌回来。孔子听完这番话，说"吾与点也"，我赞同曾点的想法。这也是孔子的理想生活。

孔子上课是走着上的，一帮人跟着他周游列国，边走边说。孔子后来大概收了三千多个学生，能听到他核心课程的，就那么几个。常常是外面守了很多人，虽然号称是孔子名单上的学生，但是听不到孔子亲自授课。孔子给屋里的弟子讲完就走了，里面的学生再一层层转述给外面的学生。这件事说明他学生多，个人魅力和影响力已经很大了，也说明孔子其实是很有商业头脑的。

孔子最不喜欢学生偷懒睡觉，尤其在白天。他的"七大弟子"之一宰予大白天睡觉，被孔子破口大骂："朽木不可雕也，粪土之墙不可圬也。"这话对于孔子这种斯文人来说，已经很严

张国立老师在尼山书院给学生讲《下鲁城》的故事，感慨"鲁城的人有气节"。

重了。他要做孔子的学生，肯定发过誓绝不在白天睡觉。发完誓又在那睡着了，孔子才有点急了。

孔子在周游列国时途经匡国，被匡人抓了起来关押了五天。当时的匡人深受阳虎残害，巧的是，孔子这个吓人的相貌有点像阳虎，于是他就被错抓了。孔子被抓后什么反应呢？在《子罕》中有这么一段：

"子畏于匡，曰：'文王既没，文不在兹乎？天之将丧斯文也，后死者不得与于斯文也；天之未丧斯文也，匡人其如予何？'"

周文王死后，传承斯文的责任就落在我的肩上了。上天要是断绝斯文，我也没办法。上天要是不想断绝斯文，匡人拿我也没办法，那我也不会有什么大事儿。

斯文，放在现在来说，就是文化。有一个词叫斯文扫地，形容有文化的人干了特别没文化的事。我在曲阜下火车的时候，看到了"斯文之地，首善之区"几个字。作为孔子家乡的孩子，希望你们能传承孔子的"斯文"。

第二课　知孝　知仁　知恕

中国人讲究孝道，象形字的 ，上半部分像"老"字，一个老人拄着一根拐棍，底下有一个"子"字。老人呵护孩子一辈子，孩子到成人的时候，要支撑老人。

"子游问孝。子曰：'今之孝者，是谓能养，至于犬马，皆能有养，不敬，何以别乎？'"

子游问孔子什么是孝，孔子说，父母老了总得有人养，不只要养，最重要的是要敬。如果说只是养而不敬，那跟牲口有什么区别呢？犬马皆能有养，哪一匹马、哪一头牛不是妈妈生养的？但人与犬马不同的，就是对父母的"孝"和"敬"。

"父母在，不远游，游必有方。"

孔子说，只要父母健在，就不能出门远游，即使出门也有一定的规矩。现代人不可能每天守在父母身边，报个平安是非常重要的。比如你坐飞机出行，家人都是提心吊胆的。你一下飞机，赶紧给母亲拨一个电话。这就是"游必有方"。

"父母之年，不可不知也。一则以喜，一则以惧。"

孔子还说，父母的年纪，不能不知道。一则以喜，喜的是他们长寿，我们高兴；一则以惧，父母又老了一岁，我们又担忧了。

我的母亲今年已经88岁了，我几乎每两天就要跟母亲请个安："妈，您好吧？"我经常在外地工作，但只要回来，我一定去看她。

"事父母几谏，见志不从，又敬不违，劳而不怨。"

孔子说，当我们在父母身边侍奉，表达自己意见的时候，要委婉一些。"孝"最重要的是和颜悦色。孔子说"色难"。色就是脸色，和颜悦色总是最难的。

"予之不仁也！子生三年，然后免于父母之怀。夫三年之丧，天下之通丧也。予也有三年之爱于其父母乎？"

孔子还说，守孝一定要三年。学生宰予问他，三年的时间是不是太长了？孔子说父母从你出生起哺育你，你三年后才能脱离母亲的怀抱。难道你没有得到父母的三年之爱吗？这叫一报还一报啊！

西方人其实也讲究孝道。《圣经》十诫第五条就是：应当孝敬父母，打父母的人必定要让他致死；咒骂父母的人，他的灯必灭，变为漆黑；要使父母欢喜，使生你的人快乐。

东西方在孝道上的观念，其实是一致的。

"仁"字，一个"人"字旁加个"二"，"二"就是相等的意思，人人平等，视人若己，将心比心，同情包容。强者对弱者要厚道、待人好，这就是仁。

仁义的标准有很多。孔子对于仁的标准是"仁者爱人"，还要"己欲立而立人，己欲达而达人"，就是双方都要有"仁"。先修己，然后对待别人"仁"。

孔子的学生问他，哪一个字能够让你一辈子都受用？他说"恕"。"汝我之心，将心比心"，就是"恕"。进一步解释就是"己所不欲，勿施于人"，自己不想做的事情不要强加给别人。如果我们做事都能将心比心、换位思考，好多事情就不会这么复杂了。

这是一条黄金规则，不同国家、民族、宗教的文化中都有提到这点。

基督教说"待人如己"，你们要别人怎么对待你，你就应该怎么对待别人。

伊斯兰教说："你自己喜欢什么，你就该喜欢别人得到什么。你自己觉得什么是痛苦，你就该想到对所有别的人来说，这也是痛苦。"

尼日利亚谚语说：一个人如果要去拿尖木棍戳雏鸡，就应该先拿这个棍子戳自己试试，看它有多疼。

第三课　音乐与射礼

"乐"，有两种发音，yuè 或 lè。念 yuè 的时候，表示音乐。

"学而时习之，不亦说乎？有朋自远方来，不亦乐乎？"，这句的"乐"一般念 lè。

孔子是一个乐观的人，快乐的人，他并不喜欢枯燥的学习方

这堂语文课学生们认得了五个字：仁、乐、孝、恕、礼。

式。他说："子之燕居，申申如也，夭夭如也。"说他家里很整齐，整个人是和乐而舒展的。

"知之为知之，知之者不如好之者，好之者不如乐之者。"懂得它的人，不如爱好它的人；爱好它的人，又不如以它为乐的人。孔子在意的是一种快乐学习的态度。

孔子讲课的时候，喜欢抚着琴、唱着歌。唱的歌词就是《诗经》。孔子把三百篇《诗经》和乐谱给订正了一番，还跟他儿子说："不学诗，无以言。"一个人要是不读诗、不学诗、不懂诗，别人跟你没法对话。古琴，是世界上最早的弹拨乐器；古埙，距今也有7000年历史。所以那时候的诗，我们读起来都有一种韵律。

我们伴着古琴和古埙的音乐，一起朗读《诗经》的经典段落：

诗经·鹿鸣

呦呦鹿鸣，食野之苹。我有嘉宾，鼓瑟吹笙。吹笙鼓簧，承筐是将。人之好我，示我周行。

呦呦鹿鸣，食野之蒿。我有嘉宾，德音孔昭。视民不恌，君子是则是效。我有旨酒，嘉宾式燕以敖。

呦呦鹿鸣，食野之芩。我有嘉宾，鼓瑟鼓琴。鼓瑟鼓琴，和乐且湛。

孔子精通六艺：礼、乐、射、御、书、数。

乐是音乐；礼，就是现在说的德育、礼仪，国家之间有国家礼仪，师生之间有师生礼仪；射，射箭；御，驾驭马车；书，书法；数，计算。

射箭，是打仗、打猎才用到的技能，要人命的，为什么也被列入六艺呢？孔子说，射箭也可以当成一个礼，射礼。

"君子无所争，必也射乎！揖让而升，下而饮，其争也君子。"

孔子说君子没什么可争的，一定要争的话，就比一比射箭吧。咱们上场射箭，退场后喝酒，都要作揖行礼。你赢了，你喝酒。这样是君子之争。

射礼讲究的是人与人之间的礼仪和谦和。虽然拿的是武器，但只是把它当成一种游戏，对手之间相互恭敬、相互尊重。

还有一种射礼，叫投壶，是宴饮时玩的一种游戏，是由射礼演变过来的，也有它的规则和礼仪。

投壶射礼叫三请三让。主人把壶摆好了之后，邀请嘉宾来娱乐，就是拿箭往里投。没投进去的，罚喝酒。嘉宾要推辞，要说，主人，你用美酒佳肴招待我们，我们已经很领情了，您还要用娱乐的方式来招待我们，真是不敢当啊。就这样连着让三次，最后一次才说，那就恭敬不如从命了。然后再开始投壶。

孔子曾说："不知礼，无以立。"什么是知礼呢？比如在公共场所不要大声讲电话，在公共交通上要为上了年纪的老人让座，这都是知礼的行为。这需要我们每个人都从自己做起。

结课八分钟

这几天我们学习了《论语》，认识了孔子。让孔子从庙里的神坛走下来，和我们走到一起。我们知道了孔子是高大的、威严的，温良恭俭让的。他好学、知礼、乐观、坚毅、守孝，还自信。这么多词用在他身上都不过分。

有多少人可以承担这么多的赞美之词？孔子当之无愧。

世界上，凡有华人的地方都尊敬孔子，尤其是亚洲国家，比如朝鲜、日本，都有孔庙、文庙，都崇拜孔子。在曲阜，我也看到很多慕孔子之名而来的外国人。在美国最高法院大门的门槛上，有16个雕像，正中央的3个雕像，依次是代表天意的摩西、代表政治的梭伦和代表道德的孔子。

习主席在几次讲话中都讲到文化自信。我们中国的文化自信就来自于对孔子这样的先贤圣人的精神传承。你们是孔子的家乡人，我为你们骄傲，希望你们能将孔子的智慧和中国传统文化继续传承下去。

上课记

张国立老师一开始就破坏了《同一堂课》的教学规矩。

《同一堂课》总是规规矩矩在教室里开始第一节课。而张国立的课堂一开始就要出去上，就像孔子时代一样，还要先拜拜孔子。

"好的，国立老师。"

尊重老师，是《同一堂课》的规矩。

拜完孔子，老师拜学生，学生拜老师。然后再互相认识，再来讲这个课。"学问我肯定没有，但是我得让他们快乐地读书，快乐地过了这两天。"

《论语》课是语文课中的语文课，孔子是老师中的老师。

为什么是张国立来讲《论语》？

康熙、雍正、乾隆是历史上尊孔最厉害的皇帝，张国立一个人演过他们仨。这当然只是一个借口。

张国立是《同一堂课》最认真的明星老师中的一个。

"我很紧张。"他不断说，"我60多岁，我来讲孔子的几个字，单单是备课我就学了那么多东西。每一天我都在写，虽然有很多讲课的时候我都没有用上，但我的手机里、我的笔记本里记了特别多的关于这方面的事情和我想讲的话。"

《下鲁城》跟孔子有关系吗

曲阜实验小学五年级十班的大多数同学是第一次来尼山。

尼山是孔子出生的地方，也是他讲学的地方。这里有孔庙，有尼山书院，以及世界上最大的孔子雕像。

拜师的地方是大成殿，尼山孔庙的正殿。班主任孔为峰老师带领同学们，和张国立老师一起面对孔子画像拱手为礼，四拜。

拜过孔子老师，学生们拜张国立老师，张国立老师回拜。拜师是严肃认真的。拜过之后，转到尼山书院去上课。一路上，学生们就开始撒欢。

预备课是在树下上的，张国立老师要讲《下鲁城》的故事。

张老师的故事讲得绘声绘色，学生们听得津津有味。他们第一次听到自己家乡有这样一个壮烈的故事，这个故事居然是被记录在《史记》中的。

项羽自刎于乌江之后，故事没有结束，孔子之乡、斯文之地，却是一个不投降的城邦。

"项王已死，楚地皆降汉，独鲁不下。汉乃引天下兵欲屠之，为其守礼义，为主死节，乃持项王头示鲁，鲁父兄乃降。始，楚怀王初封项籍为鲁公，及其死，鲁最后下，故以鲁公礼葬项王谷城。汉王为发哀，泣之而去。"

故事讲完了，老师布置的作业是，用一个词或者成语总结它。

"我们的祖先真是很坚强。"

"我们的祖先很伟大。"

"我们的祖先遇事镇定。"

张国立："遇事镇定，没有慌乱。那这个镇定来自于哪呢？"

"因为项羽和孔子。"

张国立："对，因为你们的祖先身上有孔家这一脉的基因，知礼，而且懂得什么是大义。"

收上来的作业包括：临危不乱、宁死不屈、大义凛然、勇敢、大义、临危不惧、很伟大、宁为玉碎，不为瓦全。

一个《下鲁城》的故事，让曲阜的孩子们对自己的家乡很自豪。

孔子很无私吗

正式的课，在尼山书院明伦堂的四合院里开始了。

张国立老师布置新的作业："你们都是孔圣人家乡的人，给我讲讲，孔子在你们心中是怎么样的？"

"他知识渊博，有耐心，无私奉献。他把毕生所学到的知识传授给他的弟子。"

张国立："你觉得他是无私的吗？他教学生的时候，每个学生还给他交点肉当学费呢。他不想让学习成为廉价的事情，要有付出，才更珍惜。你说他知识渊博，这句成立。有的人说他教学没耐心，因为他有句话说，我都讲了三次了，如果再听不懂，那我就不讲了。其实这句话是说如果说了三遍你还不懂，没有举一反三，那我再换一个方法再给你讲一讲。所以他确实很有耐心。"

"我觉得孔子很啰唆。"

张国立："为什么啰唆？"

"因为他写了一本《论语》。"

张国立："实际上《论语》不是他自己写的，是他在不断地啰唆，就像我今天跟你们在这聊天一样，不知道哪个同学就把咱们之间的对话给记录下来了，就成了一部书。"

这样的音乐课孔子会高兴吗

下午的《诗经》课，首先是音乐课。

张国立特别邀请来演奏古琴的胡老师和演奏埙的吴老师。听古琴独奏、埙的独奏，又听古琴和埙的合奏，学生们听得很认真。

张国立老师说："我一直在观察你们。你们有的人闭着眼睛，有的人在晃着身体，有的人在思考，都在静静地听这段音乐。你们听完音乐有什么感受？"

"古乐比现在的音乐优美。"

"我感觉古琴比古筝好听。"

用山东话念《诗经》对山东学生们来说也是头一次。

"埙就像催眠曲一样。两个乐器的合奏比现在的歌好听，就是能叫心静下来，而且也能催眠。"

张国立老师无奈地说："孔子可能会不高兴。"

古琴胡老师解释说："我刚才展示的这一首曲子是《流水》，就是当时俞伯牙和钟子期的《高山流水觅知音》的这一段，所以有同学觉得像催眠曲也很正常。"

古埙吴老师说，他吹奏的是《梦轩辕》，是祭祀黄帝的音乐。

在音乐的伴奏下，同学们一起读《诗经·鹿鸣》。《鹿鸣》是宴会上的乐歌和乐曲，但是学生们习惯性地，赶路一样地铿锵"朗读"，全然不顾音乐的韵律，也不顾及诗歌的节奏。

张国立老师叫停了快步走的念课文，然后独出心裁地提议，一起用山东方言来朗读。神奇的是，学生们用山东方言朗读，真的找到了诗歌的节奏，音乐也自然顺畅地融合进来。

红墙、松林，古老的《诗经》、古老的乐器，少年的读书声，在尼山书院制造了一个意境，张国立老师说，他的汗毛都竖起来了。"我突然感觉到松涛声的时候，一下就觉得入了境，有一种天人合一的感觉，我觉得这是一段特别美好的记忆。这是我人生第一次有这样的体验。"

认得仁、乐、孝、恕、礼

第二天的《论语》课，终于回到学校本部和正规的教室。教室里已经挂上了一张孔子画像。

安居曲阜古城墙里的曲阜市实验小学，是一所创办于1933年的老学校。全校有3700多名学生，比孔子一生的学生还要多，老师就要260多位。但是今天走进教室的，却是一个从未教过语文、从未教过小学的代课老师，虽然他还是一位大学校长和导师。

张国立认识孔子是从批判孔子开始的。20世纪70年代的中国批孔运动把孔子叫"孔老二"，张国立偷偷地喜欢上这个孔老二的名言警句：有朋自远方来不亦说乎；三人行，必有我师焉。

墙上的孔子像是张国立老师带来的，是一幅石碑拓片。"这个孔子的行教像是世界公认的最传神的一幅孔子像。像的刻石摹本就保存在你们曲阜。"

读《论语》前，先认得几个字——仁、乐、孝、恕、礼。老师和同学们一起学习如何拓字。教室里用的雕版是木刻的。经过拓印的字，有几幅是成功的，唯独"孝"字被认成了"书"。

学射礼 张老师也是学生

明明是《论语》课，下午的课更像体育课+品德课。

曲阜市实验小学的校园里，有一座四合院，是孔子第68代衍圣公孔传释弟弟孔传铤的府邸。

在这个古色古香的小院里，《论语》课的第四节开始了。

张国立问："谁知道六艺是什么？"

"礼、乐、射、御、书、数。"

张国立老师请来一位熟悉射礼的专家，当场用弓箭演示。

首先上场的学生是张国立。

左手持弓、右手持弓都可以，这叫左右开弓。互相对拜，这叫礼节先到，礼到。

口诀是："走两步，出弓，对拜，收弓，转身，向前走两步，拜靶，出弓拜靶，收弓。转身退一步。收弓，退一步。"

张国立学得很快，转身问同学们："我问大家，刚才一共拜了几下？"

"四下。拜靶两次，对拜两次。"

两位男同学、两位女同学依次上前演示，有鼓掌有起哄。

张国立老师强调："不需要你们一下子学到不出错。重要的是，感受古时候人与人之间的礼仪和谦和。"

而后，开始了第二场射礼——投壶。投壶是射礼演变而来，用箭不用弓。

下课了，离开了，告别了，张国立承认自己真的很不舍："我发现每一个孩子听课的时候都特别认真。他们的点头和摇头都那么的肯定和发自内心。我刚才对他们说，'我会想你们'的时候，心里是难过的。我是一个演员、一个导演，我并不喜欢这种煽情。但是我内心里，虽然只有短短两天，对他们真的很难舍。他们很可爱，希望在他们身上。"

射礼、投壶，并不讲究所谓输赢。

生于忧患 死于安乐 孟子

代课老师 邹市明
上课地点 四川丹巴县杨柳坪双语寄宿制学校

生于忧患 死于安乐

［先秦］孟子①

舜发于畎亩之中②，傅说举于版筑之间③，胶鬲举于鱼盐之中④，管夷吾举于士⑤，孙叔敖举于海，百里奚举于市⑥。故天将降大任于是人也，必先苦其心志，劳其筋骨，饿其体肤，空乏其身，行拂乱其所为，所以动心忍性，曾益其所不能。

人恒过⑦，然后能改；困于心，衡于虑⑧，而后作⑨；征于色，发于声，而后喻。入则无法家拂士，出则无敌国外患者，国恒亡，然后知生于忧患而死于安乐也。

---

① 孟子（约前372—前289）：名轲，邹（今山东邹城东南）人，战国时期思想家，儒家学派代表人物之一。

② 舜发于畎（quǎn）亩之中：舜在历山耕田，后被尧起用，成为尧的继承人。发，兴起，指被任用。畎亩，田地。

③ 傅说（yuè）举于版筑之间：傅说原在傅岩为人筑墙，因以傅为姓，后被殷王武丁任用为相。举，选拔、任用。版筑，古人筑墙，在两块夹板中间放土，再用杵（chǔ）夯（hāng）实。筑，捣土用的杵。

④ 胶鬲（gé）举于鱼盐之中：胶鬲原以贩卖鱼盐为生，西伯（周文王）把他举荐给纣王。后来，他又辅佐周武王。

⑤ 管夷吾举于士：管仲（名夷吾）原是齐国公子纠的家臣，纠与公子小白（即后来的齐桓公）争夺君位失败，管仲作为罪人被押回齐国，后经鲍叔牙推荐，被齐桓公任用为相。士，狱官。举于士，从狱官手中释放出来，进而得到任用。

⑥ 百里奚举于市：百里奚，春秋时期虞（yú）国大夫。虞亡后被俘，由晋入秦，又逃到楚。后来秦穆公用五张公羊皮把他赎出来，用为大夫。市，集市。

⑦ 恒过：常常犯错误。

⑧ 衡于虑：思虑堵塞。衡，同"横"，梗塞、不顺。

⑨ 作：奋起。这里指有所作为。

讲堂录

我叫邹市明，是一名拳击运动员。

小时候，在我们班里，有一个瘦瘦小小的小朋友，个子不高，内心也不是很强大，每次老师和同学提到这个同学都会说"最瘦最矮的同学"，这个小朋友就是邹市明。

我从小在大山里长大，每次站在大山里向外面望去，都会被一座山一座山挡住视线。我想，山那边是什么？因为我从来都没有站在山顶去看外面的世界。那时候还是黑白电视机时代，我在电视上看到拳王阿里的比赛，他赤手空拳和对手交战，流血流汗。那时候的我下定决心，要用自己的血汗，用拳头改变命运，翻过那一座座山，去击败对手，站在世界的赛场上。

我用亲身经历告诉大家，一旦你翻过第一座山，你就有信心去翻第二座山、第三座山。

今天我想带大家学习一篇课文。实现梦想需要做什么？答案就藏在课文《生于忧患，死于安乐》里。

第一课　梦想不要被大山挡住了

这篇课文选自《孟子》。孟子是个思想家。同学们背过《三字经》吗？第一句"人之初，性本善"，就是源自孟子的思想"性善论"。

孟子是个教育家。孟子的教育方法与孔子一样，"因材施教"，就是针对每个学生的喜好和知识水平来教育。比如说成绩好的同学，老师就要讲快一些；成绩不好的，就要慢点讲。

还有一个教育方法是"易子而教"，爸爸和儿子之间由于感情深厚，爸爸对儿子往往管教不严，儿子要是犯了错误和毛病，爸爸容易因为溺爱和娇惯就放任儿子。所以，"易子"就是让别人来教育儿子，既能严格要求，也能保持父子之间的亲密关系，不伤害感情。

这篇课文的第一部分，说的是六位古代圣人的故事。这六位圣人没被重用之前，都不是大富大贵的人，都很贫寒，有的种地，有的修墙，有的卖鱼，还有因战乱而坐牢的。但是他们最后都变成了圣人，因为他们在不断地磨炼自己。

"故天将降大任于是人也，必先苦其心志"，这句话的意思是，上天要把重大的责任降到一个人的身上，就一定要先磨炼他的内心，接下来是"劳其筋骨"。

"劳其筋骨"就是要磨炼身体。我练拳击的时候，无论前一天训练强度有多大，身体有多累，第二天必须爬起来投入训练，一刻不能松懈。训练第一件事，先把自己的筋和骨头整理一遍，全都响过一次，再去训练场上。

每个人都有自己的爱好和理想，为了实现理想，我们得付出努力。当时我选择学拳击，家里人都不同意，因为看不到未来。23年，如果没有这份热情、这种坚持，就熬不到现在。跟我一起成长的队友，他可能一开始比我强，但就是因为我坚持，他想追我都追不上了。

我之所以这么拼命，就是因为不愿意错过每次属于我的机会。我也是大山出来的孩子，大山里的孩子机会很少，外面的世界都被山给挡住了。

那怎么样去创造机会呢？我们一定要给自己内心埋下理想的种

通过"拳击比赛"和"足球比赛"，邹市明老师让大家感受输赢。

子:我想要变成什么样的人。

通过今天这节课,可能有同学说我以后要当一个伟大的拳手,比邹老师还要厉害的拳手。有些人说我想要当一个作家,我要写出比这些作家更好的文章。我想当一个好的导演,我要拍出一个能进好莱坞得奖的片子。每个人都有自己的爱好,每个人都有自己的理想,但唯一的一点是,我们认准后就要为它付出努力。

"空乏其身,行拂乱其所为",如果事情做得不如意,碰到困难,你会放弃吗?就好比我们站上拳台,只要裁判不喊停,就永远不要放松,因为每一分每一秒,对手都会想办法把你击倒,所以说,我们永远不要放弃。当然,当我们很顺利时也不要骄傲,因为每一次成功,都需要你用感恩的心、平静的状态去面对。

"失败要虚心,成功不要太骄傲",这也是老师这么多年站在最高领奖台上,给自己的内心说的一句话。

"所以动心忍性,曾益其所不能",这句话的意思是,不断磨炼自己的心志,增加自己的才能。每个人都会有放松的时候,也会有偷懒的时候,老师也有。老师最累的时候就想,要不明天请个假,要不明天休息一下,身体已经太累了。但是每一次太阳升起,所有前一天晚上想的那些立马就烟消云散了,伸伸懒腰,把骨头都理一遍,然后穿上鞋子,穿上训练服,跑向训练室。因为我们队的竞争很大,很多人在争同一个级别的比赛资格,如果不努力,就会被别人取代。

老天对每一个人都是公平的,我们都有一样多的时间,每个人一天24小时,不可能有人一天25个小时。但是在生活环境上,又是不公平的。有的人在大山里,有的人在大海边,有的人在城市里,但这些都不能挡住我们去奋斗去努力的道路。

第二课 为什么我不能拿第一名

我喜欢尝试各种事情，每次都要去超越自己。拿到冠军，我就想要去拿第二个冠军；拿到奥运冠军，还想去拿职业金腰带；拿到职业金腰带，我还想尝试一下，我平时练习的拳击的动作，是不是也可以在电影里展示出来。

我以前想都不敢想我可以去拍电影《变形金刚》。但是，当我真的去到片场，看到擎天柱、大黄蜂各种各样的变形金刚，那都是我小时候在电视里才能看到的东西，我就在想，我能不能做得更好呢？我以后可不可以拍电影呢？梦想都是一步一个脚印走出来的。

我还没有当冠军的时候，我的第一次省比赛，第一次全国比赛，第一次世界比赛，第一次奥运会比赛，第一次拳王金腰带——这些"第一次"，都没有成功，都只拿到第二名或者是第三名。其实我已经很努力了，为什么我拿不到第一名？

每次拿到第二名、第三名的时候，回来把门关上思考我是怎么输掉这场比赛的，去找失败的原因。到第三天，我打开门，我说的第一句话是："我要吃东西。"我已经有两三天没有吃饭了。我想通了，我还要再努力。

推开门，吃完饭，提上我的行李，提上我的拳套，重新回到了训练场。一步步，一步步，终于，我拿到了省冠军、全国冠军。

这些努力，今天可以说一句话就说完了，但是当时，每天都是全身酸痛，睡在床上身体都没有感觉了，鼻子还被打得肿得像肯德基老爷爷一样。我就是这样，一次次坚持不懈努力提升，终于再次拿到奥运会的冠军！

胜不骄败不馁，取得胜利的时候，我们要懂得如何再去学习，反思怎样才能更强大,失败的时候,鼓励自己,人生有很多挑战,一次不行两次,屡败屡战,越挫越勇。只要心态正确,内心强大,我们就会有无限的可能。

在十年二十年以后,你们就是这个世界的创造者。

有了姚明,中国就有更多的人打篮球;有了李娜,大家都知道了网球;知道了邹市明老师,大家才知道中国人还可以打拳击。

我热爱拳击,心甘情愿为它付出这么多。拳击是一项男人的运动,一项铮铮铁骨的运动,但也不失柔情。在赛场上,你们看到的这些意气风发的拳手,其实不少人私下是很温文尔雅的。他们为了争夺一场比赛,花了精力和血汗去准备,到了台上,为了胜利付出全力。但是当比赛结束的时候,他们会高举双手,不管胜负是哪一方,两个人都会抱在一起,永远是好朋友。比赛时全力以赴,这是给对手的尊重,围绳以内,就只有自己和对手。

第三课　没有永远的冠军

人生都会有失败、有成功,但是任何东西都是阶段性的。我们不要为失败找理由,要为失败找原因。老师也曾经失败过,包括在上一场比赛中也是以失败告终。大家都不喜欢面对失败,但是每一个人都必须学会接受失败。

我们一生当中不可能每个阶段都是冠军。

每个阶段的成功,收获,付出,努力,失败,失去,都是暂时的,也都是我们宝贵的财富。

没有永远的冠军,只有自己的英雄。

老师要给每一个同学信心,在你们自己喜欢和擅长的领域里面,你们都是最好的,你们要做自己心中永远的英雄。

结课八分钟

今天老师把你们带出校园，带到顶果山。

丹巴曾经是红军长征作战的地方，这里的藏民——就是你们的父辈们曾经帮助过红军，红军在此打了不少胜仗。历史上第一支藏族红军也是在丹巴建立的。丹巴是藏区参加红军人数最多，也是红军战士牺牲人数最多的地方。

顶果山，以前叫"丁鼓山"，就是因为红军而改名。顶果山的"果"字，就是胜利战果的意思，革命胜利后，顶果山的名字就留了下来。现在顶果山的山洞里，还完好地保存着当年的红军留下的许多物品。

老师的家乡是遵义，红军曾在遵义开会，确立了以毛泽东为代表的马克思主义的正确路线在中共中央的领导地位，然后红军打了一次次的胜仗，我们现在才有这么好的生活。

长征是人类战争史上的奇迹。红军"一不怕苦，二不怕死"，最终取得了胜利。老师希望你们也能继承这种精神，为了梦想坚持到底。

做人一定要有梦想，有目标，没有目标的人，都不知道明天想去干什么的人，每天生活有什么意思？

希望你们早日走出那片山，看看山那边的世界，但是也别忘了，你的家在这里，学有所成，有所出息以后，你们一定要把在外面看到的世界带回来，不忘初心。

在顶果山上，邹市明老师和同学们抛起写满梦想的拳击手带。

上课记

　　"我怕误人子弟。"《同一堂课》邀请拳王邹市明来给孩子们上语文课，差点没成功。

　　邹市明几乎获得了拳击界所有种类的冠军：拿过2块奥运金牌、3块世锦赛金牌、20块国内比赛金牌，还曾经勇夺WBO世界级金腰带。

　　谁能想到，大满贯拳王居然也有怕的时候。

　　听说是要给四川丹巴深山里的藏族孩子上课，邹市明再也没犹豫："我也是从大山里走出来的孩子。我可能讲课文不怎么样，但我想把内心的力量传递给他们，先帮他们翻过心里的这座山，让他们有勇气、有欲望去看外面的世界。"

　　在成都下了飞机，再经过九个多小时车程的山路颠簸，才能来到这次授课的学校——杨柳坪双语寄宿制学校。学校位于康藏高原东南的甘孜藏族自治州丹巴县，在大渡河畔、雪山之下，建在有着"遗世独立美人儿"称号的甲居藏寨中。这是附近几个藏寨唯一的一所学校。多数孩子一个月只能回家一星期，学校就是孩子们生活的全部。

　　刚走进学校，邹市明就被学校教学楼电子屏上的毕业致辞吸引了：山区的孩子，唯有努力，只有吃苦，才能在将来的世界里拥有更大的舞台。民族地区的学生，只有靠读书，才能在未来的社会中展翅翱翔。

　　他转头对工作人员说："我们来对了。"

最好的回击不是以暴制暴

走进教室时，邹市明虽然紧张，但也有些底气——自己的小学语文成绩是班上最好的。

"我是来教语文的体育老师。"邹市明站在讲台上的开场白，惹得孩子们哄堂大笑。

好几个孩子认出了他，激动地大喊"拳王""奥运冠军"。邹市明显得有些惊讶，笑说："我2008年得奥运冠军的时候你们还没出生吧。"

给三年级的孩子上课是邹市明指定的。在读小学三年级时，邹市明第一次在黑白电视上认识了拳王阿里，那是他的梦想萌芽的时刻。

藏族孩子的名字字数多，邹市明看着座位表，满满一页的四字弟弟、四字妹妹，瞬间犯了难。他灵机一动，请孩子们依次上黑板写下自己的名字并自我介绍，以便能更好地把名字和小朋友的面孔对上。

降初格西自我介绍完刚要走下台的时候，邹市明看到他脸上有疤，便询问了一下。本来活蹦乱跳的降初格西，突然不好意思地低下了头，一路小跑回了座位。

其他同学起哄道："老师，那是他跟'老大'打架留下的。"他们口中的"老大"是贾天顺，被同学们称为班上"最凶的"。

邹市明于是给孩子们上了"第一课"：小时候的邹市明长得又矮又小，老挨同学欺负，还有女同学也时不时捉弄他。当他开始练习拳击的时候，第一个愿望就是要教训那些欺负过他的人。但是，当他真正拥有了拳击的力量、领悟了拳击运动的精神时，他才发现，最好的回击不是以暴制暴，"真正的强大不是用来伤害别人、破坏世界的，而是要为他人做出贡献"。

全班的孩子基本上都完成自我介绍，剩下坐在第一排最中央的

三天课程结束后，有同学喊道："我想成为拳击手。"

一个腼腆小姑娘：降初夏姆。当邹市明走过去邀请她时，小姑娘突然哭了。原来在上课铃响时，夏姆的黑色水笔突然坏了，墨水四溅，她的裤子变得斑斑点点。夏姆害怕走上讲台会出丑，所以一直躲着不愿上台自我介绍。

邹市明一边安慰哭泣的小姑娘，一边给大家分享了"第二课"。

小时候顽皮的邹市明，一到下雨天放学，回家时几乎都挨老爸一顿揍。原来他最喜欢的雨天"游戏"，是沿路跳入一个一个雨水坑里，弄得满身湿透，裤字上沾满了泥点。他不但不觉得脏，还发现了另一种美——其他人的裤子都是干净的，而我的是独一无二的。

邹市明边说还边演，不但逗笑了全班孩子，还成功地鼓励了降初夏姆。

我都那么努力了　为什么还不能拿第一名

邹市明选定的课文，是孟子的《生于忧患，死于安乐》，这是他小学的班主任、语文老师罗升风给他提的建议。上小学时，邹市明是出了名的调皮捣蛋，好多老师都不愿意收他进入自己的班级，只有罗老师不计较，还对他循循善诱。

为了上好这堂课，邹市明专门打电话向罗老师请教。罗老师不仅把这篇文言文的内容精华详细给邹市明做了阐述，还反复叮嘱："不要一板一眼地教文言文，你就讲你自己的经历，你的人生就是这篇文章最好的诠释。"这给了邹市明极大的信心。

"天将降大任于是人也，必先苦其心志，劳其筋骨，饿其体肤……"邹市明在课堂上反复地带领学生大声地朗读课文。

这其中的每一字每一句，是邹市明拳击生涯一路走来的写照。

1995年，13岁的邹市明参加遵义体校的拳击班的招考，因为身体条件不达标，第一轮就被刷了下来。邹市明默默地自己给自己加练，弄得遍体鳞伤。半个月后的复试，他执着地请考官给他一次机会，最终因为拳感很好而被留了下来。

他曾经为了达到比赛体重量级，五天内要瘦十斤，到了嘴边的水也只是漱漱口，就要吐出来；为了不落下一次训练，发着高烧，顶着可能得心肌炎的风险，也要完成当日的训练任务；训练多年，身上没有一块"好肉"，眼睛在比赛时也几乎被打瞎。

身体上受的苦，他从不抱怨。精神上的磨炼，却让他怀疑自己。

邹市明所有的拳击"第一次"，第一次省级比赛，第一次国家级比赛，第一次奥运会比赛，第一次拳王金腰带比赛，都跟冠军称号无缘。"我都那么努力了，为什么我还不能拿第一名？"他坚持下来了。他坚信，只有加倍地付出，坚持心中的梦想，才能离目标越来越近。

用你的梦去改变你的世界

"你有什么梦想?"邹市明正式讲课文前,问了孩子们这个问题。

"老大"贾天顺支支吾吾了半天,憋出一句"我不知道"。

其他孩子害羞地报出了自己的答案:医生、老师、解放军、宇航员……但再问,有信心吗?"没有。"

除了用自己的亲身经历诠释课文,如何才能让孩子们直观地感受到梦想的力量呢?他希望能利用自己的体育精神和拳击精神,给孩子们一些内心的力量,给他们去面对和解决困难、去打开心门拥抱世界的一种动力。

光讲不练是假把式,于是,第二节课,邹市明就带着孩子们进入实战环节。邹市明还自曝自己小时候其实是班里最瘦弱的一个。他说瘦弱并不代表没有力量,为了证明人的潜力无穷,他在出拳熄灭蜡烛这个环节中,特地请了班上最瘦小的一位男同学去挥拳,结果蜡烛被成功熄灭,让不少孩子内心受到了震撼。他还为每位孩子送上一份礼物——拳套绷带。他细心地教大家如何将绷带缠在手上,用最专业的方法让大家体验了一把"拳击手"的感觉。再戴上拳套,一起学习勾拳、摆拳、直拳等基础拳法,感受拳击的力量。

"因为心中有梦想,我才翻越一座又一座的大山,用你的梦去改变你的世界。"

结课时,邹市明带着一群孩子登上顶果山,俯瞰"山外的世界"。他要求每个孩子都要向着大山喊出自己的梦想,就像他小时候一样。

梦想的种子,在孩子们心中发了芽。大家向着大山,向着世界,喊出了自己的志向。那个本来不知道自己未来要干吗的贾天顺,用尽全身力量,大声呐喊:"未来我要当拳王。"

疑邻盗斧

代课老师 刘 谦
上课地点 北京市密云区新城子镇中心小学

疑邻盗斧①

人有亡斧者，意其邻之子，视其行步，窃斧也；颜色，窃斧也；言语，窃斧也；动作态度，无为而不窃斧也。俄而㧟其谷而得其斧，他日，复见其邻人之子，动作态度，无似窃斧者。

---

① 选自《吕氏春秋》。该书是中国先秦战国末期的一部政治理论散文的汇编，共26卷，160篇，完成于秦王政六年（公元前241年），为秦国相国吕不韦及其门人集体编纂而成。

讲堂录

我是刘谦，是一位魔术师。

最早记载魔术的壁画在埃及，上面有一个魔术师的画像。4000年前的人比较迷信，部落里的巫师为了让大家相信他真的有法力，所以时不时地要弄一些戏法出来，这就是最早的魔术。随着时代的发展，现在巫师已经没有了，但这些技术流传了下来，变成了一种娱乐表演。这就是魔术的由来。

今天我要给大家讲一个故事，这个故事跟魔术一样，可以帮助我们思考，关于我们平时如何思考事情，如何解答事情，如何看待别人。

第一课　眼看不一定为实

《疑邻盗斧》这个故事来自于《吕氏春秋》。

春秋时期有一个人，他有一把每天用来砍树的斧头。有一天他找不到这把斧头了，他想，一定被人偷了。他每天睡不着觉、吃不下饭，日思夜想到底是谁偷了斧头。他发现，隔壁家的小男孩在前院玩，他觉得小男孩的长相、动作、行为、表情，都像是偷东西的人。所以他认定，就是小男孩偷了他的斧头。

直到有一天，这个人自己找到了斧头，原来斧头被埋在一个他自己挖的坑洞里。此后他再看到隔壁的小男孩，就不觉得他像是偷东西的人了。

这个故事告诉我们，当人受到很多外界影响时，我们就会怀疑很多事情；当我们开始怀疑的时候，就会看不清楚事情的真相。

这样的故事老师也经历过。在我小学班上有一个同学，学习成绩很差，不讲卫生，长得也不是很好看。班上只要有东西丢了，我们都觉得是他偷的，因为他看起来就像是会偷东西的样子。直到有一天，我们在班上另外一个同学的柜子里，发现了所有被偷的东西，才知道我们冤枉了之前的那个同学。更可怕的是，当我们发现冤枉他之后，也没有人和他说对不起，因为我们还是觉得他是会偷东西的人。这是为什么呢？当你觉得这个人会干这种事情，不管证据、事实的时候，就是偏见。

我表演魔术三十多年，魔术师最了解人的偏见。有时候我们听到的、看到的、感觉到的，离事情的真相有很大的出入。世界上所有的魔术，都和这个道理有关系：看到、听到的，不见得是真的，真相要自己去求证。

象形文字发明的时候，这个世界上还没有疑邻盗斧的故事。当时的古人，就试着用图画把"疑"画出来：𥄨。仔细看这是一个人，有头、手、脚，挂着一个拐杖，还有嘴巴，嘴巴张得大大的，有一种彷徨惊讶的感觉。古代人把这个动作行为定义为"疑"，怀疑的疑，多疑的疑。

当你的思考被看到的、听到的、感受到的资讯所影响时，就看不到事情的真相，张着嘴巴，在十字路口前面，撑着拐杖彷徨，这就是"疑"字的由来。

疑邻盗斧也是一个成语，意思就是判断事物不可以先入为主。

各位有听过曾参杀人的故事吗？曾参是一位品德高尚的学问家，后世叫他曾子。他和妈妈的关系非常好。有一天曾参不在家，他妈妈在家里织布，有人跑到他家里敲门，说，曾妈妈，你儿子曾参杀人了。他妈妈说，怎么可能呢，我儿子是不会杀人的。过了没多久，第二个人来了，又说，曾妈妈，你儿子杀人了。曾妈妈犹豫地说，不会吧？我儿了应该是不会杀人的。第三个人来敲门，说，曾妈妈，你儿子杀人了。这次他妈妈相信了，东西也不收了，布也不织了，马上跑掉了。这说明什么呢？再难以置信的事情，说的人一多，我们就信了。因为我们听到的、我们看到的、我们的感受，太容易骗人了，常常会蒙蔽了真相。

魔术，就是利用这一点。变魔术不在于用什么道具或手法，只需要给你一些错误的信息。当你脑子接收到这些错误信息后，就会把它组成一个错误的事实，在你的脑中形成了一个幻觉。

网络年代，常常会有很多以讹传讹、先入为主的信息，传播很快。谁偷了东西，谁杀了人，谁做了坏事，说得都像真的一样。但是如果你在没有搞清楚之前，就相信它是真的，甚至还去传播这些谣言的话，就会伤害到自己，也会伤害到别人。

第二课　万里长城的另一个功能

这里是万里长城。先考各位一个问题，万里长城真的有"万里"吗？

正确答案，还真的有。2017年，国家文物局在公布的《中国长城保护报告》里，首次晒出了长城的"家底儿"——现存21196.18公里。

21000多公里如果以120米/30秒的速度，从万里长城头跑到尾，我们从现在开始跑，不吃饭，不睡觉，不上洗手间，一直跑，两个月之后可以跑完。

万里长城是谁盖的？很多人会说秦始皇，但其实不准确，在秦始皇之前已经有很多国家盖了长城。秦朝之前的战国七雄，秦国、齐国、燕国、楚国、赵国、韩国、魏国，给自己都盖了城墙，一节一节的。秦始皇把它们连在一起，听说花了三十多万人的劳役。接下来的两千多年，不同朝代的君王都在完善它。

秦始皇盖长城，我们很难说是好事还是坏事，因为他害得很多人妻离子散、家破人亡。但同时因为盖了长城，抵御了北方民族南侵，保护了很多家庭免于家破人亡，让我们安居乐业。

万里长城还有一个功能，长城以南是种田、种稻的农民，长城以北是放牛、放马的游牧民族，长城盖好之后，成了农耕业和畜牧业的天然屏障，有利于两个产业的发展。

这时候问题出现了：放牛、放马的人想要吃米饭，想要喝茶叶，得不到，因为城墙隔住了，茶叶和大米都在南边；南方人想要匹马，想要吃牛肉，也没有，因为放牛、放马的都在北边。怎么办？于是想办法，交换，用马来换茶叶，城墙下的城门打开了，在这个交易市场里，你买我茶，我买你马。这就是茶马互市。

长城南北的茶马互市至今已有四五百年。现在的长城已经变成了旅游景点。爱好和平就是人类的天性，我们不喜欢纷争，喜欢和睦相处，也不喜欢去区分汉人、满人，到最后我们都是一家人，在共同的土地上融合了。

结课八分钟

这两天的语文课，我想告诉大家三个道理。第一，看事情不能先入为主，如果带着偏见看事情，我们就看不到真相。第二，一件事情有很多种不同的看法，从这边看是这样，从那边看不一定是这样，有些事情一个角度是对的，从另外一个角度上就是错的。第三，是我个人觉得最重要的，就是有时候不见得一定要找到答案。

世界上有些秘密是应该要努力探索和追寻，把谜底解开的。但有些秘密，是我们永远不需要知道的，就像魔术一样。

我小时候，喜欢看动画片，看漫画，但我在看的时候，最不喜欢大人对我说这些都是假的。我当然知道是假的，但是我看得很开心。能让我暂时进入到这个梦幻的天地里面，就足够了。

我8岁第一次学魔术，当我知道魔术的秘密之后好失望，原来是假的。我再去学下一个魔术，当知道了下一个魔术的秘密的时候，我又好失望。我再学下一个……一直到今天，三十多年了，我一直在学下一个魔术。我多希望有一个魔术是真的，多希望永远不知道这些秘密，保留一点神秘和想象的空间。

科学家常常说，我们要追寻世界上所有的真相和道理，要理性地看问题。但是，20世纪最伟大的科学家爱因斯坦也曾说过："我们所能经历的最美好的事情是神秘，它是所有真正的艺术和科学的源泉。"

希望你们能懂得，既需要找到事情的真相，同时也要保留对神秘和未知的想象。

上课记

魔术师刘谦的《同一堂课》，当然是从魔术开始的。

听说刘谦不是老师，也不是作家，而是一位魔术师，北京市密云区新城子镇中心小学三年二班的学生们立马兴致高涨，要让刘谦现场表演一段魔术。

户外课的课堂设在建于明代的司马台长城。

在以天地为背景的长城户外剧场，刘谦老师向同学们揭示魔术的秘密。

刘谦一点儿没推辞："变魔术这个东西实在太简单了。"

简简单单，他把三条长短不一的绳子，变成了一样长的绳子。

接着，他向同学借了一个纸团，原地表演了一个"纸团飘浮"。只见那纸团神奇地飘浮在刘谦身前，像被一根隐形的线牵引着似的，让它往上它往上，让它往下它往下。

两个魔术不解渴，还有第三个。

一面玻璃的两侧，摆着两支蜡烛。两支蜡烛同时点燃，能从玻璃的一面同时吹熄两支蜡烛吗？

同学们上台试了试，当然不能。

但是刘谦能。

等等，《同一堂课》不是语文课吗？

是的。刘谦上的这一课，叫《疑邻盗斧》。

"疑邻盗斧的道理，我们魔术师最了解。"刘谦说。

《疑邻盗斧》的道理我们魔术师最了解

坐在车上前往密云郊区的时候，刘谦一度十分紧张。他只能不断地摩擦着双手来化解焦虑。

很难想象，三次登上央视春晚舞台，面对全国观众表演魔术，刘谦都毫不怯场，即将要面对的这一群10岁学生，却让他担心极了："我的语言会不会太艰深，表达会不会不够清晰，他们能不能听懂？"

还是变魔术吧。这是刘谦最擅长的事情。

果然，三个开场小魔术落地，孩子们已经疯了："哇！哇……哇哇，太神奇了！"

这情景，一下子把刘谦拉回到自己第一次看到别人变魔术的场景："我在8岁的时候看到一个魔术师的表演，我就觉得很神奇。我自己学会之后，就把它表演给别人看，去分享当时看到这个魔术时那种惊喜的感觉。我就是属于这种人。"

在过去三十多年里，练习魔术，不仅仅让刘谦成为中国最著名的魔术师，也让他领悟到许多人生道理。

譬如《疑邻盗斧》中的道理："这篇文章的本意就是做事情不要先入为主，不要被一些表象所迷惑。"

为了讲清楚这个道理，刘谦就手又表演了一个小魔术：让玻璃杯穿过木头桌面。

同学们看看桌子，桌子没有洞，看看玻璃杯，是普通的玻璃杯，纷纷感到不可思议。

刘谦揭穿谜底的时候，同学们恍然大悟。其实没什么特别的：当孩子们的视线和注意力都被桌上那枚可能会穿过桌面的硬币吸引时，玻璃杯已经在神不知鬼不觉中转移到了刘谦的另一只手上。

这个魔术有着典型的魔术师哲学："很多魔术并不在于什么道具手法，它只需要给你一些错误资讯，当你脑子被这些错误资讯引导后，你就会把它组成一个错误的事实。用这种方式，魔术师在你的脑中形成一种幻觉，误以为事情是你想象的那样。"

这种"先入为主""错误导向"的心理，恰恰就是《疑邻盗斧》所讲述的道理。

这个引发了班上一个男同学的共鸣。他站起来说道，自己也曾遇到过这样的事：明明不是自己偷的东西，却莫名其妙被人怀疑，当时心里很难过、很委屈。

说话的时候，男孩明显还带着满腔的委屈。这更让刘谦感到这堂课的必要。

刘谦知道，尤其是在当今这个时代，等孩子们长大了，他们会更明白《疑邻盗斧》这堂课的可贵。"网络上常常会有许多以讹传讹、先入为主的信息，有时候会蒙蔽自己的判断，有时候会伤害到别人。"刘谦说。这大概也是他这些年来的深刻体会。

有些真相你不一定要知道

疑邻盗斧的"邻"，是邻居。密云区新城子镇中心小学的同学们生长在长城边。在古代，长城的那边，是中国的邻居。

刘谦的户外课，就在长城上进行。

在长城上，刘谦感到震撼和感动。"那是一段完全没有经过修整的野长城。"刘谦感慨道，"你走在这段历史中，实实在在的物件就在你面前，不像博物馆隔着一层玻璃，你看到的、摸到的，都是实实在在的明代留下的长城，它给你穿越历史的感觉。"

在长城之上与历史相遇，这是时间的魔术。

课文《疑邻盗斧》，警示人们要打破人际关系之间的壁垒和隔阂。长城，则提示着人们以文化和经济的交流，打破民族之间的隔阂。

按照以往的理解，长城是防御工事，代表着筑起高墙，抵御外敌。可是刘谦告诉同学们的是，长城也是一个贸易沟通的桥梁——千百年来，在长城的城门处，形成了"茶马互市"的贸易交流。

魔术就是这样。一个魔术，从正面看，全是迷雾、是惊奇，从背面看，是魔术师的手如何掩饰事实，创造奇迹。

但是刘谦说：有时候，发现事情的真相并不美妙。

在长城上，刘谦揭开了从玻璃一面吹熄两支蜡烛的魔术。谜底很简单：平面镜成像原理。说简单点，就是玻璃另一面的蜡烛并没有被点燃，那只是此面蜡烛的影子。

毫不神奇，孩子们纷纷表示失望。

这反应，和8岁时第一次知道魔术真相的刘谦一模一样。

第一堂课，刘谦告诉孩子们"不要被表象迷惑"；最后一课，刘谦告诉孩子们"有些真相不一定要知道"。矛盾吗？不矛盾。毕竟刘谦还讲了一个道理：角度不同，答案不同。

这些，都是魔术带给刘谦的人生经验，也是刘谦所认为的魔术揭秘与魔术教育的本质不同。

"魔术揭秘，纯粹就是把秘密放在你的眼前，让你知道魔术背后的秘密，它并没有任何其他的含义，也没有什么建设性的帮助。魔术教育和魔术教学是另外一件事，它让你理解到魔术背后的精神、背后的智慧，让你理解魔术是怎么被创造出来的，为什么它看起来好像是魔术，它到底用了什么原理，它可以让你触类旁通，学习到生活中的其他道理。"刘谦说。

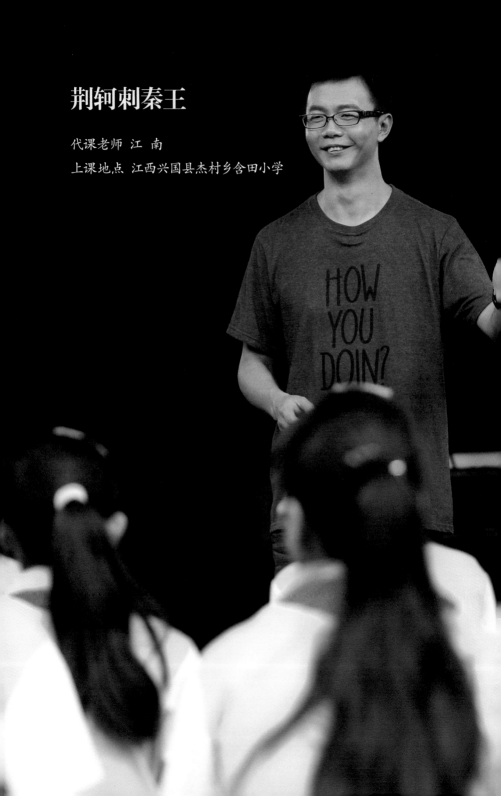

荆轲刺秦王

代课老师 江 南
上课地点 江西兴国县杰村乡含田小学

荆轲刺秦王 ①

刘 向 编

秦将王翦破赵，虏赵王②，尽收其地，进兵北略地，至燕南界。

太子丹恐惧，乃请荆卿③曰："秦兵旦暮渡易水④，则虽欲长侍足下，岂可得哉？"荆卿曰："微太子言，臣愿得谒之⑤。今行而无信，则秦未可亲也。夫今樊将军，秦王购之金千斤，邑万家⑥。诚能得樊将军首，与燕督亢⑦之地图献秦王，秦王必说见臣，臣乃得有以报太子。"太子曰："樊将军以穷困来归丹，丹不忍以己之私，而伤长者之意，愿足下更虑之⑧！"

荆轲知太子不忍，乃遂私见樊於期，曰："秦之遇将军，可谓深⑨矣。父母宗族，皆为戮没⑩。今闻购樊将军之首，金千斤，邑万家，将奈何？"樊将军仰天太息流涕曰："吾每念，常痛于骨髓，顾计不知所出耳！"轲曰："今有一言，可以解燕国之患，而报将军之仇者，何如？"樊於期乃前曰："为之奈何⑪？"

---

① 选自《战国策·燕策三》，上海古籍出版社，1976年版。
② 秦将王翦破赵，虏赵王：这是公元前228年的事。荆轲刺秦王是在第二年。
③ 荆卿：燕人称荆轲为荆卿。卿，古代对人的敬称。
④ 旦暮渡易水：早晚就要渡过易水了。旦暮，早晚，极言时间短暂。易水，在现在河北省西部，发源于易县，在定兴县汇入南拒马河。
⑤ 微太子言，臣愿得谒之：即使太子不说，我也要请求行动。谒，拜会，前往。
⑥ 秦王购之金千斤，邑万家：秦王用一千斤金（当时以铜为金）和一万户人口的封地做赏格，悬赏他的头。购，重金征求。邑，封地。
⑦ 督亢：古地名。，是战国时燕国土地肥沃的地方。
⑧ 更虑之：再想想别的办法。更，改变。
⑨ 深：这里是刻毒的意思。
⑩ 戮没：杀戮和没收。重要的人杀掉，其他人等收为奴婢。
⑪ 为之奈何：怎样对付这件事。奈何，如何，怎样。

荆轲曰："愿得将军之首以献秦，秦王必喜而善见臣。臣左手把其袖，而右手揕其胸，然则将军之仇报，而燕国见陵之耻①除矣。将军岂有意乎？"樊於期偏袒扼腕而进曰："此臣之日夜切齿拊心也，乃今得闻教！"遂自刎。

太子闻之，驰往，伏尸而哭，极哀。既已，无可奈何，乃遂盛樊於期之首，函封之。

于是太子预求天下之利匕首，得赵人徐夫人之匕首，取之百金，使工以药淬之。以试人，血濡缕，人无不立死者。乃为装遣荆轲。

燕国有勇士秦武阳，年十二，杀人，人不敢与忤视②。乃令秦武阳为副③。

荆轲有所待，欲与俱④，其人居远未来，而为留待。

顷之未发，太子迟之⑤。疑其有改悔，乃复请之曰："日以尽矣，荆卿岂无意哉？丹请先遣秦武阳！"荆轲怒，叱太子曰："今日往而不反者，竖子也⑥！今提一匕首入不测⑦之强秦，仆所以留者，待吾客与俱。今太子迟之，请辞决矣⑧！"遂发。

太子及宾客知其事者，皆白衣冠以送之。至易水上，既祖，

---

① 见陵之耻：被欺侮的耻辱。见，被。陵，侵犯，欺侮。
② 忤视：正眼看，意思是迎着目光看。忤，逆。
③ 为副：做助手。
④ 荆轲有所待，欲与俱：荆轲等待另一个人，想同他一起去。
⑤ 迟之：嫌荆轲动身迟缓。
⑥ 往而不反者，竖子也：去了而不能好好回来复命的，那是没用的人。反，通"返"。竖子，对人的蔑称。
⑦ 不测：难以预料，表示凶险。
⑧ 请辞决矣：我就辞别了。请，请允许我，表示客气。辞决，辞别，告别。

取道①。高渐离②击筑，荆轲和而歌，为变徵之声③，士皆垂泪涕泣。又前而为歌曰："风萧萧兮易水寒，壮士一去兮不复还！"复为慷慨羽声，士皆瞋目，发尽上指冠。于是荆轲遂就车而去，终已不顾。

既至秦，持千金之资币物，厚遗秦王宠臣中庶子蒙嘉。

嘉为先言于秦王曰："燕王诚振怖大王之威，不敢兴兵以拒大王，愿举国为内臣。比诸侯之列，给贡职如郡县④，而得奉守先王之宗庙⑤。恐惧不敢自陈，谨斩樊於期头，及献燕之督亢之地图，函封，燕王拜送于庭，使使以闻大王。唯大王命之⑥。"

秦王闻之，大喜。乃朝服，设九宾，见燕使者咸阳宫。

荆轲奉樊於期头函，而秦武阳奉地图匣，以次进。至陛下，秦武阳色变振恐，群臣怪之，荆轲顾笑武阳，前为谢曰："北蛮夷之鄙人，未尝见天子，故振慑，愿大王少假借之⑦，使毕使于前⑧。"秦王谓轲曰："起，取武阳所持图！"

轲既取图奉之，发图，图穷而匕首见。因左手把秦王之袖，而右手持匕首揕之。未至身，秦王惊，自引而起，绝袖。拔剑，

---

① 既祖，取道：祭过路神，就要上路。祖，临行祭路神，引申为饯行和送别。

② 高渐离：荆轲的朋友。秦始皇统一中国后，高渐离因为擅长击筑（竹制的乐器），秦始皇叫他在左右侍奉。一天，高渐离得着机会，用筑去打秦始皇，要为燕国报仇，没打中，遇害。

③ 为变徵之声：发出变徵的声音。古时音乐分宫、商、角、徵、羽、变宫、变徵七音，变徵是徵音的变调，声调悲凉。

④ 给贡职如郡县：像秦国的郡县那样贡纳赋税。给，供。

⑤ 奉守先王之宗庙：守住祖先的宗庙。意思是保存祖先留下的国土。

⑥ 唯大王命之：意思是一切听大王的吩咐。

⑦ 少假借之：稍微原谅他些。假借，宽容，原谅。

⑧ 使毕使于前：让他在大王面前完成使命。

剑长，操其室。时恐急，剑坚^①，故不可立拔。

荆轲逐秦王，秦王还柱而走。群臣惊愕，卒起不意，尽失其度^②。而秦法，群臣侍殿上者，不得持尺兵；诸郎中^③执兵，皆陈殿下，非有诏不得上。方急时，不及召下兵，以故荆轲逐秦王，而卒惶急无以击轲，而乃以手共搏之。

是时，侍医夏无且以其所奉药囊提轲。秦王方还柱走，卒惶急不知所为。左右乃曰："王负剑！王负剑！"遂拔以击荆轲，断其左股。荆轲废，乃引其匕首提秦王，不中，中柱。秦王复击轲，被八创。

轲自知事不就，倚柱而笑，箕踞^④以骂曰："事所以不成者，乃欲以生劫^⑤之，必得约契以报太子也。"

左右既前，斩荆轲。秦王目眩良久。

① 剑坚：剑插得紧。
② 卒起不意，尽失其度：事情突然发生，没意料到，全都失去常态。卒，通"猝"，突然。
③ 郎中：宫廷的侍卫。
④ 箕踞：坐在地上，两脚张开，形状像箕。这是一种轻慢傲视对方的姿态。
⑤ 劫：强迫，威逼（其订立盟约）。

江南老师带着学生们来到一片荷花池，进行他们人生中的第一次课本剧排练。

讲堂录

大家好，我叫江南，我是一个作家。来兴国给大家上课之前，我做了些功课。全国只有三个地方以"国"命名：安徽宁国、河北安国和江西兴国。

中国有些地方的历史很短，比如说深圳几十年前是个小渔村，上海几百年前还是片海。而兴国不一样，兴国大概有2200多年的历史，非常古老。

文天祥曾说："兴国人物亢健，大概去南渐近，得天地之阳气，不可以刑威慑，只可以礼义动。"说明兴国应该是一个非常刚烈的地方。

到了近代，兴国成了全国著名的将军县，新中国成立后，获得授衔的兴国籍将军有54位，著名的有萧华上将、陈奇涵上将，此外毛泽东、朱德、陈毅都曾在兴国工作和战斗过。孙中山创立的黄埔军校，前四期的毕业生中兴国籍的多达39人。在长征时期，我军唯一一个以地方命名的部队，叫兴国模范师，所有的人都是兴国籍。有一句话说，长征途中两万里，倒下两万兴国人。当时兴国有23万人，参加正规红军的就有5.6万人，80%的青壮年都上了前线，所以这里被称为将军县。

今天的语文课，我要给大家讲的一个人，和兴国人一样刚烈、勇敢，他叫荆轲。

第一课　刺秦　不能说的秘密

《荆轲刺秦王》的故事发生在战国时期。秦国在今天的陕西，都城在咸阳，现在西安机场就叫咸阳机场。

燕国，在今天的北京附近，蓟城是燕国的都城。蓟城的历史非常悠久，比北京城还要早，在如今北京城外50公里左右的地方，还能看到古蓟城的遗迹。

战国之前的春秋时代，是分封制。秦建立的国家是不封诸侯的，可以说从秦开始真正实现"普天之下莫非王土"。荆轲刺秦的故事，正是发生在秦刚开始统一六国的时候。第一个被灭掉的是韩国，第二个是赵国，也就是第一段说的"秦将王翦破赵，虏赵王，尽收其地"，灭了赵国，就接近燕国边界了。

因为秦国强大了，我们的主角之一、燕国的太子丹就恐惧了。太子丹，是燕的太子。他和秦王嬴政是好朋友，两个人年龄相当，小时候曾一起在异国当人质。后来两人分别成为燕国和秦国的主要力量。

之后太子丹从赵国改去秦国当了人质，虽然和秦王是幼年的好朋友，但秦王对他不好。太子丹很郁闷痛苦，从秦国逃回了燕国。这一段在《史记》中记载得非常玄妙，说太子丹向嬴政请求要回国，嬴政说了句："乌头白，马生角，乃许耳。"意思是：当乌鸦白头，骏马长角的时候，你就能回去了。秦王简直欺人太甚，蛮不讲理，太子丹只好仰天长叹。可能是上天有眼，牢房外突然飞来一只白头乌鸦，秦王只好遣送太子丹回国。

从此，太子丹对秦王怀恨在心。所以他回到燕国，就去找自己的老师鞠武商量对策。鞠武说，我们燕国弱小而秦国强大，太子您不能因为个人际遇，就想和他玩命。但太子丹不死心，改而搜集剑客，想在私下里和秦国对抗。战国时期的专业剑客，武术高强，都是亡命之徒，四处流动，专为赏识他们的主子服务，介于游侠和士族之间。

在故事的开头，荆轲已经是太子丹的门客了。门客这个概念，和现代"认大哥"差不多意思。门客要效忠雇主，雇主也要尊敬门客，两者之间是一种看起来很平等的关系。

太子丹希望刺杀秦王，先找到了战国有名的剑客田光，希望他能去刺杀秦王。田光说，非常感谢太子丹赏识我，但是我年纪大了干不了，我有一个朋友叫荆轲，非常仗义，是个人才，我帮你去找他。太子丹拉住田光，说了一句很微妙的话：我跟您说的这是国家大事，你可别给外人说。田光说我知道了，便走了。

田光找到荆轲说，太子丹想招募剑客去刺杀秦王，我推荐了你，但是他在临走的时候，叮嘱我不要把这件事跟别人说，说明他不信任我。接着田光就咬舌自尽了，历史上记载叫"舌吞而死"。把舌头咬掉了，说明这个秘密永远不会说出去。可以看出来，田光性格非常激烈。在战国时期讲究"礼"，田光会认为太子丹的叮嘱是无礼，所以他舌吞而死。

第二课 为什么荆轲最出名

太子丹对荆轲说，"秦兵旦暮渡易水"，秦兵马上就要渡过易水了。太子丹说话很委婉，并不是说我是你的主子，我要管理你、统治你，而是说"则虽欲长侍足下，岂可得哉？"：我希望长时间地服侍你这样一个有才华的人，但是因为秦兵要来了我做不到。这是一个微妙的、促使荆轲为他去刺杀秦王的请求。荆轲就说，"微太子言，臣愿得谒之"：太子你不这么说，我也愿意去拜会秦王。谒之，是拜谒的意思。

"今行而无信，则秦未可亲也"，这里的"信"，是信物的意思。古代两国相见要带礼物的，荆轲没有信物，秦王未必会见。

他想要两件信物，第一件信物是樊於期的头："夫今樊将军，秦王购之金千斤，邑万家。"

樊於期，"於期"的古音就是"乌鸡"。樊於期是秦国大将，因战败逃亡到了燕国，避免回秦国受酷刑之苦。

听闻荆轲要取樊於期的头，太子丹于心不忍。荆轲就私下里去游说樊於期：秦国对将军可谓很过分了，你的父母、宗族皆被杀了，今听说要用黄金千斤买你项上人头，"将奈何？"

古籍上经常有金百斤、金千斤的说法，目前史学有两种争议：一种争议是说当时的金是指铜，不是真的黄金，因为铜也很值钱。还有一种争议是说在战国以前，中国确实有特别大的黄金储备，那时候金没有现在这么值钱。

樊将军仰天叹息流泪说："吾每念，常痛于骨髓，顾计不知所出耳！"意思是我每想到这事，就痛彻骨髓，但是不知道该怎么办。荆轲说我有办法，既可以解燕国之患，又可以报将军你的仇。樊将军问，怎么办呢？荆轲说，我愿意拿将军的头献于秦，秦王一定很高兴见我。然后荆轲描述了一下他准备怎么杀秦王，他要左手抓秦王的袖子，右手一刀捅在秦王的胸口。

于是，樊於期"偏袒扼腕"。偏袒在现代汉语中理解为袒护、偏向。在古代，偏袒是脱下一个袖子，露出胳膊，是表示下定决心。樊於期说，我今天愿意听你的，把我的头给你，樊於期自刎。

他最后一句话："此臣之日夜切齿拊心也。"切齿的意思就是咬

江南老师现场示意"偏袒扼腕"：

在古代，偏袒是脱下一个袖子，露出胳膊。一旦偏袒扼腕，就表示下定决心。

牙，拊心就是捶胸。在这一刻，荆轲得到了樊於期的人头。

第二件信物，荆轲要的是燕国督亢的地图。

督亢在今天的河北高碑店，从古至今都很富有，秦王想要此地。古代献图和献地是一个意思，得到了地图，你就知道如何进兵。

在现代战争中，画地图也是很重要的事。1937年之前，日本人派了很多人以商人的名义来到中国，就是为了画地图。直到二战结束很长一段时间之内，日本人画的军用地图，都比中国人自己画的地图还要精细。不是说我们以前画的地图不好，是因为中国很大，难以把每个地方都画齐。总之，画地图很难，这绝不是一个小礼物。

我们的荆轲同学就带了两个礼物：樊於期的头和督亢的地图。

当然，光拿到礼物还不够，还要武器。太子丹用百金得到了赵人徐夫人的匕首。这位徐夫人来自擅长铸造兵器的赵国，是著名的铸剑大师，男，名徐夫人。铸剑师是一个特别高级的身份。战国时，铁的熔炼技术不好，所以大家铸的是青铜剑，青铜是铜和锡的合金。那时候要炼铸一把好剑，剑脊要多铜，这样才软而有韧性不易击碎，但是剑刃要硬，越硬磨得越锋利。铸剑非常难，人们觉得好剑能通神。

因此徐夫人的这把剑对荆轲来讲是一件宝物。有了这把剑，他不仅有锋利的武器，还有命运的加成。

太子丹还给荆轲配了一个助手——秦武阳，这人非常凶残，别人不敢和他对视。向太子丹举荐荆轲的田光曾经点评过四位勇士：勇士夏扶一着急脸就红，是血勇；勇士宋意，一着急起来脸就青，是脉勇；秦武阳一着急起来脸就白，是骨勇；荆轲这个人什么情况下神色都不变，是神勇。

荆轲有了助手，有了礼物，有了武器，但是还是不出发，他要等一个人。太子丹觉得荆轲不出发可能是后悔了，不敢去。于是用激将法，很委婉地说，时间不多了，荆轲你是不是不去了？我能不能先派秦武阳去呢？荆轲一听特生气，他说，如果今天去了但是人回不来了，就是一个竖子。"竖子"是指没有见识的人。最后，荆轲也没有等到这个人，他独自先出发了。

我在小的时候读这篇文章的时候，特别好奇这个人是谁，因为荆轲最后也没有等到这个人。

为什么荆轲在古代刺客中最出名呢？荆轲太有表演天赋。他出发之前，要所有宾客都穿着白衣送他，他还当着宾客的面唱了两首歌，先用变徵唱了一首悲伤的歌，然后用慷慨羽声，唱了首高亢的歌。徵和羽，都是中国古代的五音之一，宫商角徵羽，变徵是凄凉、悲壮，而羽声是慷慨、激昂。高渐离敲筑，筑是一种像瓦缶一样的乐器，大概是相当于现在敲的架子鼓。

想象一下，在易水旁边，所有的客人都穿着白衣，由著名的音乐家高渐离击筑，荆轲唱着歌，唱完了两首歌以后，上车就走，完全不回头，非常酷。

这段易水送别的故事，后人在诗词中多有提及。

骆宾王写了一首五言绝句：

于易水送别

此地别燕丹，壮士发冲冠。

昔时人已没，今日水犹寒。

这首诗意思是，我在易水中想到古时候荆轲在这里和太子丹告别，壮士们都怒发冲冠，当年的人已经不在，但今天的水依然寒冷，当时的气韵仍在。

辛弃疾写过一首词，叫《贺新郎·别茂嘉十二弟》，其中有一句："易水萧萧西风冷，满座衣冠似雪。"

"易水"在古代和现在都指代去而不复返的英雄，毅然决然之人。

第三课 荆轲之死 刺秦为何失败

在中国的历史上，荆轲廷前刺杀的故事，非常壮丽和激动人心。他本来有机会改变历史，这样的时刻在整个历史上都不多。

荆轲捧着盛人头的匣子，走在前面，秦武阳捧着装地图的盒子，在后面跟着。走到殿上的时候，秦武阳害怕了，色变，惶恐。

这个时候荆轲展现了他一贯以来处乱不惊的天赋。荆轲回头一笑，解释说，这是一个北方来的乡下人，他没有见过大王您这么威武的人，所以害怕了，请您原谅他，让我把出使的行为在大王面前完成。

接着是非常有画面感的一幕：秦王让荆轲拿图上前。荆轲奉旨取图，终于走到秦王面前。古代的地图不是地图册，是一个长卷。一把非常巧妙的匕首，就卷在督亢地图里。荆轲把地图在秦王面前全部展开，就能拿到匕首刺杀秦王。这就是"图穷匕见"。

我要提醒大家的是，当时荆轲劝说樊於期把人头给他的时候曾说，我要左手把他的袖子抓住，右手刺杀他的胸口。果然，荆轲就是这么做的。但是还没有得手，秦王就惊了。秦王这个人平时也是锻炼有素，立马把袖子扯掉脱身。

秦王想拔自己的佩剑，却因为剑太长而拔不出来。荆轲紧追秦王。为什么这时候没有人上去帮秦王呢？因为秦朝是法家治国，规矩很严，即使你是有武器的武官，要救这个王，你也得有这个法令才能上去。不过从这个故事我们可以看出，荆轲可能不是武侠小说中那种飞花摘叶、千里杀人的剑客，他虽然胆子很大但剑术不高，他追着秦王绕柱子已经跑了很久，也没有杀掉秦王。

这时候，御医夏无且拿了一个药袋去投掷荆轲，没什么作用，于是大喊："王负剑！王负剑！"我小时候读这篇文章，我想象不到负剑而拔怎么就能拔出长剑来，感觉更难拔。我能想到的方法是这样的：他把剑从腰间转到了背后，一边右手拔，一边左手往下掰，这样长剑就能脱出来。

秦王拔出剑以后，"以击荆轲，断其左股"，砍断了荆轲的左腿，荆轲拿匕首投掷秦王，没有投中，打中了柱子，"秦王复击轲，被八创"，荆轲中了八剑。"左右既前，斩荆轲"，荆轲就这样死了。

结课八分钟

《荆轲刺秦王》这个故事是非常精炼，作者没有过多地写荆轲和太子丹相处的往事，每一个小段落，都直接指向刺杀这一幕。

其实在《燕丹子》这本书里，还讲了很多荆轲和太子丹相处的往事，挺有意思的。比如，太子丹为了讨好荆轲不遗余力。

荆轲开始在太子丹门下当门客的时候，太子丹非常想讨好荆轲，他做了三件事。第一件：有一天荆轲在河边拿瓦片丢水玩，可能是打水漂，太子丹就让人拿了一整盘黄金制的瓦片来。荆轲面不改色地继续拿金瓦丢水，丢完一盘，太子丹就换了一盘，荆轲继续丢。太子丹对荆轲的笼络之情是非常明显。

第二件事：太子丹有一匹千里马，这在古代非常难得，就像宝剑一样。荆轲有一天漫不经心地说，听说千里马的肝很好吃。太子丹二话不说就把千里马杀了，取肝做了一道菜给荆轲吃。

第三件事就更加神奇：太子丹有一个琴姬，琴弹得特别好听，荆轲就赞美她说，这个女孩的手真好看，修长。太子丹要把琴姬送给荆轲，荆轲说我不喜欢女人，我只觉得手好看，太子丹就把琴姬的手砍下来了，送给荆轲。

可见先秦还是有比较野蛮的一面。

当然，刘向和司马迁他们在引用这一段历史的时候，略过了这三个故事，因为他们觉得有点传奇和荒诞不经，就像是小说家写的故事一样。

当我们阅读历史故事时，我们要寻找较为翔实可信的史书或资料，而不是传奇。传奇可以写得非常漂亮，但往往更娱乐。所以，我倾向于让大家先读信史,再读传奇。

荆轲成为历史上最有名的刺客,最让人感慨的两点,第一点是他的动机,他有大义。在那时,秦国已是虎狼之师,荆轲非常清楚,他现在刺杀强秦,可能就回不来了。

明知道不可为而为之,在有些极端的情况之下,会出现这种所谓的英雄性格的人,荆轲就是。刺客如此,现实生活中,很多事情也是这样。比如一个年轻人从军,保卫国家,在险要的关头,其实需要一种英雄般的意志,去克服恐惧,克服小我。

排课本剧,需要的是导演功夫。江南"导演"现场说戏,演了起来。

第二点令人感触的是，荆轲性格非常的复杂。他年轻的时候，剑术不好，曾被当时剑术最高的剑客盖聂看了一眼就逃跑了。还曾经和一个叫鲁句践的剑客争道，鲁句践怒视荆轲，荆轲又跑了。在得知荆轲刺杀秦王不成后，鲁句践非常后悔，他说，我当年看错他了，我以为他是一个胆小怕事的人，实际上他是一个英雄。荆轲不会为了小的仇怨跟人拔剑，他平生只拔过一次剑，就是殿上刺秦王。

古代故事和现代故事的精神往往是一脉相承的。一个人总要有一种"万夫虽在前，我要一人独往"的勇气。人生总会有遇到困境的时候。你需要一个意志：别害怕，这件事情是对的，应该做的，所以哪怕没有那么多人陪你，你也要去完成。这种勇气曾经在我的人生中帮过我很多次，希望你们也有。

上课记

"大家好，我叫江南。"

"你叫江南？《江南》是一首歌。"

"你是从江南来的？"

一句7个字的开场白，让整个课堂大笑起来。

这是作家江南第一次给小学生上课，他原本担心自己的课堂会沉闷，没料到走进教室的第一句话就"抖了个包袱"。江南老师没有生气，反而微笑着说：我来自北京，江南是我的笔名。

"那你写过什么书？"

"《九州缥缈录》《龙族》《上海堡垒》……"，江南老师非常笃定："你们现在没有看过我的书很正常。但过两年，你们一个都逃不了。"学生们争先追问为什么，江南老师微笑答道，"因为我在中国中学生阅读界里应该是最红的"，讲台下发出阵阵惊叹的声音。

江南此话不假，作为中国幻想文学代表人物，他的读者群大部分都是初高中学生。他曾就读于北京大学和华盛顿大学（圣路易斯），两年登上中国作家榜榜首，系列小说《龙族》以每本销量超350万册、整体销量超2100万册的业绩打破中国图书出版业的多项纪录，获过"五个一工程"奖。

被虚构历史人物难住的小说家

作家来教语文本应该是最容易的，江南老师的挑战在于他要给小学生讲的是一篇文言文《荆轲刺秦王》。"主要是担心孩子们对古文的接受能力，以及对史实的了解是不是足够丰富，毕竟把一篇历史的作品拆开来讲需要很多的背景知识。"江南在备课时担心小学生的历史知识储备，在进入课文前，他先和学生们玩了一个猜人名的游戏，探探学生的"底"。

江南老师一一举出名牌，同学逐个上台，一人描述，一人猜词：

"四大美人之一——西施"；

"挂帅的、大胡子——张飞"；

"喜欢喝酒，作诗——李白"；

几轮游戏过后，甲乙丙丁四组都顺利通关。难度升级，江南老师让四组互相出题，学生们也起哄让老师参与，学生出题老师猜。乙组出题为"高则"，一番描述后，江南老师猜词失败。丁组出题为"诸葛果"，学生们提示"诸葛亮的女儿是谁"，江南老师一脸迷茫，再次猜词失败。熟读史书的江南竟被这两个词难住了，当场不耻下问，想知道这两个历史人物出自哪里。真相是，"高则"是改写《三国》的电视剧里的虚构人物，而"诸葛果"是传说人物，据传是诸葛亮的女儿。

江南老师和学生们一同观看兴国的非物质文化遗产——木偶戏。
"20分钟不可能让孩子们喜欢木偶戏,但应该让年轻群体了解这样的艺术形式。"

江南老师本想借游戏引出要讲解的两名正史人物——荆轲、嬴政,没料到一开始就要跟学生们讲明如何看待历史,什么是像高则这样的虚构人物、什么是像诸葛果这样的传说人物。他在幕后采访中也毫不掩饰惊讶地说:"我以前没有觉得电视剧的人物会对受众产生误导,看了学生们反而会有些担心,什么是真正的历史,什么又是我们演绎出来的历史。"

他对学生说:"虽然我是一个作家,我写过很多小说人物,我也写过很多传说人物,但是在未来两天之中,我会讲一些正史的人物。这些是传承过2200年以上的中国真正的历史,每一个文字,每一句对白,都有所考证。"

教学进入"正史"——《荆轲刺秦王》。江南老师没有局限于这个家喻户晓的刺杀故事，而是毫不吝啬地将涉及的人物和知识点，拆成了一个个小故事，处处都有"超链接"。课文第一句里的"秦将王翦破赵"里的王翦，在传统教学中往往只有一句注释。江南老师延伸到了四大名将："王翦这个哥们儿，是战国时期四大名将之一。四大名将，赵国有李牧和廉颇，秦国有王翦和白起。白起很有名，因为他杀人多，在赵国长平一战杀了40万人，都挖坑埋了，当时的战争是非常残酷的。"

"哥们儿"王翦、"男主角"太子丹、"表演艺术家"荆轲……江南老师随口给每一位提及的历史人物都加了标签。学生们像听故事一样一口气听完，战国历史一下子活色生香了起来。

"我觉得我还是很适合教语文的"

第二堂课，要在户外排演《荆轲刺秦王》课本剧。一场夏日疾雨后，江南带着学生们来到一片荷花池。在百亩荷田长廊中，含田小学的学生们要进行他们人生第一次课本剧排练。

虽然江南的很多小说已经被影视化改编，但参与最多的工作仍是编剧。排课本剧，需要的是导演功夫。这篇课文又是文言文，怎么走位？怎么做动作？对话如何翻译？人物之间搭话如何接？这些全都要从零开始。江南老师索性让学生分四组自行排演，他则穿梭其中，担任起了历史顾问、礼仪指导，为学生演示"忤视""负剑""设九宾""奉地图匣，以次进"……

第二天的汇报演出，江南带着他的学生来到了当地著名的红色之地澉江书院，江南和学生们一同观看了当地的非物质文化遗产——木偶戏。

在江南的请求下，非遗传人们现场用木偶戏上演了《荆轲刺秦王》中的精彩段落"荆轲逐秦王，秦王还柱而走"。接着，舞台就交给了四组学生，上演真人版《荆轲刺秦王》。

课本剧"历史顾问"江南也是第一次观看学生们的完整表演，当他看完了四组表演，站起身来大声地为学生们叫好。"我觉得我的教学任务完成了。"江南观察到有一组学生，拿错了脚本，拿成了文言文的版本，但是他却讲下来了。这说明这些晦涩的文言文，对于学生来说，不再是看不懂的文字。"为什么要让你们表演呢？是为了能深入人物心理的层面。我希望你们将来在读先秦的历史，读《史记》、读《战国策》时，会想起有人给你讲过这个东西，所以翻开这些历史'我不会怵'，不至于说这本书讲的是一些陌生的奇怪的大人的东西，我不想读。"

分别前，江南准备了一份礼物送给所有的同学——一批图书。他对学生说："希望大家能喜欢这些图书。学习语文是让大家未来会觉得长久受益的事情。很多人会觉得学语文没有明显的作用，有的家长会说，孩子语文差一点不要紧，读书写字谁不会，但是语文对于一个年轻人，甚至一个老人打开世界观，意义是非常巨大的。古文说，读万卷书，行万里路，但是行万里路其实非常难，行万里路的成本，远胜过读万卷书。文字给人类带来的知识的福音是无比巨大的，直到现在，电视电影如此发达，画面已经先进到这个地步，我们都没法改变文字是人类可能最大程度地获得知识，不是信息，是知识。"

三天的代课结束，江南老师很肯定地对身边的人说："我觉得我还是很适合教语文的。"

观沧海　曹操

代课老师　王洛勇
上课地点　广东佛山市国华纪念中学

观沧海

[汉] 曹操

东临①碣石②，以观沧海③。

水何澹澹④，山岛竦峙⑤。

树木丛生，百草丰茂。

秋风萧瑟⑥，洪波涌起。

日月之行，若出其中。

星汉⑦灿烂，若出其里。

幸甚至哉⑧，歌以咏志。

---

① 临：到达，登上。

② 碣（jié）石：山名。碣石山，河北昌黎碣石山。公元207年秋天，曹操征乌桓得胜回师时经过此地。

③ 沧海：渤海。

④ 澹澹（dàn dàn）：水波摇动的样子。

⑤ 竦峙（sǒng zhì）：耸立。竦，通"耸"，高。

⑥ 萧瑟：树木被秋风吹的声音。

⑦ 星汉：银河，天河。

⑧ 幸甚至哉，歌以咏志：乐府歌结束用语，不影响全诗内容与感情。意为（我）十分庆幸来到这里，用诗歌（即《观沧海》）来歌吟心志。幸，庆幸。甚，十分。至，极点。

讲堂录

毕节市赫章县的孩子在山里头，从来没看过海。在彝文里面找出这个"海"字也很困难。

广东的孩子在沿海，他们见的东西多，整个的学习环境更广阔。这次趁暑假，我有一个想法，就是把毕节的孩子从大山中带出来，和沿海城市的孩子一起上课，说不定能够相互帮助、相互启发、共同进步。

我选择《观沧海》这首诗，不仅让你们知道曹操的历史故事，关键是希望你们建立起一种志向——跟天下的人打交道、交朋友，合作，共度困难的志向。

第一课 《观沧海》 真正亲临大海写出的诗

海洋是生命之本，没有水就没有生命。大家都知道，中国国土面积有960万平方公里。那中国的海洋面积有多大呢？大约470万平方公里，相当于陆地面积的一半。这意味着什么呢？海洋在咱们文化中占了非常重要的地位。

《观沧海》是中国最早的一首关于海的诗，作者是古代非常著名的诗人曹操。大家看过《三国演义》一定都听说过曹操这个名字。曹操是东汉末年杰出的政治家、军事家、文学家、书法家，更重要的是，他是三国曹魏政权的奠基人，可谓是文武双全。

虽然我们背过不少与海有关的诗句，像王之涣的"黄河入海流"，张九龄的"海上生明月"，李白也写过"君不见黄河之水天上来，奔流到海不复回"，但是都写得比曹操晚，甚至他们没有见到过真正的海。曹操的《观沧海》，是站在海边、亲临大海写出来的关于海的诗。

我们一起领略一下曹操笔下的诗有怎样的气度。

这首诗里面，有海水、山岛、草木、秋风，还有太阳、月亮、星星，全都是眼前的景象。"东临碣石，以观沧海"，"临"是什么意思？来到，来到这个地方。"沧"，通"苍"，指的是青绿色。曹操向东走，来到了碣石山上，来看那青绿色苍茫的海。

他看到什么呢？"水何澹澹"，澹澹，就是海水荡漾的样子。"山岛竦峙"，竦峙，山岛高高耸立，有一种岿然不动、挺拔壮阔的感觉。

"树木丛生，百草丰茂"，那些树木和小草很茂盛，很有生命力，生机益然。

丛生跟竦峙有什么区别呢？竦峙可能比较集中一点，丛生则是铺展开来的感觉。

下一句，"秋风萧瑟"，"萧瑟"就是在深秋时节，天气有点凉了，树木被秋风吹的声音。那个声音听起来很孤独、很冷，所以有时候也指人的心情，蕴含着孤独凄凉的感受。"洪波"有点像大洪水那样的海浪。

"日月之行"，太阳和月亮走过的道路。一到晚上，月亮就对太阳说，下去！或者太阳对月亮说，月亮，该你值班了，快点！无论是月亮还是太阳，还是宇宙中的星星，它们都有自己的运行规律和节奏，这是大自然奇妙的法则。

"若出其中"，"其"指的是大海。因为前面用了大量的笔墨描写海水波涛激荡，海中山岛高耸挺立，所以这里的"其"指代的

课堂上，王洛勇老师让学生们用肢体语言表达"东临碣石，以观沧海"。

就是前面所描写的大海。

　　"星汉灿烂"，"星汉"指的是星星和银河。英文的银河叫the Milky Way。牛奶的英文，milk，把它加一个y成为形容词了。所以"银河"就像奶白色的大道，这个单词非常有趣生动。在古代，"星汉""霄汉"也是指"银河"。

　　"若出其里"就是"好像从里面出来的"的意思，这里的"其"同样是指代大海。这一句描写好在哪里呢？我们仿佛看到月亮落下的地方和太阳升起来的地方都是在大海里，星河好像是从这个水里面出来的，意境多优美啊。

　　曹操不仅看过海，他还是看过鲸鱼的。他在《四时食制》里面专门写到，在东海那有一个像山那么大的生物，"东海有大鱼如山，长五六里，谓之鲸鲵"，这么大块头的，那绝对是大须鲸。而且这个鲸鱼骨头怎么用，肉怎么吃，曹操都知道，"膏流九顷，其须长一丈，广三尺，厚六寸，瞳子如三升碗。大骨可为矛矜"。

最后"幸甚至哉，歌以咏志"，"幸"是高兴，也有庆幸的意思。"甚"是非常的意思。"至哉"就是"啊""呀"的意思。"歌咏"，赞叹的意思。"志"是志向。志向是一种很强烈的愿望，比如想成为一个好演员、好老师。

那么曹操的"志"是什么呢？他想成为一个伟大的军事家、政治家，所想的事就是如何保卫国家，打败敌人，处理国事。国事有很多，国家的经济发展、农业、商业、儿童的教育、医疗保障等。有了这个志向，他就不简简单单是为了自己，可能是为很多人。

曹操当年在怎样的背景下写下《观沧海》的呢？他当时刚好打了一场胜仗，心里还蛮开心的，于是他看着远处的礁石，看着辽阔的海面、海面的波纹和荡漾的浪，他把对海的所见所想，用诗歌描绘出来，表达出他内心的抱负。

诸葛亮在刘备二顾茅庐的时候，曾经对曹操有这样的评价，曹操之所以能够有所作为，是因为他这个人脑子非常聪明。他遇事就动脑子，而不是蛮干。不论从名声还是智谋方面，袁绍都没办法跟他相提并论。曹操之所以能够以弱胜强、以少胜多，就是因为他在部署军队时，知道什么时候该进、什么时候该退、什么时候向左、什么时候向右，作战有方，而且非常有效。

不光是诸葛亮对他有这样的赞赏，连鲁迅也说，曹操是一个很有本事的人，至少是一个英雄，我虽不是曹操一党，但无论如何，总是非常佩服他的。

我们刚刚讲了中文古诗，接下来老师用英文给你们读一遍这

首诗:

观沧海 The Sea
许渊冲　译

东临碣石，以观沧海。

I come to view the boundless ocean
From Stony Hill on eastern shore.

水何澹澹，山岛竦峙。

Its water rolls in rhythmic motion,
And islands stand amid its roar.

树木丛生，百草丰茂。

Tree on tree grows from peak to peak;
Grass on grass looks lush far and high.

秋风萧瑟，洪波涌起。

The autumn wind blows drear and bleak;
The monstrous billows surge up high.

日月之行，若出其中。

The sun by day, the moon by night
Appear to rise up from the deep.

星汉灿烂，若出其里。

The Milky Way with stars so bright
Sinks down into the sea in sleep.

坐在仿制古船的甲板上，王洛勇老师给学生们讲述郑和下西洋的故事。

幸甚至哉！歌以咏志。

How happy I feel at this sight!

I croon this poem in delight.

第二课　来自中国的和平舰队

发明了指南针的中国人，很早就开始在海上航行，通过海上贸易，跟世界各国交朋友。

早在秦汉时代，我们就有海洋船队了，当时秦始皇派了徐福出海采仙药。

唐朝和宋元时代，中国已经有了非常前卫的航海技术和造船技术。中国人发明了司南，也就是后来指南针的雏形。正因为有了这么悠久的航海史、造船史的基础，后来才有了明代郑和下西洋的超级舰队。

我们现在所在的这艘船，就是模仿古代的船建造的，有三根桅杆。明代郑和下西洋的时候，每次出发就有一两百艘船，当时最大的船有九根桅杆、十二张帆。每条船的宽度大概60多米，长147米，能够承载上千人。当时郑和带着中国的商业团队、农业团队、政治家团队到国外去，甚至到了意大利那么远的地方。当时的出国航海港口，主要有两个地方，一个是泉州，一个是广州。

他们去外国干什么呢？那个时候国家和国家之间没有统一的货币，但是外国人会跟我们进行物品交换。我们用丝绸、瓷器和茶叶，换回来芭蕉、土豆、香料甚至长颈鹿。这个航线我们又叫作"海上丝绸之路"，也可以称之为"陶瓷之路"和"茶叶之路"。

我们给世界带来的影响是和平的，是真正的交流，谦虚地学习，是真正的分享人类知识。虽然语言不通，路途遥远，但我们依然通过交流来了解世界，来共同建设美好的人类家园。我觉得咱们的祖先很了不起。

结课八分钟

毕节的孩子，可能家里养过牛，或者在田里看过水牛。再大一点，可能看到一些从外地来的马。最大的海洋生物、最大的地球生物，肯定没有见过。

这一次我们在海洋馆看蓝鲸。蓝鲸小宝宝一生下来就是2700公斤。鲸鲨身上的每一个纹路，都像我们人手上的指纹一样，是独一无二的，对于海洋生物，大家是不是又多了很多新的问号？

我把大家带到海洋馆，就是要让你们不断产生问号。人只要有问号，就会进步。

我们呼吸的每一口空气、饮用的每一滴水都跟大海息息相关。没有蓝色的海洋，就没有绿色的陆地。大气中大部分的氧气主要是由海洋微生物产生的。海洋里的水在空中形成云，变成雨、冰雹和雪，回到土地和海洋，流入湖泊、河流，补允地下水，灌溉和滋养树木、蕨类、苔藓、蚂蚁、大象和万物。

不夸张地说，水滋养了万物，并且所有的生命都源自海洋。

中国是一个海洋大国，对我们来说，加深海洋环境保护的意识，很重要。

上课记

"我从来没想过毕节的小朋友会给我们送山核桃"，佛山学生沈楚涵很惊喜于这份礼物。

而让毕节市赫章县的孩子们惊喜的是海，第一次看见海，第一次看见海洋生物。

王洛勇让山里的孩子和海边的孩子同上了一堂语文课。

王洛勇讲的课文是《观沧海》，他用彝文在黑板上写下"观沧海"三个字，佛山的孩子们困惑于这种从未见过的文字。毕节的孩子们说的家乡方言，佛山的孩子们也听不懂。

王洛勇很快发现了两地学生之间奇妙的气场：彝族的孩子会觉得自己没有去过海边，很多东西都不懂；佛山的孩子们则觉得彝族的孩子们很神秘。打通两地孩子之间的隔阂，这正是王洛勇上这一堂课的目的："学生们虽在不同环境长大，虽然说着不同的语言，但他们其实是一样的，这堂课就是增加这种认同感。这也就是《同一堂课》应该做到的。"

曹操真的见过海

曹操是中国最早写关于"海"的诗人，虽然长期在中原活动，但他是真正见过海的。见识到海的浩瀚后，他激动地写下了"日月之行，若出其中。星汉灿烂，若出其里"。日月苍穹在大海面前都不过如此。

对于从没见过海的孩子，如何让他们体会观海的感觉呢？王洛勇自有他的办法，第一步，就是调动学生们的肢体。比如："如何用身体来表达一下'东临碣石'呢？"来自赫章的陶丝雨立马摆起手跨大步子，这就是赫章的孩子们平时爬山的样子。那又怎么表达"水何澹澹"呢？学生们上下左右摇晃着手臂，来表达海浪荡漾。"像一颗海草海草"，教室立马变成了海草舞现场。

王洛勇的教学理念，源自他在美国的长期表演训练和在百老汇演出的经历。1995年到2001年，他在百老汇53街的剧场上演过两千多场音乐剧。在王洛勇看来，"观察"是语文和戏剧的共同点。对生活环境、一草一木、动物，对不同人的细致观察训练，都会提升学生们对文字、对事物的感受力。用肢体展示文字，实际上就是调动学生过往生活经验中的洞察积累。

哺乳动物就是不生蛋的鱼？

为了让毕节市赫章县的孩子们更多地感受海，理解课文《观沧海》中所传达的意象，王洛勇老师将课堂搬入了海洋馆。行走在海洋馆中，仿佛行走在海底，不同的海洋生物游弋在眼前。

一进入鲸鲨水族馆，孩子们就被五花八门的鱼儿们吸引了视线——肥嘟嘟的蝴蝶鱼，身材纤细的花园鳗，浑身上下布满体甲的尖吻突鼻箱鲀，尾巴带毒的魔鬼鱼，还有憨态可掬的海星……

每种鱼都有自己的性格和特色。

当发现"尼莫"小丑鱼的时候，王洛勇连忙招呼孩子们过去围观，却把小丑鱼吓跑了。学生忍不住吐槽："这就是害羞鱼嘛！"

见到一条会倒立的鱼，古灵精怪的孩子们又凑近水族箱，上前打招呼。凑上前才发现，这是刚才就见过的花园鳗。

不远处的水母又吸引了大家的视线。水母生下来的时候很小，只有一粒米那么大。然后就慢慢长大了，六个月以后可以长到电冰箱那么大。

一条好大的鱼又吸引了孩子们的视线，原来是人类的好朋友——海豚。海豚是哺乳动物，学生们对"哺乳动物"却有着简单粗暴的理解："哺乳动物就是喂奶的，不生蛋的。"

王洛勇还分享了一个关于海豚的故事。

在海洋馆里上课，对毕节市赫章县的同学们来说是第一次。

　　早年在美国读书的时候，王洛勇跟家住纽约长岛的同学一起出海，结果却被海豚"轰轰"围住。后来王洛勇才知道，原来同学的家人曾经救过这些海豚。一直到现在，同学都会不定期地去喂那些海豚。所以只要看见他们的船，海豚们就跟看见家人了一样。

　　王洛勇在学生们看海洋生物最兴奋的时候，拿出一张海面漂满白色垃圾的图片。看到海洋生物因为吃了白色垃圾而痛苦的样子，刚刚满眼放光的孩子们，眼中的光似乎都黯淡了下来。每个孩子都立志要消灭海洋中的白色垃圾。

辣椒和土豆从哪里来

　　说起中国人与海洋的故事，就不得不提郑和。为了让学生们切实体会到郑和的船到底有多大，王洛勇带大家登上了一艘仿制的明代三根桅杆船。比起郑和九根桅杆、十二张帆的大船，学生们所在的这艘船只能称之为小小船。坐在古船的甲板上，在这样的实景体验的教学环境中，学生们能够切身想象当年郑和下西洋所驶的海船是一个怎样的庞然大物。

没有统一的货币，以物易物做贸易。郑和带回来了全世界各地不同的农产品和动物，学生们这才第一次知道，自己常吃的辣椒和土豆，原产地原来不在中国，而是被郑和带回来的。说起土豆和辣椒，杨龙和罗韶婷都笑开了花，珠市小学校门口最受欢迎的小吃，就是炸土豆拌辣椒面。

王洛勇现场给学生们出了个难题，用英文朗读《观沧海》，这帮三年级的学生，不管是赫章还是佛山的孩子都吓得吐舌头。

"I come to view the boundless ocean .From Stony Hill on eastern shore.（东临碣石，以观沧海。）" 2018年年初时，刚出演完《大军师司马懿》的王洛勇在一档节目上用英文朗诵了《出师表》。这段视频在网上广泛流传。王洛勇回忆，当年刚到美国，因为英语太差，他被取消了入学资格。后来，为了训练自己的英文发音，王洛勇把石头含在嘴里练习，那些石头他至今还留着。

为什么要用英文读《观沧海》？王洛勇解释说："这些早期的航海贸易者成员中，必不可少的便是翻译。语言让我们可以沟通相互理解。我们要把中国好的诗歌、好的故事传递给世界。我们要学会各种各样的语言，我们要为天下的人讲中国的故事。"

草船借箭　罗贯中

代课老师　濮存昕
上课地点　云南广南县坝美村法利小学

《草船借箭》课本剧

众：滚滚长江东逝水，浪花淘尽英雄。是非成败转头空。青山依旧在，几度夕阳红。白发渔樵江渚上，惯看秋月春风。一壶浊酒喜相逢。古今多少事，都付笑谈中。

旁白：三国鼎立，逐鹿中原，曹操率几十万大军压境，诸葛亮联吴抗曹，舌战群儒，吊孝救主，智慧超群，引来东吴水军都督周瑜的嫉恨。

周瑜：天生周瑜为何再生诸葛亮。恨！此人决不可留！我决意杀他！

鲁肃：若杀孔明，要被曹操笑话。

周瑜：我自有公道杀他，教他死而无怨。

鲁肃：公道如何杀人？

周瑜：子敬不要问了，找他来见。

（周瑜召见诸葛亮）　鲁肃：请诸葛先生！

周瑜：诸葛先生，我们就要跟曹军交战。水上交战，用什么兵器最好？

诸葛亮：用弓箭最好。

周瑜：哎呀，先生跟我想的一样。可现在军中缺箭，想请先生负责赶造十万支。大敌当前，希望先生不要推却。

诸葛亮：十万支？

周瑜：十万支！

诸葛亮：好。都督委托，当然照办。不知道这十万支箭什么时候用？

周瑜：十天造得好吗？

诸葛亮：哎，既然就要交战，十天造好，必然误了大事。

周瑜：先生预计几天可以造好？

诸葛亮：只需三天。

周瑜说：啊？诸葛先生，军情紧急，可不能开玩笑。

诸葛亮：怎么敢跟都督开玩笑？我愿意立下军令状，三天造不好，甘受惩罚。从明天起，到第三天，请派五百个军士到江边来搬箭。

周瑜：拿酒来。（军士端上）有劳诸葛先生。一言为定？（举杯）

诸葛亮（举杯）：一言为定！（下）

鲁肃：十万支箭，三天怎么造得成呢？诸葛亮说的是假话吧？

周瑜：是他自己说的，我可没逼他。你去吩咐工匠们，叫他们故意迟延，到时候造不成，定他的罪，他就没话可说了。

鲁肃：是。（欲下）

周瑜：慢。你去探听探听，看他怎么打算，回来报告我。

（鲁肃来见诸葛亮。诸葛亮正在睡觉。）

鲁肃：诸葛先生，快醒醒。军令如山，你还怎敢睡觉？

诸葛亮：（打了个哈欠）三天之内要造十万支箭，得请你帮帮我的忙。

鲁肃：都是你自己找的，我怎么帮得了你的忙？

诸葛亮：鲁肃先生，你是我的好朋友。你借给我二十条船，每条船上要三十名军士。船用青布幔子遮起来，还要一千多个草把子，排在船的两边。我自有妙用。第三天管保有十万支箭。不过不能让都督知道。他要是知道了，我的计划就完了。

鲁肃：好，就依了你。

（鲁肃面见周瑜）周瑜：子敬我问你，诸葛亮开始造箭了吗？

鲁肃：回都督，诸葛亮还在安稳地睡觉，也没有吩咐工匠，不知他如何造箭。

周瑜：到了第三天，看他怎么办！

旁白：鲁肃照诸葛亮说的，私自拨了二十条快船，每条船上配三十名军士，布置好青布幔子和草把子，等诸葛亮调度。第一天，不见诸葛亮有什么动静；第二天，仍然不见有什么动静；直到第三天四更时候，诸葛亮秘密地把鲁肃请到船里。

诸葛亮：鲁肃先生，有请。

鲁肃：（打了个哈欠）你叫我来做什么？

诸葛亮：请你一起去取箭。

鲁肃问：哪里去取？

诸葛亮：不用问，去了就知道。

诸葛亮：众军士听令，把二十条船用绳索连接起来，朝北岸进发。

旁白：这时候大雾漫天，江上连面对面都看不清。天还没亮，船已经靠近曹军的水寨。

诸葛亮：把船头朝西，船尾朝东，一字摆开。众军士，擂起鼓来。

（众人擂鼓、呐喊）

鲁肃（吃惊）：停停停。如果曹兵出来，怎么办？

诸葛亮（笑）：雾这样大，曹操一定不敢派兵出来。我们只管饮酒取乐，天亮了就回去。

（曹军水寨。）曹操（横槊赋诗）：对酒当歌，人生几何？譬如朝露，去日苦多。慨当以慷，忧思难忘；何以解忧，惟有杜康。

军校：丞相，大事不好，吴军杀过来了。

曹操：江上雾很大，敌人忽然来攻，看不清虚实，不要轻易出动。只叫弓弩手朝他们射箭，不让他们近前。

曹营将领：丞相，水军弓箭不够了。

曹操：旱寨调六千名弓弩手，支援水军。

（一万多名弓弩手一齐朝江中放箭，箭好像下雨一样。）

诸葛亮：把船掉过来，船头朝东，船尾朝西，擂鼓呐喊，逼近曹军水寨。

旁白：天渐渐亮了，雾还没有散。这时候，船两边的草把子上都插满了箭。

诸葛亮：谢谢曹丞相！

军士（齐声高喊）：谢谢曹丞相！

诸葛亮：回航。

众军士：回航。

曹操：上了当，上当了！

（诸葛亮、鲁肃还有众军士哈哈大笑。）

旁白：二十条船靠岸的时候，周瑜派来的五百个军士正好来到江边搬箭。每条船大约有五六千支箭，二十条船总共有十万多支。

鲁肃：都督，孔明借箭十万支。

周瑜（长叹一声）：诸葛亮神机妙算，气煞我也！（晕）

众军士：都督！

（定场诗）

众：滚滚长江东逝水，浪花淘尽英雄。是非成败转头空。青山依旧在，几度夕阳红。白发渔樵江渚上，惯看秋月春风。一壶浊酒喜相逢。古今多少事，都付笑谈中。

濮老师昇画画高手，三两下就在黑板上画了曹操、周瑜、诸葛亮和鲁肃。

讲堂录

坝美是个特别美丽的乡村，这儿有山，有溶洞。

这里让我想到了陶渊明写的《桃花源记》，通过一个溶洞进去，来到一个山村，保持着原始房舍、村落的格局，唯一的通道是一条水路，挺浪漫的。

这次来到坝美，除了上课，我更想以戏剧的方式，带给你们一些课本之外的东西。所以我带来了四大名著之一《三国演义》中《草船借箭》的片段，在演绎角色的过程中，你们对名著故事会有更深刻的理解。就像吃饭肯定会有营养一样，排戏肯定也会有收获。

我希望你们能真正进入表演的规则，能够做到"以己度人"。所谓以己度人，就是可以从角色出发，体会角色的心理。通过这样的演绎，你们就对故事感兴趣了，可能没有看过小说的就会去看书。

戏剧里面这么多的人物故事和人物命运，是打开你们认识这个世界的一种方式。我希望在这样一个"桃花源"，可以通过戏剧的形式，找到你们心里的那个"真"。

等七老八十的时候回想起，我曾经在坝美村演过戏，有照片为证，自己很得意。咱就是为了这个得意去的。

第一课　曹操是个大胖子

《三国演义》是一部元末明初的章回体历史小说，作者是罗贯中，曹操、诸葛亮、周瑜、鲁肃、刘备、赵子龙，都是其中的人物。

赵子龙打得最好的一仗是长坂坡之战，一个人如入无人之境，杀得曹军大败。

张飞喜欢喝酒，打仗也特别厉害，但脾气特别不好，经常骂部下，于是部下就怀恨在心。结果他被部下灌醉，给杀了。

曹操是个大胖子，虽然有胡子但年纪不大，他的袖子特别宽，还手握一把剑。曹操不听皇上的话，他是最大的官儿，可厉害了。

周瑜的脑袋戴一个冠，他是武将，要有铠甲。

诸葛亮有髯，戴一个帽子，他是文官，不拿剑，拿一把羽毛扇。

鲁肃年纪最大，也有胡子，没有刀。

我现在讲一讲《草船借箭》的故事。

故事发生在东汉末年。汉代天下大乱，分了很多国家，其中三个是魏国、吴国、蜀国。曹操是魏国的国王，周瑜是吴国的水军大都督，诸葛亮是蜀国的丞相。曹操的魏国在北方一带，今天的河北、河南、山东地区，都是曹操的地盘。曹操要统一中原，他就挟天子令诸侯，把皇上劫持到身边，自己当丞相，下令攻打吴国。

吴国是孙权当政，周瑜是吴国大将。于是，吴国准备联合刘备、诸葛亮，一起抗击曹操，两边的军队在赤壁会师，就是今天长江的中下游。

就像课文中说到的，周瑜十分嫉妒诸葛亮的才干，为陷害诸葛亮，要他在十天之内造好十万支箭。机智的诸葛亮一眼识破这是一条害人之计，却淡定表示"只需要三天"。诸葛亮算定了大雾之日，便借二十条草船驶往曹营，曹操因疑雾中有埋伏，便令以乱箭射之，射足十万支箭。诸葛亮立下奇功，周瑜也自愧不如。

《三国演义》的开篇词，写得特别特别的棒。短短的几句诗，概括了整个编纂的《三国演义》的故事。

临江仙·滚滚长江东逝水

滚滚长江东逝水，浪花淘尽英雄。是非成败转头空。青山依旧在，几度夕阳红。

白发渔樵江渚上，惯看秋月春风。一壶浊酒喜相逢。古今多少事，都付笑谈中。

"滚滚长江东逝水"，水没有往回流的，都是从高处往下走。生命和长江一样的，不复回。人生每一秒钟都在流逝。

"浪花淘尽英雄"，沙滩上的沙粒、矿物质，甚至金子，是大浪淘沙留下来的，其他的都被水卷走了。我们历史中的了不起的英雄人物，能被后世记住的，也是千百年历史大浪淘沙留下来的。比如屈原、杜甫、白居易、辛弃疾、岳飞，还有当代的英雄伟人，他们曾经胜利过，他们曾经为别人谋幸福，他们曾经帮助很多人解决过困难，是值得我们好好学习的榜样。

"是非成败转头空"，就是当时打得不可开交，都要掉脑袋的事情，其实过个几十年、上百年，从历史角度看，那点争吵，都不算什么了。同学中间可能会碰到吵架、打架，气得不行，过后一想，都是一个班的同学，我们一起生活，那点吵架的事情，简直不值一提。

"青山依旧在，几度夕阳红。"太阳每天照常升起落下，青山永远在那里。现在你们眼睛看到的窗外这些山，比你们爷爷的年纪还要大，已经存在了千万年、亿万年了。我们拿山做比喻，就是希望我们的理想和决心要和山一样的不动摇。

"白发渔樵江渚上，惯看秋月春风。"湖边上打鱼砍柴的那个老头，天天砍柴，一天到晚地看着风来了，雨去了，日复一日，年复一年，眼前的这片山水他都习以为常了。

"一壶浊酒喜相逢。古今多少事，都付笑谈中。"大家喝喝酒，聊聊天，把历史当作笑话一样地谈。你们看着自己的弟弟妹妹，或者更小的，两三岁的小孩，是不是觉得他们特别幼稚，特别不懂事？其实你们小时候也一样，返回头看自己，你们会淡然一笑，生活就是这样的。日子如滚滚长江东逝水一样，一去不复返，但是生命的体验都会留在记忆中。

第二课　心目中的桃花源

桃花源记

［晋］陶渊明

晋太元中，武陵人捕鱼为业。缘溪行，忘路之远近。忽逢桃花林，夹岸数百步，中无杂树，芳草鲜美，落英缤纷。渔人甚异之，复前行，欲穷其林。

林尽水源，便得一山，山有小口，仿佛若有光。便舍船，从口入。初极狭，才通人。复行数十步，豁然开朗。土地平旷，屋舍俨然，有良田美池桑竹之属。阡陌交通，鸡犬相闻。其中往来种作，男女衣着，悉如外人。黄发垂髫，并怡然自乐。

云南坝美是真正的桃花源，一条水路出入村子，同学们乘船上学。

见渔人，乃大惊，问所从来。具答之。便要还家，设酒杀鸡作食。村中闻有此人，咸来问讯。自云先世避秦时乱，率妻子邑人来此绝境，不复出焉，遂与外人间隔。问今是何世，乃不知有汉，无论魏晋。此人一一为具言所闻，皆叹惋。余人各复延至其家，皆出酒食。停数日，辞去。此中人语云："不足为外人道也。"

既出，得其船，便扶向路，处处志之。及郡下，诣太守，说如此。太守即遣人随其往，寻向所志，遂迷，不复得路。

南阳刘子骥，高尚士也，闻之，欣然规往。未果，寻病终，后遂无问津者。

《桃花源记》是晋朝诗人陶渊明写的，充满了神秘色彩，这个故事中，有一个打鱼的人，发现了一片特别美好的景色。

你们在读的时候往窗外看。这山多漂亮，里面起的雾叫岚，山里的水汽遇热慢慢蒸发起来，上升到天上就是云彩，这是大城市里看不到的景色。对于外面的人来说，这里就是世外桃源。

这个武陵捕鱼人，发现了一个叫桃花源的山洞。里面的人是秦朝时躲进去的。秦朝到晋朝，历经了汉朝、三国时期，所以他们完全不知道外面是什么世界。遂与外人间隔，就是除了打鱼的人进去了，之前没有和任何外人来往，所以彼此都很惊讶。

武陵的捕鱼人离开的时候，桃花源的居民告诉他，千万别把我们这个地方告诉外人。捕鱼人走了以后，一边走一边留记号，"处处志之"。他没有听那些人的告诫，回去就跟太守说了，太守立马派人去找，结果没找着。后来又有一个人，叫刘子骥，不但没有找到还病死了。最后这段写得特别神秘，之后再没有人来了，也没有人看到。

桃花源是一个理想的境界，住在桃花源的每个人都怡然自乐。我们都愿意为自己喜欢的事情全心付出，获得油然而生的快乐，不愿愁眉苦脸的。你要是愿意当这个武陵的捕鱼人也行，能够去发现人生中许多未知，保持好奇心，乐于探索，敢于去想。

其实每一个人心里都有自己的桃花源，那就是你们的理想世界。

结课八分钟

刚才有同学问我，我心目中的桃花源是哪里？我的家乡在北京，我也热爱自己的家乡。那里有我的亲人，亲人是我对家乡最重要的认知之一，他们在哪儿家乡就是哪儿。但是慢慢地，我觉得真正的生命意义不是天天待在家里，过安稳的生活。我要去工作，要为社会服务，我转了一大圈，开始寻找自己心灵真正的家乡。

我16岁从北京到了黑龙江去当知青，就是种庄稼的农民。当时喊的口号是"要扎根边疆一辈子"，但是我不想在这过一辈子，我想念家乡。当我提着提包回到北京的时候，听到火车站的钟声响，我流眼泪了，发现北京没有地方接收我，我注销了北京户口，没有户口，就没有工作。我已经"回不去"了，

后来一次偶然的机会，我考上部队文工团，当了演员，我才知道这是我最喜欢的事情。我的演员梦在年轻的时候积累了很长一段时间，如今终于实现了。我当了一辈子演员，舞台就是我的桃花源。

我相信每一个人心目中都有自己的桃花源，你可以规避自己最不喜欢的事，去自己最向往想待的地方，从事你最喜欢的职业，和喜欢的人在一起和睦友好地相处。所以，人生其实就是要不断思考这件事情。每个人心目中的桃花源还会改变的，会有很

多很多的桃花源，不只是自己的家乡。随着你不断成长，你的空间越来越大，你不仅要爱家、爱村庄，还会爱城市、爱中国、爱世界，爱所有所有的一切。

上课记

"我姓濮，濮字会写吗？"

"蒲公英的蒲。"

"蒲公英的蒲是这样，我的姓是这个濮，濮存昕。"

法利小学六年级的语文课从识字开始，濮存昕老师接下来讲的，包括地理课、历史课。

濮存昕在黑板上画出中国地图。他标出黑龙江，那是他插队的地方；标出北京，那是他出生和工作的地方；标出坝美，云南省文山州广南县八达乡坝美村，这是正在上课的地方。

濮存昕的语文课在所有的课程中，是最长的一课，用了五天时间；也是最多的一课，他分别给六年级和三年级的孩子们上课，六年级的语文课目是《桃花源记》，三年级的课目是《草船借箭》。

选择《桃花源记》，是因为坝美真的就是一个桃花源一样的村庄：四面环山，山有水洞，仿佛有光，要划船而入。两个水洞，一个进村，一个出村。进村的水洞有1200米，幽深所以黑，但是洞中有孔穴，透下天光，行船洞中，时黑时亮，当地人叫"三黑三亮"。第三亮，就出洞进入坝子了。

演课本剧就像做游戏

《草船借箭》的课文里没有开篇词，在濮老师根据课文亲手

坝美村存活数百年的大榕树成了学生们的排练场。

改编的剧本里，增加了开篇词："滚滚长江东逝水，浪花淘尽英雄。"还有曹操的《短歌行》："对酒当歌，人生几何……"

《草船借箭》是濮存昕老师的核心课程。他觉得自己的优长就是戏剧。他想给孩子们排一出戏，他认为通过戏剧，能够开发学生的一种生命状态。濮老师说："小孩们背上台词，演曹操的，同学都会瞪着眼睛看他：平常和自己打架、和自己玩耍的小同学，他怎么就这样了？在这个过程中，他要进入表演的规则，应该有个意识：我就是这个角色，不是平常玩耍的自己。他必须以己度人，以人度己。"

《草船借箭》是五年级的课文，但是上这堂课的是三年级的学生。

"咱们三年级的同学要跟我一起做一件事情，要在你们班里找出最会演戏的人演角色，好不好？"

"好。"

濮老师说，自己演过曹操，演过周瑜，演过诸葛亮，就是没有演过鲁肃。"濮老师就是一个演员，演戏是个特别好玩儿的事，演戏就像做游戏一样，要不为什么都叫'戏'呢？"

濮老师回忆自己第一次演戏，比这些孩子大一点点，是四年级："正好赶到年底，老师让我打扮成圣诞老人，写了点词，给大家发橡皮、发铅笔、发小本。我振振有词，又被邀到别的班表演。我记得那个老师叫曹毅，他让我穿上他的红呢子大衣，用棉花沾的眉毛胡子，用纸糊了一个红的帽子，这就扮上了。这大概是演角色的第一次。"

濮老师分配角色："谁愿意演曹操？"

"不要演。"

说"不要演"的，是坐在第一排的依升阳，最后选定的曹操就是他。

"你知道曹操长什么样吗？"

"不知道。"

濮老师在黑板上不仅画了大胖子曹操，还画了拿宝剑的周瑜、拿扇子的诸葛亮、老好人鲁肃。

个子不高的依升阳，外号叫"大哥"。一开始，他不想加入。但在确定角色之后，他熬夜下功夫，成了剧组中第一个熟背台词的人——他从未这么用功过。周瑜是白白胖胖的黎方升。班里漂亮的小女生黄溪成为解说员，负责讲故事。

"男人婆"和"濮瘸子"

坝美村有一棵大榕树，村里人都叫它万年树。"万年"当然没有，不过这棵树至少也有几百年了，比坝美村的历史长。榕树长在山坡上，根须一直伸展到河边。

大榕树旁边，就是坝美小学老校区。坝美的孩子一年年少了，老校区空了几年了，孩子们都迁到村外的法利小学。周一去上学，住宿在学校，周五回到坝美。

在大榕树下，孩子们紧张地排练《草船借箭》。小女孩黄柏洋却悄悄哭了。濮老师拉着小洋的手，带到榕树下，安慰她："没有不带你，这一段是背台词，所以没有喊你。"小洋是在校园排练时争取到参加演出的机会。短头发的黄柏洋，来到濮老师面前，用很小很小的声音说："老师，我想演个戏。"

几个男孩子冲出来："老师，她是男人婆。"原本一脸灿烂的小洋，一下子表情暗淡了下来。自从小洋剪了短头发，男孩子

演出顺利，濮老师和学生一起大喊"谢谢老天爷"

就总起哄，嘲笑她。

因为这一句"男人婆"，濮存昕想起，小时候，自己也经常被人叫"濮瘸子"。将心比心，濮老师拉着小洋的手，对她说："没事儿，得世界冠军的女运动员好多都是短头发。"濮老师发现，"她说话像蚊子一样。"他给小洋安排了一个角色：给曹操端酒的侍卫，不用说台词。

榕树下的排练结束，濮老师去家访，第一个就是小洋家。妈妈说，小洋的爸爸在外面打工，小洋在家里嘴巴很厉害的。

小洋的爸爸、六年级的小龙（黎尚龙）的爸爸都在外面打工。同是六年级的徐强，爸爸死得很早，走的那一年，小强只有一岁，哥哥也只有两岁。虽然没有爸爸，但小强哥俩都很用功，学习成绩很好。

黎方升的家在兰草堂。兰草堂是黎方升的爷爷盖的。兰草堂，村里最大的园子，也成了排练场，整个剧组都站得开。

兰草堂排练，濮老师还给大家讲作揖。诸葛亮和周瑜见面，要拱手作揖。"咱们现在一见面握手，古代时怎么办呢？互相拱手，拱手的时候，要用左手压右手。"

濮老师说："因为古时打仗的时候都用右手拿刀拿剑，压住右手，就是互相尊重、表示友好的意思。"

最焦虑的时候 雨停了

确定公演那天下午，中午还是大太阳，下午就开始下大雨。

"那时候急坏了。"濮老师后来承认，"赶紧想办法换到教室来演，教室太小了，整个舞台的尺寸什么都变了。我们正为难的时候，雨停了，于是赶紧动员全校的孩子扫水。"

演出得到全校同学的掌声，还有三年级、六年级同学家长的掌声。几个主演的服装、宝剑、扇子，是濮老师从北京带过来的，胡子和沾胡子的胶水也是。诸葛亮头上的冠，是用纸盒子折出来、再用墨汁涂出来的。周瑜的冠，是纸杯子上拴了绳子，绑在头上的。

草船借箭当然需要船，船是从水洞那边借来的。弓是有几把的，万箭齐发就要另外想办法。草船借箭的箭呢，是濮老师带着同学集体捡来的树枝。借箭的稻草人是扎的草靶子。

鼓声阵阵，鼓是学校的。三年级、六年级两个班的同学都参与了开篇词，所以开篇词读得很气势恢宏。

演出结束时，"正好夕阳西下，彩云满天，特别好看"，濮老师很有成就感地说："孩子们给我带来了太多惊喜。其实我也第一次干这活儿，我没干过导演。从台词到走位，我想了很多办法。最后演出的时候，全村的人都来看，挺好。"

你到王府井大街22号 一定找得到我

最后一课是六年级的作文课。三年级的小同学也挤进教室，一起听哥哥姐姐的作文和濮老师的讲解。

开课第一天，濮老师布置的作文题目是"我心目中的桃花源"。濮老师戴起眼镜，那是一副老花镜："濮老师的眼睛已经花了。"

第一个读作文的是班长罗雪："我们村还有一个习俗，一家盖房，全村帮忙，这时我眼前出现了一行行字——团结、和睦。虽然大家过着穷苦的生活，但苦中却很甜蜜；虽然我们村不是什么旅游区，但这里山美、水美，人更美；虽然是个不起眼的地方，但在我心中它是最美的。"

濮老师点评说："我觉得罗雪写的这篇作文，文笔比较好，特别通畅，标点符号标得特别清楚。另外，我看到所有作文里面，她写字写得最好。"

龙兆言心中的桃花源，是一个海底世界："我心目中的桃花源是一个美丽的海底世界，海底有很多的珊瑚，有很多水母，金鱼、章鱼、海星、鲨鱼、美人鱼、乌龟、贝壳、海螺、鳗鱼等鱼类，如果桃花源真的是这样该有多好啊。那里的山很高，山也是在海中，山还比海高，海水到山的一半，而山就只有山顶。人是鱼，家是在海草上，或在不大不小刚刚好的石头上，吃的是小石子、小山和小海草的东西，那样就可以一整天无忧无虑了。这就是我心目中的桃花源。"

濮存昕请大家给他鼓掌："我先批评他，他字写得不好，连他自己都有点念不清了，是吧？以后写字写得慢一点、大一点，然后写得方方正正一点。我们昨天上的是虚拟现实课，看了《海底世界》，于是他突发奇想，一下把海底世界写成了作文，展开了一个我们想不到的想象力。"

徐同芝的作文得到更多掌声："我不想去当大明星，只想在村子里当个小作家，为整个村里的小孩子辅导作文，天气好了坐在院子里教孩子们唱歌，教许多歌。村里人穷，我不想收钱，只想为小孩子传递知识，让他们完成自己的梦想，去看一看外面的世界。旁边还有许多的白杨树，当我遇到困难，它们会给我勇气，整个村里都会变得美好而快乐，这是我做梦都想得到的桃花源，一个平等、环境优美的桃花源。"

徐同芝的作文为什么好，濮存昕说："他有完全属于他的思想，他写进去了，是吧？我觉得写作文很重要的一点，一定要把自己摆进去。你做到了。"

最后一个上台读作文的是黎尚龙。"黎尚龙来读读你的作文。大声读,挺胸,你有驼背的习惯。不许驼背,把胸挺起来。只要头往天上一顶,你就不驼背了。"

黎尚龙说自己的家乡有美的地方,也有不美的地方:"河水里越来越不好了,因为人们杀鸡杀鸭都来河边杀,然后血水流进水里,还有把鸡鹅鸭的胃丢在河里面,杀猪也来河边杀了,河边的杂草也越来越多了。村民还把鸭鱼养在水边,水也越来越浑了。如果把这个不好的行为改了,桃花源将会更美好,这才是我心中的桃花源。"

濮老师表扬说:"小龙和小强一样,对自己心目中最美的桃花源、对自己的家乡提出了批评。"

最后的一批作文,是两个班级的同学们写给濮老师的告别信。濮老师是在火车上读到这批作文的。

小龙的告别信说:"濮老师,我希望您记得我们。我以后一定会大声讲话,背挺直了,谢谢您!谢谢濮老师给了我们一个排演的机会。"

最调皮的是黄溪的告别信:

"濮老师,我希望你能有机会再来教我们排戏。老师,您第一次来的时候,我认为您很凶,很害怕。你教我们的时候我很紧张。如今我不害怕了,也不紧张了,我长大去北京找您,您不要死。我要您在。我会想您的。黄溪。"

曹操依升阳追问过濮老师:"我到了北京到哪里找你?"濮老师说:"你到王府井大街22号,一定找得到我。"王府井大街22号,这是北京人艺的地址。

空城计　罗贯中

代课老师　王珮瑜
上课地点　上海市宝山区罗店中心校

空城计①
——孔明智退司马懿

［明］罗贯中

孔明分拨已定，先引五千兵退去西城县搬运粮草。忽然十余次飞马报到，说："司马懿引大军十五万，望西城蜂拥而来！"时孔明身边别无大将，只有一班文官，所引五千军，已分一半先运粮草去了，只剩二千五百军在城中。

众官听得这个消息，尽皆失色。孔明登城望之，果然尘土冲天，魏兵分两路望西城县杀来。孔明传令："将旌旗尽皆隐匿；诸军各守城铺，如有妄行出入，及高言大语者，斩之！大开四门，每一门用二十军士，扮作百姓，洒扫街道。如魏兵到时，不可擅动，吾自有计。"孔明乃披鹤氅，戴纶巾，引二小童携琴一张，于城上敌楼前，凭栏而坐，焚香操琴。

却说司马懿前军哨到城下，见了如此模样，皆不敢进，急报与司马懿。懿笑而不信，遂止住三军，自飞马远远望之。果见孔明坐于城楼之上，笑容可掬，焚香操琴。左有一童子，手捧宝剑；右有一童子，手执麈尾。城门内外，有二十余百姓，低头洒扫，旁若无人。懿看毕大疑，便到中军，教后军作前军，前军作后军，望北山路而退。次子司马昭曰："莫非诸葛亮无军，故作此态？父亲何故便退兵？"懿曰："亮平生谨慎，不曾弄险。今大开城门，必有埋伏。我兵若进，中其计也。汝辈岂知？宜速退。"于是两路兵尽皆退去。

---

① 节选自罗贯中的《三国演义》。罗贯中（约1330—约1400），名本，以字行，号湖海散人，元末明初通俗小说家。《三国演义》为四大名著之一。

讲堂录

每个人都有自己的偶像，我也有。不过我的偶像，都是京剧演员。

什么是京剧呢？它是我们中国一门特别有传播魅力、文化内涵的艺术，是一种以歌舞的形式来演绎故事的舞台艺术。

我的第一个偶像，叫谭鑫培。他1847年出生，1917年去世，到2017年刚好去世100周年了。他为京剧留下了很多伟大的录音录像和文字资料，我们今天在舞台上演的很多戏，都是谭鑫培先生传下来的。

我的第二个偶像，叫余叔岩。他是谭鑫培的弟子，是"新谭派"（余派）的创始人。

我的第三个偶像，叫梅兰芳，是男演员，他唱的是旦角，旦角是女性角色。同一时代还有另外一名演员，孟小冬，她是女演员，唱的是老生，老生是男性角色。

梅兰芳和孟小冬，都是反串角色。这样的组合叫作"乾旦坤生"。乾代表阳，代表男性，坤代表阴，代表女性。我和孟小冬一样，唱老生。

京剧这个艺术是怎么形成的呢？

1790年，乾隆皇帝要过生日，全国各地很多唱戏的演员、戏班子，都到京城来为乾隆皇帝贺寿。这些颜值又高、脑袋又聪明、又刻苦又努力的演员，后来就留在了北京城。他们在京城相互交流，不断吸收其他剧种的优点，对自己的戏曲艺术进行充实和改进，最后就形成了我们后来看到的京剧。这件事，在我们戏曲史上，就叫"徽班进京"。

我们在普及京剧的时候，都会很自然地把中国的历史、哲学、思辨，以及中国人崇尚的理念、道德观、价值观等等，融合在戏里讲给大家。所以，学戏其实是一个多元的接受知识的过程。

我不要求你们最后都成为京剧观众、京剧演员，但至少你们会有这样一个机会接触中国传统文化，而不会觉得京剧枯燥无聊。

这节课，我们就通过一个你们都耳熟能详的人，来带你们认识京剧。

第一课　为什么京剧一定要"咿咿呀呀"

如果要数一数中国人心目中排前十名的英雄，诸葛亮肯定是其中之一。

王珮瑜老师也有自己的"爱豆（偶像）"，他们都是京剧大师。

今天我们要讲的课文《空城计》，就跟诸葛亮有关，它也是京剧当中一段著名的戏。《空城计》是京剧老生剧目中比较有代表性的一出戏。

我们都知道，《孙子兵法》有三十六计，其中，第三十二计就是空城计。《空城计》出自《三国演义》。《三国演义》是一部历史小说，其中有一些故事是虚构的。

《空城计》这个故事，说的是因为王平、马谡失守街亭，魏军的首领司马懿带兵要攻打西城。但是这个时候，西城已经空城了，诸葛亮没有办法，就冒险用了空城计。

可是，诸葛亮一般给别人的印象，都是用兵非常谨慎。司马懿就想，一生谨慎用兵的人，怎么会用空城计呢？一定有诈！他不相信，于是命令自己的大军撤兵。

诸葛亮的造型很有标识性，他穿八卦衣，拿羽毛扇。

其实书上说的是诸葛亮"手执麈尾"。麈尾和羽扇还是有区别的，它在古代代表一种身份，是有地位、有学识或者很厉害的人才会使用的。在我们戏曲中，一般就用羽扇来表示。

在京剧的老生剧目中，有好多诸葛亮的戏，每一出戏故事都不一样，但只要演诸葛亮，都拿羽扇当道具。大家以后去看戏，看到有一个人出来，羽扇纶巾，穿着八卦衣，那就是诸葛亮了。

京剧的歌舞很特别，它有自己的名字，叫"唱、念、做、打"，"唱、念"就是歌，"做、打"就是舞蹈。

在这里，我要给大家介绍京剧《空城计》里的一段念白。什么叫念白呢？在戏曲里面讲话，就叫念白。这段念白是四句诗：

忆昔当年居卧龙，万里乾坤掌握中。

扫尽狼烟复汉统，人曰男儿大英雄。

　　这是诸葛亮第一次出场，自报家门时候的表述。我们从这四句诗里面就能听出，这个人非常有气魄，有谋略。

　　大家一定很奇怪，这四句诗为什么要这么念？包括很多人说京剧唱的都是"咿咿呀呀"，听不懂。为什么呢？

　　这是因为，京剧念白、演唱的语言标准，和我们今天讲普通话的标准是不一样的。

　　京剧的语言标准，是湖广音、中州韵。湖广，就是今天湖北省及与其交界的湖南省一带。中州就是河南、陕西、山西以及三省交界的一带。

　　我们说了湖广音、中州韵，再来了解一下京剧的表情包。

　　我们每个人在不同的情绪状况下，面部会有很多不同的表情，高兴的时候我们会笑，生气的时候有的人会哭。在京剧的表演当中，也有表情包。

　　京剧的表情包，叫作"喜怒哀乐忧恐思，酒醉疯癫威煞狠"，这十四个字，是我们在京剧表演过程中最常用的。

　　最基础的京剧表情包，叫作"惊提怒沉喜展眉"。当我们遇到惊讶的事情，我们气往上提，嘴巴张开，这就是"惊提"。生气的时候，气往下沉，眉头皱着，就是"怒沉"。开心的时候，眉头舒展，所以叫"喜展眉"。

　　我们京剧主要有四个行当，叫生、旦、净、丑。在每一个行当里面，还细分很多小的行当。

　　以生行为例，有老生、小生、武生、红生等等，其中最重要的一个行当，就叫老生，我就是这个行当的。

这四件衣服，代表着京剧里的四个行当：生、旦、净、丑。

　　每个行当都有不同的经典角色，比如诸葛亮就是老生；净行，在京剧里面就用花脸表示，司马懿就是花脸；还有旦行，《霸王别姬》的虞姬、《贵妃醉酒》的杨贵妃，以及《白蛇传》里面的白娘子，都是旦角；还有丑行，丑行不是坏蛋，而是一些性格比较幽默、诙谐的角色。

　　这四套服装，第一套是旦角穿的，《霸王别姬》里虞姬的专用服装，叫鱼鳞甲，它是一个鱼的形态。

　　第二个造型，是《霸王别姬》里楚霸王项羽的装扮，是净行。这身靠叫霸王靠，黑色绣金，也叫黑靠。扎上了靠旗，它就是大靠，没有靠旗，就是软靠。

　　第三套，是丑行。丑行的面具正中，是个白色的豆腐块。这套服装是一个灯官的红官衣。

　　最后一个，就是《空城计》里诸葛亮穿的八卦衣。

　　四大行当，生旦净丑，四大功夫，唱念做打，都是代表着京剧的典型符号。

第二课　学京剧很有趣

　　王珮瑜把学生分成四组，分别学习《失·空·斩》（即《失街亭·空城计·斩马谡》）的定场诗念白、《拾玉镯》里的身段、《报灯名》选段和《芦花荡》张飞选段。

生角组：

《失·空·斩》定场诗

忆昔当年居卧龙，万里乾坤掌握中。

扫尽狼烟复汉统，人曰男儿大英雄。

净角组：

《芦花荡》张飞选段

草笠芒鞋渔夫装，

豹头环眼气轩昂。

胯下千里乌骓马，

丈八蛇矛世无双。

咱！汉将张飞。

丑角组：

《报灯名》选段

遵列位，在上听，细听我灯官报花灯，

我报的是：

一团和气灯，和合二圣灯，

三阳开泰灯，四季平安灯，

五子夺魁灯，六国封相灯，

七财子禄灯，八仙过海灯，

九子十成灯，十面埋伏灯！

结课八分钟

学习京剧是非常辛苦的过程。我们台上站着的、教了你们两天京剧的这四位老师，他们付出了将近三十年的辛苦和汗水，才成为专业的京剧演员。

我们通过短短两天的学习、互动和体验，同学们居然能够有模有样、有板有眼地在舞台上表演给其他同学看，这是一个特别宝贵的经历。

老实说，第一天，我走进课堂的时候，非常崩溃。24个9岁、10岁的孩子，在那里自己想自己的，自己说自己的，自己干自己的事情。

所有的同学不认识我是谁，也不知道京剧是什么。

我们每一个人都曾经是熊孩子，但当我们回到熊孩子的队伍中，每一个成年人都会觉得，那个记忆其实已经离我们非常遥远了。

通过第一天的相处，我终于发现，其实每个孩子都有积极的、正面的、想要争取进步的意愿和心愿。每个孩子的资质不一样，有的同学学过钢琴，有的同学学过沪剧，还有的同学完全是一张白纸。但是在京剧艺术面前，在大家都没有接触过的文化和艺术面前，每个人的起点是一样的。

当我慢慢地融入同学当中，慢慢地设身处地去体会每个人的立场，每个人的喜怒哀乐时，我发现，同学们并没有我刚刚开始接触他们时那么熊那么闹，每一个人都蛮可爱的。

我在做京剧普及和推广的时候，一百个孩子里，可能有三五个、十来个孩子，最后能够成为京剧爱好者或观众，这就很让我们开心了。而且孩子们年纪越小，播下京剧的种子，最后生根发芽开花结果的机会就越大。

我听到同学们分享学习京剧的体会，我非常感动，甚至是抑制不住的激动。万宜尘同学说，希望自己将来能够成为一个京剧演员，这非常打动我。

其实老师们来到这里，给大家普及京剧，教大家学京剧，也不是要求所有人最后都能够成为京剧演员，而是希望通过这样的一个过程，带领更多的孩子，认识这门优秀的民族艺术、传统文化——京剧。

在同学们学习京剧的过程当中，我们也体会到，同学们那么善良、可爱，也愿意帮助其他的同学。这也是我的一个意外发现和收获。

与其说我带领着三位老师，一起来给孩子们教京剧，不如说，是所有的同学给我们上了一课，非常感谢大家。

上课记

王珮瑜表面上是个京剧艺术家，背地里其实也是个喜剧艺术家。

在上海罗店中心校给孩子们上了三天课，休息的时候，王老师的食指动不动就要找到鼻孔上去。倒也不是惹上了什么不雅的嗜好，她只是戏精附体罢了。面对状况百出的学生，模仿他们，是王老师的一大乐趣。

那个关于挖鼻孔的故事是这样的：教京剧《空城计》念白的时候，又高又胖的丁元浩一直在王珮瑜眼皮子底下擤鼻涕。王老师是个干净人，忍了很久，实在看不下去了，跟他说："别挖了，快去找点儿纸巾擦一下。"

"你猜他怎么说？"每回讲到这儿，王珮瑜就忍不住要变了调门儿，演起来。

只见她把袖口豪气万丈地抹过鼻子，伴着一声醒目的吸鼻涕声，英勇就义似的，学那学生满不在乎地说道："不用了！鼻涕已经干掉了！"

一段模仿结束，王珮瑜得意地哈哈大笑，接着开始下一段。她最爱讲的故事有几个：小胖子叶天柱跳旦角，翘兰花指的时候，手指始终指不到脸边上——因为胳膊肘里全是肉，根本弯不过去；另一个小胖子徐萌超，脸上的小酒窝十分喜人，学《报灯名》，每次做完动作，肚皮上的肉都会跟着上下晃两晃。王珮瑜老师想着，给孩子们讲京剧，要从他们的日常生活开始启发，就问大家："你们过生日要吹蜡烛，那皇帝过生日干什么呀？""杀人！"没想到万宜尘在座位上喊道。

"这些熊孩子。"表演到最后，王珮瑜老师大抵都会以这句话作为结语。

就是这些熊孩子，让平日里看起来自信心爆棚的王珮瑜老师一度陷入崩溃，直到晚上睡觉，脑壳里还嗡嗡作响，连做梦都逃不过——醒来一看只是个梦，更绝望了：真正的斗争还得继续。

可最后呢，也是因为这群熊孩子，王珮瑜向来平静的那张脸上，差点儿落下泪来。

事前，王珮瑜自诩做过很多回京剧普及工作，对这个任务信心满满。可在罗店中心校的三天，王老师终于尝到了什么叫度日如年。

时髦人物瑜老板

"瑜老板"是戏迷们、业内人对王珮瑜的尊称，代表着对她专业能力上的尊敬。王珮瑜从小学苏州评弹，11岁时才开始学京剧，后来在余派资深学者范石人的建议下开始学唱老生，如今是余派第四代传人。19岁时，京剧泰斗谭元寿见到王珮瑜，据说"如遇故人，感慨不已"。这故人，就是孟小冬。现在，人们喜欢给王珮瑜冠上"小冬皇"的雅号，可她更喜欢别人叫她"瑜老板"。

唱京剧的瑜老板却是个时髦人物。她了解时下传承京剧与大众文化之间的矛盾，自己琢磨出了一套让京剧回归大众视野的方法——那就是重视个人品牌的打造。

据说她有一段时间决意减肥，严格约束自己，戒油荤，上健身房。理由是："胖了，上台的扮相就不美，人买票看戏看的是什么？是舒服，是痛快。我要是真由着自己下去，首先是挨骂，我自己也过不去——我平时不是总标榜女老生比男人演老生干净吗？"

想通了这件事，凡是对京剧有好处、对个人品牌有好处的事儿，她都不拒绝。这几年，她上综艺，做嘉宾，讲段子，抖包袱。她不怕跨界，不怕混搭，甚至还和嘻哈歌手GAI（周延）合唱过一曲《空城计》。唯有一条，不论参与什么公众性工作，都得跟她的老本行沾边儿。

事必躬亲瑜导演

第一次见到王珮瑜，是在她"瑜音社"的工作室。

我们一行三人，踩着点儿到了，工作室看上去却只空空地开着灯，没有半个人影。

敲门，过了一会儿，一个看上去像是刚睡完午觉的工作人员，从里间走了出来。过来开门时，我们才发现，原来是王珮瑜本人——经纪人也是心大，把她孤零零一个人扔在了办公室里。

王珮瑜属于那种一点就通的聪明人，三言两语，就明白了我们的意图：既要和京剧老本行严丝合缝地结合，又要不打折扣地完成"语文课"任务；既要有课堂上实打实的干货，也要有生动漂亮的课堂外展示。但最重要的是，"京剧教育"在王珮瑜这儿是一件大事儿，不论项目组提出多么不近人情的要求，只要合理、对教学和传播有利，她都极力配合。

课文选什么？得和京剧沾边，还得是课本上的东西，还不能太难，还得有点儿经典意义。

站在讲台上干讲？这不可能。

这些年，王珮瑜自己四处推广京剧，早已形成了一整套面对

老生组的三位学生跟随王珮瑜老师学习老生的步伐。

"京剧小白"行之有效的讲解方式。譬如，将京剧大师们与"爱豆"（idol）、偶像挂钩，将京剧中的经典表情"惊提、怒沉、喜展眉"与时下流行的"表情包"挂钩。王珮瑜甚至专门拿出了一份"讲义"，正是她这些年传播京剧的总结。这一套讲解自成逻辑且成熟，完全可以在课堂上沿用，因而略加增补、改造，便被设计到课程内容中。

鉴于课堂时间实际上相当充分，王珮瑜还可以让学生们对这些京剧知识用各种有趣的手段多加练习。比如，抛出一些有趣味性的问题——"鹿晗来你们学校了，你的第一反应""你考试不及格你爸爸的反应"，请学生用京剧表情包做出反应。在反复练习中，也使得学生熟悉了京剧的表情表达。

《同一堂课》主张走出课堂去。对于京剧来说，没有比京剧院更合适的户外课场地。几乎是刚刚讨论到这个环节，王珮瑜就提出可以在上海京剧院完成这一部分授课。话音刚落，王珮瑜霎时间已经操起了电话，开始和京剧院沟通。

户外课的核心，除了观看京剧、了解京剧行头之外，最重要的就是"学一段京剧"。

很难有这样的机会，和孩子们做三天京剧交流。对这件事，王珮瑜一点儿也不想"独揽"。"不能所有孩子都学老生吧？得让他们按兴趣选一门。"于是，"生、旦、净、丑"都要。紧接着，王珮瑜又"唰"的一下，拿起了电话……

一天后，三位助教老师和王珮瑜齐齐落座，认真地商量起究竟每个行当要挑哪一段戏，才能保证难度适中，又能让孩子们的汇报演出能有精彩展现。

于是，有史以来第一个自己解决学校、自己解决户外场地，甚至自己解决了助教的《同一堂课》代课老师，就这样诞生了。

绝地反攻王老师

真正进班以后，瑜老板，不，王老师才知道日子有多难熬。

拍摄第一天上午，眼看着全班学生乱成一锅粥，作为一个靠嗓子吃饭的人，王老师并不能扯开了吼，喊了几句没有效果，她就那么一脸绝望，默默在一边站着，看着学生们闹。

眼看着混乱持续，照这么下去什么课也讲不了，王老师却依然蹙着眉头拒绝任何帮助："有什么办法？没有办法的。我就在旁边观察吧。趁这时候，他们的性格都显出来了。"表面看上去很淡定，大家却暗自捏把汗：从未见过如此无助的王珮瑜。

下午，王老师自行解决了自己的难题。她从学校老师那里借来了一只小蜜蜂扩音器。

别上了小蜜蜂的王老师像换了一个人，走在学校走廊里，有如走在通往幸福的康庄大道上，得意扬扬地炫耀："这回他们的声音可盖不住我了，这个话筒就是话语权。我就是在跟他们争话语权。"

王老师后来才知道，这个班以前有个老师，因为吵不过孩子们——别上小蜜蜂也喊不过他们，最后被气得辞了职。这故事，是第二天她在京剧院时，听吵得震耳欲聋的"熊孩子"们讲的。

但事情真正的转折点不是小蜜蜂，而是第一天下午的课堂。那时，王老师已经站在讲台上四五个小时，作为旁观者，大家能够清楚地感知到，孩子们真正被王老师震慑的那一刻，是她开嗓的那一刻。

仅仅只是一句念白："忆昔当年居卧龙……"孩子们在那一刻宛如被点了穴定住了。教室里先是静得可怕，紧接着是一片欢

喜欢欺负人的孩子和被欺负的孩子，最终在老生组握手言和。

腾。欢腾的内容没别的，就四个字：我也要学！

"这就是艺术的力量吧。"事后王珮瑜轻描淡写，就好像那声音不是从她喉咙里发出来的，"他们虽然未必理解，但是能够感受到这种力量。"

从那一刻起，孩子们成了王老师的粉丝，不再仗着主场优势，不把这个新来的老师放在眼里。

是教戏更是教人

班里有个叫杨硕的小女孩，很喜欢唱歌，但因为嗓子沙哑，一直进不了班里的合唱团。听说王老师很会唱歌，这孩子也不怯，当真跑去跟她诉说自己的苦恼。

此时，王老师只需要简单鼓励几句，这就是个很励志的故事了。

但是王老师很认真。她认认真真地对孩子讲："我听你说话，嗓子的确是有些问题。我的建议是，让你妈妈或者老师，带你去医院检查一下。"

真是个又专业又实在的建议。

站在旁边等待励志故事的旁观者，一时之间哭笑不得；杨硕站在她面前，更是一脸蒙圈。

可王老师继续一本正经："我说真的，你要是真想唱歌，一定要去医院看看。"

事后大家才知道，王珮瑜自己的嗓子也曾出过问题，她甚至曾经因此一度陷入情绪低谷。大概，嗓子于她，是绝对不可以随便应付的事。

在京剧院，有一件意料之外的事，证明了王老师在教书育人方面的天分。

有个班里的小霸王，叫陈熠轩。他起初选择了旦角组。排练起来，才发现旦角组学的一系列"开门、关门、翘兰花指"的动作，简直让自己这个小直男抬不起头来。最后，他只好在征询过旦角组田慧老师的意见后，蹑手蹑脚，委曲求全，在排练场里跪着蹭过来找王老师，想让她接受自己加入老生组。

王老师表面平静如水，可心里已经高兴坏了：呵呵！机会来了！

王老师已经观察这个陈熠轩很久了。

老生组有三个孩子，其中丁元浩和张山两人，在前一天一直被陈熠轩欺负和排挤。王老师便把陈熠轩叫到这两个人面前，对陈熠轩说："你要加入老生组，我是没问题的。可这边这三个同学已经学了很久了，你来了，他们又要陪你重新学一遍，所以你要先征求他们的同意。"

面对着昨天刚刚被自己欺负过的人，陈熠轩低着平日里骄傲的头颅，诚恳地请求加入，大概是一时心里委屈，就止不住地淌起泪来。这时，流着鼻涕的丁元浩上前一步："我同意你加入我们组，但是你要答应不能打我。"另一个受欺负的孩子张山听了这话，也像丁元浩一样，上前一步："我也同意，但是你要答应不能骂我。"

一堂既有知识又讲人生的课，一个心里有谱儿的老师，一群虽然调皮却终究天真善良的孩子，这堂课令人意外地丰富。

你看 王老师要哭了

结课后的第二天，王珮瑜发了一条朋友圈："三天，带领24个小学生，完成生旦净丑各行当的基础学习和成果展示。这是我在推广普及京剧艺术的道路上一次身心俱疲而又收获颇丰的特殊经历，从第一天的崩溃，到第二天的融入，到第三天的感动，从憎恶，搞不定，到喜爱，依依不舍；三天，几十个镜头记录了个中的点滴变化。任务是教会了孩子们一段戏，但真正的意义在于通过对京剧艺术的了解，让他们知道中国传统文化的厚重和趣味，引发尊重，也让孩子们有机会站在一个起跑线上同时出发。学渣和学霸分在一组；沉默寡言的班花成为带领大家的小助教；女生偏偏挑中了丑行；最调皮捣蛋的男生学了楚霸王……"

孩子们真的戳中了王珮瑜，而王珮瑜也确实给孩子们带来了一些改变。

第一天，在王珮瑜进入课堂之前，我们曾对班上的孩子们做了一圈小调查。

报起花灯来小肚子上的肉会抖两抖的小胖子徐萌超，起初觉得"不喜欢京剧，不喜欢男扮女装女扮男装"，后来亲自对王老师说，觉得京剧"很艺术"。

万宜尘从第一节课就在捣乱，大喊"皇帝过生日就杀人"。三天课程结束，万宜尘在作文里写："我会努力，希望长大以后能做一名京剧演员。"

孩子们总是三天两头许着不同的愿望，王老师怎么会不懂这个道理？可她听到万宜尘在汇演舞台上讲到这一句时，眼泪霎时间就要止不住夺眶而出。

可是，她听到，旁边的孩子说："你看，王老师要哭了！"

王老师冒到眼眶边的眼泪，就这么又被"破小孩儿"硬生生地挤了回去。

"这群'熊孩子'。"下了汇演舞台，放了学，临走前，王珮瑜还是为这句憋回自己眼泪的童言哭笑不得。

曹冲称象

代课老师 杨祐宁
上课地点 台湾苗栗县铜锣乡中兴小学

曹冲称大象

东汉时期，有个人叫曹操。一天，有人送给他一头大象。曹操很高兴，就带着儿子和朋友们一同去看大象。

这头象又高又大，身子像一堵墙，腿像四根柱子。大家一边观看，一边七嘴八舌地加入讨论，这么大的象，到底有多重呢？

曹操问："谁有办法把这头大象称一称？"有人说："这得先砍下一棵大树做秤杆，好做成一个大秤。"有人说："有了大秤也不行，谁有那么大的力气提得起这个大秤呢？"还有人说："不如把大象宰了，割成一块一块的再称。"曹操听了直摇头。

曹操的儿子曹冲那时才7岁，他站了出来，说："我有个好办法。先把大象牵到一艘大船上，看船身下沉多少，就沿着水面，在船身上画一条线。再把大象赶上岸，往船上装石头，直到船下沉到画线的地方。然后，称一称船上的石头，石头有多重，就知道大象有多重了。"

曹操听了，笑着点点头。他叫人照曹冲说的方法去做，果然称出了大象的重量。

讲堂录

我们今天要讲的这个故事，来源于《三国志》。

中国古代各个朝代，都有人负责编写史书，记录当时真实发生了什么，这些书集合起来叫二十四史。其中，西晋的时候，有一个历史学家叫陈寿，他记下了三国时期的故事，这本书就叫《三国志》。

到了明代，有一个人叫罗贯中，写了一本小说《三国演义》。小说和纪实体的史书不一样，小说有很多地方是虚构、演绎的。

东汉末年的时候，有一个大官叫曹操。

曹操有一个儿子叫曹冲。这个小朋友从小就特别聪明，曹操好几次当着大家的面夸他。很可惜的是，他还没成年，才13岁，就生病死了。

曹冲称象这个故事，据后来的人考证，发生在河北省邯郸市。我们印象中，大象都生活在热带地区。那么河北在中原，怎么会有大象呢？大象是从哪里来的呢？

在《三国志》里面，作者陈寿说，这只大象是孙权送给曹操的："时孙权尝致巨象，太祖欲知其斤重，访之群下，咸莫能出其理。"扬州有大象吗？现在没有，古代有。

我们总以为环境变化是一件很漫长的事情。其实不是的，仅仅在我们中华文明存在的这五千多年里，气候就有很大变化。以前北方的空气湿润，是有大象的。后来，因为人类的活动，气候的变化，大象慢慢往南移，到现在，中国的大象就主要生长在云贵地区了。

孙权为什么要送大象给曹操呢？因为当时孙权和刘备闹掰了，当时曹操还是朝廷的宰相，孙权就想拉拢曹操，把非常稀有的大象进贡给曹操。

大象有多大？

地球上最大的生物是蓝鲸，是海洋生物。一只成年蓝鲸，大概有25-30吨重。1吨等于1000千克，1千克就是1公斤，所以25吨就是25000公斤。

而陆地上最大的生物是大象。一只成年大象大概6吨。

那称大象的船就要更大。根据历史记载，三国时，已经能造出载重上万吨的大船。孙权就有大船，他的船可以载3000人。当时吴国的船，可以载80匹马，但是被叫作小船。曹冲称象，只用一艘小船就够了。

曹冲的这个办法，是不是真的能称大象的重量呢？我们做一个实验来验证一下。

第一课　《曹冲称象》课堂实验

所需器具：水盆或水缸（有一定深度），塑料盒（充当船），记号笔，小石块（参考物），秤。

实验步骤：

1. 水盆或水缸装一定深度的水，塑料盒（船）放在水上漂浮；

2. 将被称重物放进塑料盒，塑料盒下沉；

3. 用记号笔在塑料盒记下水面线；

4. 将被称重物拿出，往塑料盒里放小石块，直至水面刚好到之前做的记号处；

5. 分别用秤测量被称重物和塑料盒内小石块的重量，看是否相同。

大象其实是很聪明的动物，很有灵性。

我小时候，每个礼拜我爸爸都带我去台北的动物园玩。木栅动物园有一只大象叫林旺，它是台湾地区很有名的大象，所有人都认识，每个人去动物园都要看它。动物园搬家到木栅的时候，市民们都很兴奋，因为所有动物都坐在卡车上，卡车走走停停经过山北路，所有人在路边都能看到动物。我那时候在读幼儿园，在街上看到大象和长颈鹿，非常开心。

杨祐宁老师带着学生，用陶土捏出他们心目中的大象。

小时候，我并不知道动物表演是在虐待动物。其实马戏团里的动物表演对动物伤害很大，购买动物制品也非常残忍。从古代开始，人们就用象牙来做各种用品。很多考古学家在不同的地方都挖出了一些象牙制品，据推算，这些东西早在7000多年前的新石器时代就有了。

　　象牙在古代有被做成药的，说它清热解毒。也有人用来做牙雕的，明代清代特别多。我们看电视剧里面，明朝的大官上朝时，都拿着一块板，那个叫作笏板，也是象牙做的。

　　如果要获得象牙，就得杀死大象！因为象牙的三分之一在头骨里，为了得到一根完整的象牙，盗猎者会先把大象打倒在地，然后活生生地把大象的脸、鼻切掉，再拔出象牙，十分残忍。

在课堂上做一次阿基米德实验，看看曹冲的办法到底行不行得通。

我们现在地球上的大象越来越少，大象那么可爱，我们也不希望它灭绝对吗？我们要保护好大象，只要大家不买象牙制品，就没有市场，盗猎者就不会去伤害大象了。

接下来，我要带大家做两件好玩的事。

第一件事，是用捏陶土的方式，捏出你们自己心目中的大象。

第二件事，让我们一起来发挥一下想象力的小宇宙——曹冲称象后，这只大象去哪了呢？

第二课　新编《曹冲称象》剧本

大象是一个会飞的外星人，但它长得实在太胖了，太能吃了，它的外星朋友觉得星球已经养不起它了。所以，朋友把它送给了曹操。曹操好奇这么胖的大象会有多重，让大家都想办法称象。地球村民们看到大象，觉得它很好吃，想吃掉大象。村民开始砍树，骗曹操说是为了做成秤为大象称重，但实际是为了劈柴生火，然后吃掉大象。曹操的儿子曹冲觉得大象很可爱，他看穿了村民的诡计，为了救大象，于是想到了用船称象的好办法。而用来称重的石头，变成了一支"石头乐团"。最后，曹冲和乐团一起唱着歌，把大象带回了家。

结课八分钟

我们的语文课讲了《曹冲称象》这篇课文，用实验的方式复原了"曹冲称象"的过程，我们捏陶土、做游戏，用玩的方式来学习。

我们还排演了课本剧，全班同学为《曹冲称象》创造了新角色，也排练了新的故事片段。这些都是课文里面没有的内容，都是四年甲班的同学们自己创作的，而且是在没有老师参与的情况下独立完成的，真的是一个蛮艰难的任务。但是你们的故事非常有想象力，有创意。

你们还齐心协力、分工合作，自己准备道具，分配谁要磨刀、谁要砍树、谁来画线，大家都很棒。

我希望你们能继续发挥你们的想象力。这个想象力会是你们学习最大的动力。

上课记

接到代课邀请时，杨祐宁很紧张：我真能当一个老师吗？

他是第一季《同一堂课》中最年轻的男老师。

原本，杨祐宁想到台湾地区兰屿上去，给那里的孩子上课。杨祐宁从小在台湾地区长大，走过中国大陆和台湾地区许多的地方，兰屿是他少有的一直没有机会踏上的土地之一。

兰屿是个神奇的地方：隔天一趟飞机，飞机上只有16个座位，遇到天气不好，飞机停飞。可以说，一年大部分时候，这座岛屿是上不去的。踩点的工作人员去了好儿次，没有一次能上岛。

最后，杨祐宁来到了台湾地区苗栗县铜锣乡中兴小学。

中兴小学是一座开阔的学校，学校里有学生们自己种的菜园子，每个月有云门舞集二团的演员们来教孩子们戏剧，这两点都令杨祐宁兴奋：他喜欢做饭，还喜欢表演。

面对苗栗的同学们，杨祐宁把自己放在大哥哥的位置上。

就像他小时候参加夏令营和冬令营，会有一些大学的大哥哥过来，带他们玩团体游戏。

杨祐宁以此为目标："在这三天里，如果让他们留下一点点记忆或者印象深刻的事，我觉得就足够了。"

此前，杨祐宁参与过很多地方的儿童资助计划，如果语言不通，他就跟孩子们玩游戏、打棒球、抓羊，大家很快就熟悉起来，他总结了经验："肢体动作是全世界的语言，当你很专心地看一个人的时候，语言就不是问题了。你可以从这个人的表情上，读到他的感觉。"

在苗栗，杨祐宁跟孩子们没有语言障碍。但做游戏依然是必需的。课间，他拉着孩子们在操场上玩躲避球。表面上，大家都在高高兴兴地做游戏，杨祐宁却敏锐地发现，那个外号叫"软糖"的孩子，总是被同学们排挤。

大象是外星人 石头是滚石乐队

杨祐宁带到苗栗的课文是《曹冲称象》，他庆幸《曹冲称象》的课文"还蛮简单的，没有太多的生词"。

孩子们喜欢大象，但讨厌马戏团，因为那里"虐待动物"。课堂上，杨祐宁起初对孩子们的反应很惊讶，紧接着，他鼓励他们："这是一个很好的观念。"杨祐宁小时候，从来不知道动物就应该在大自然里面。

杨祐宁读小学的时候，一开始并不喜欢语文课。他最热衷的三门课分别是体育、自然科学和美术。到了小学五年级，一位姓林的老师来教他们语文。讲到《孔融让梨》那课，杨祐宁很意外，林老师没有照本宣科，而是让大家排一出课本剧。

杨祐宁对那堂语文课记忆犹新。他当时没有演孔融兄弟，而是模仿了一档电视综艺节目里的角色，让这个角色作为《孔融让梨》故事的开场者。

很久以后，杨祐宁回想起来，才意识到用表演的方式去认识课文，是多么高明的方法："表演其实是对角色的一个理解，要理解这个角色，就要去揣摩角色的心情跟所有的行为。用排剧的方式，你可以很细微地剖析整个课文的大意，想要表达的事情，甚至可以激发小朋友的想象力——这个故事前面发生了什么事情，后面又可能发生什么事情。"

长大以后，杨祐宁从当年课本剧里的小龙套，变成了知名演员，很难说是不是当年的语文课影响了他日后的职业选择。但那样的课堂形式，一直让杨祐宁觉得十分可贵。

在学生自编自创的舞台剧中，杨祐宁老师被临时抓包，客串拥有超能力的大象。

在课堂上，杨祐宁带着孩子们改编《曹冲称象》的故事。他为孩子们的思路感到惊讶。

他在课堂上讲，孙权有求于曹操，送礼物当然要送很稀罕的东西，孩子们就把大象认为是"外星生物"，因为这样才足够稀罕。分配角色的时候，孩子们把船上的石头变成了人，进而演化成一个叫"石头"的乐队——这当然是因为那支杨祐宁听、孩子们也听的乐队，就叫"滚石"。

孩子们共同创作好故事，共同制作了纸糊的服装和道具，又共同在学校附近的山上进行彩排、表演，杨祐宁全程用手机拍摄了这一切，并在课堂上播放给他们看。当孩子们看到荧幕上自己的表演时，个个笑得前仰后合。

小朋友三天就能变成好朋友

集体创作之后，杨祐宁又让孩子们自行分组，以小组为单位创作和大象相关的舞台剧。

分组的方式，是让前四名做完陶土大象的同学，站在第一排。后面做完的同学，自行选择站在哪一位同学身后。意料之内的事情发生了："软糖"是全班第一个做完陶土的同学，但是没有任何人愿意站在他的身后。

前一天玩躲避球时看到"软糖"被孤立，杨祐宁心里就关心着这个孩子。他侧面打听到，"软糖"刚从其他学校转学来，想要交朋友，于是就去打闹和捉弄其他人，希望吸引别人的注意，结果却适得其反，引发全班同学的排斥。

做完陶土，杨祐宁特地和"软糖"谈心，他告诉"软糖"，想跟别人做朋友是好的，但不可以做没有礼貌的事，不然别人不想跟他当朋友。他又告诉其他孩子，"软糖"的那些恶作剧，其实是想跟他们做朋友。

最后，一组同学特地邀请"软糖"加入他们，杨祐宁十分高兴："小朋友真的是三天就可以变成好朋友，这也是让我很羡慕的一点。"

三天课程的末尾，四组同学在全校师生面前表演了自己创作的舞台剧。在一组同学的故事里，大象要走秀，穿漂亮衣服；还有另一组同学的故事里，大象原本想自杀，最后却变成了超人。

杨祐宁对四组同学提出的唯一一个建议，就是不要让大象自杀。

几乎每一组同学，都悄悄给杨祐宁设计了一个角色，演出时让他上台，即兴配合，舞台下欢声一片。

杨祐宁从来不觉得自己真的是来给孩子们上一堂语文课。"不管是孩子们的情绪，还是他们的相处观念，对我来说都很重要。"在他看来，这些孩子的人生观，倘若能因这节课有一些小小的改变，这才是比较重要的事情。

他也很看重孩子们是不是真的喜欢这堂课："真正重要的是在这个过程里面，有没有激发他们的兴趣。让我产生兴趣，我才去学习。"

归园田居　陶渊明

代课老师 于 丹
上课地点 台湾台东县池上乡福原小学

此心安处是我纟

归园田居 （其三）

[晋] 陶渊明 [1]

种豆南山下，

草盛豆苗稀。

晨兴理荒秽，

带月荷锄归。

道狭草木长，

夕露沾我衣。

衣沾不足惜，

但使愿无违。

---

[1] 陶渊明（352或365—427）：名潜，字元亮，自号五柳先生。其父、祖皆为郡守，自曾祖、祖、及父，都在东晋为臣，但自己一生未曾担任高官，受王羲之和儿子王凝之提拔而短暂地当过江州祭酒，后担任镇军参军、建威参军，在叔叔晋安郡（治所在今福州）太守陶夔协助下当上彭泽县令，因厌恶当时的政治，做了大约八十天就辞职归故里，终生不再出仕。

讲堂录

大家好，我是于丹。

我去过台湾地区的很多学校，但是我没有到过小学，特别是乡村的小学。

在池上这个充满自然气息的地方，我想要给你们讲讲四季的变化，春夏秋冬，天人合一的道理。

我相信，池上会给我惊喜，池上的孩子也会给我惊喜。

第一课　中国文字就像一幅画

我们就来说说四季：春、夏、秋、冬。

我们先来说这个"春"字。大家会发现，我们许多中国字，其实都像是一幅画。

这是古代的 🈟（春）字，这个字体叫小篆。为什么这个字长成这样呢？我们中国字是象形字。什么叫象形？也就是画出来的。

春天的"春"，最上面的部分是草。中间的这部分像不像树苗的种子根，钻出地面发芽了。最下面这个"日"，就是太阳。

这个"日"为什么不在天上，而在下面？因为阳光落在土地上，才有芽长出来了。

从春天来看中国字，有个说法叫"春雨贵如油，下得满地流"，春雨很宝贵。我们来说一下"雨"字。

这个 🈷 字的第一横，代表什么呀？代表天上。

有一首诗叫“天似穹庐，笼盖四野”，望上去，天空慢慢往四周下来，像锅盖一样，一块乌云笼罩下来，雨点就从那一块里往下掉。

就是“雨”字。

从“雨”能联想到好多部首是雨字头的字，例如，电（電）、雾、霖、露、云（雲）、震、雷、霄。

我们先看看这个  ，为什么这样写？你们见过天空一道闪电吗？一道闪电劈开来，就是这个样子。

我们写的 （雷），听到天空上“咵咔”一个雷，“咔咵”一个雷，“咵咔”又一个雷，所以有三个雷。

（云）写出来以后像不像一朵一朵天上的云彩？

春天是下雨的，是打雷的，是有雾的。我们现在一黑板的云，一黑板的春雨，可以用这些字去组好多词，也可以去念好多的诗。

春天人们会种地，有个诗人叫陶渊明，他写的诗，都和种庄稼有关系。他的诗派就叫田园诗派。我们今天要讲陶渊明的《归园田居》。

“种豆南山下，草盛豆苗稀。”在春天下雨的季节，陶渊明种田种得不好。他在南山下种豆，最后草很茂盛，豆苗却很稀少。

那他是不是种得不努力呢？也不是。“晨兴理荒秽，带月荷锄归。”早晨就去地里理荒草，一直干一整天，扛着锄头回家的时候，月亮都出来了。他很努力地种地，还是种不好。

“道狭草木长，夕露沾我衣。”因为路很窄，草木很旺盛，所以黄昏的时候，人从小路上走过去，草上的露水就沾到衣服上。

陶渊明，这么有名的大诗人，怎么我们听起来，觉得他好失

学生们上黑板写了满屏的"春"字。

败呀？种地毫无收获。那他为什么还要种田呢？

"衣沾不足惜，但使愿无违。"他的理想是做农夫，事情做不好也不放弃。衣服脏了没有关系，只要不违背自己的心愿。

每一个人都有自己的心愿，把地种好就是陶渊明的心愿。

第二课 从"米"中学汉字 也学做事

今天上午我们割稻，有同学跟我说，割完稻米好有成就感！我们今天在一个大风天里，大家顶着大太阳，割了稻。割稻是哪个季节要做的事情？秋天。

秋天这个"秋"字，禾木旁，禾就是庄稼，木就是树木。"秋"的右边是个"火"。秋天为什么要有火？

稻谷脱了米粒以后，剩下的那些庄稼秆，拿去用火烧掉，当肥料。

我们今天收了稻米，米字旁的字有哪些呢？

精、粹、粗、糙、糟、糕、粮，还有棉花糖的"糖"。

"糟糕"，连起来是一个贬义词。"糟糕"既然是用米做的，为什么会用来形容一个人不好呢？"糕"是用磨碎的米做的，黏黏的。"糟"是泡发的米，也是烂糟糟的。所以形容一个人，做事不整齐、乱糟糟，就是很糟糕。

"粗糙"，形容粗心。什么样的米叫糙米？谷壳没有脱完的，就是叫糙米，属于粗粮。

粮食里，还有精粮，池上大米就是叫精粮。糙米吃起来口感没有池上米这样好，所以就叫粗糙。

一方水土养一方人。池上是你们的水土，你们的家。你们对

在大坡池的田野间，于丹老师和学生们聊四季、农耕和中国人的"天人合一"。

稻米有那种天然的喜悦和亲近，割稻的时候都是特别欢欣的。

今天也有同学被割过的稻子拌一下，划一下，或是腿上破一点。但对于池上的孩子来说，破一条口子不算什么，还是蹦蹦跳跳的。其实人长大后，我们遇到种种职场上的、情感上的、人际关系上的坎坷，大概也就是个两寸长的口子。它如果发生在一个娇滴滴的人身上，可能过了好久，还觉得疼，每天都担心留疤。但如果是原野上长大的孩子，两寸的口子可能从碰了到好，根本不知道。健全的人格，健全的心理，有时候也来自于生长的原乡。

我的家乡在很北很北的地方，北京。老师对于米最早的记忆，是在我小的时候，跟自己的外婆住在一起。外婆每天都会煮米饭给我吃，我从小就是在米香里面长大的。

有米有面，大家吃饭的地方，其实就是我们的家。

"家"字怎么写？上面一个"宀"字头，这就是我们的房顶。下面是什么字？豕，豕是猪，猪宰了可以吃肉。所以，家就是我们回家吃饭的地方。

我再讲两个字：安宁。"安"的屋子里是谁？女生，家里的女主人，是妈妈。那么"宁（寧）"字是什么意思？要带着心回家。再下面是"皿"部，长得像饭盒，所以是女主人在家里煮了饭，我们每个人带着心回家，往桌子前面坐下，一起吃饭。这个状态就叫"宁"。

池上的风景，池上的变化，池上的一切一切，就像能让你们自由打滚的大坡池一样，托起你们，拥抱你们，接纳你们，也滋养你们，这才叫作家乡。

结课八分钟

这两天我一直在想，北京、台北、池上的孩子，究竟哪里的孩子更幸福？我真的觉得是住在池上的孩子。我觉得当我回到北京，看见我的孩子和我的学生的时候，会格外惆怅，因为大家没有过这样的童年，他们没有过乡土，他们也不知道收稻是一种怎样的经历。

池上的孩子人格真健康，健康的人格就是有一说一，我想表现什么，我会让你知道。

一个人有什么样的内在经验系统，他只要自己真诚地表达出来，比那种刻琢过的痕迹要好很多很多。

今天听大家都在表达跟这方水土间的关联，我在黑板上也写了一行字，苏东坡说的："此心安处是吾乡。"我说，虽然我不生长在这里，但是我到了这里，就觉得这片土地对我的接纳，也是我的此心安处。

从校门口离开的时候，我心里是恋恋不舍的，因为我又一次地看见他们的校名，福原小学的标语"幸福原来在这里"。

上课记

于丹真实地喜欢池上，也喜欢池上的孩子。

池上是台湾的稻米之乡。

每到秋天稻子成熟的季节，池上就展现出它一望无际的迷人金黄。金城武在这里拍过广告，台湾艺术家蒋勋每年都要定期来这里写生，云门舞集在这里的稻田间演出过《松烟》。池上每年秋季举

池上小学生在用餐前要说祷告词："感谢天，感谢地，感谢家人，希望全世界每个人都有饭吃。"

行的"艺穗节"，是联结着天地、粮食、村民与艺术的盛宴。

于丹到达那三天，恰好在当年的"艺穗节"之前一周，村中大小民宿都摆放着节日的宣传海报——这一次，"闽南人的Bob Dylan"伍佰要来稻田之间歌唱。

到达池上的第一天，于丹惊喜于池上大米的黏与甜，惊讶于这大片大片生长于天地间的稻田。

此后三天，在福原小学的课堂上，在池上的稻田边，于丹给孩子们讲"米"、讲"雨"、讲"禾"，讲春和秋的文字故事，讲了陶渊明的诗。于丹和孩子们一起割下了稻子，煮成了米饭。

在池上，故事还没来得及开始，于丹就忍不住眷恋。

"这就是生命该有的样子。天空有它该有的样子，孩子有该有的样子，稻米有它该有的样子，而我们置身其中，都被唤起原本该有的样子。"于丹老师反复感慨，她真实地希望这样的时光可以持续得再久一点。

被气哭的班主任

于丹老师上课上到一半，四年忠班的班主任老师陈丽慧就哭了。

不是感动哭的，是气哭的。

在于丹老师到达池上一个多月前，陈丽慧老师刚刚从台北回到家乡池上教书，接手四年忠班。

四年忠班，老师同学们公认的福原小学"最捣蛋的班级"。校长曾经亲自上手整顿四年忠班的班级纪律，最后却以失败告终。直到陈丽慧老师接手后，这个班的班级纪律才渐渐有了起色。

于丹老师正式上课前，在教室后排旁听了一上午陈老师的语文课，做了满满一整页的笔记，默默地记住了同学们的名字。

轮到于丹上课，陈老师便在另一间教室的监控室里默默观察。

课堂内容进行没多久，坐在最后一排的男孩何郁诚就蠢蠢欲动，接小话，影响同学，有一耳朵没一耳朵地听着老师说话。后来，他甚至带着自己的好兄弟一起，趴在窗边看起了风景。

于丹老师本身在北京师范大学教书，大学教授的一大特点就是鼓励自由的课堂气氛，不会严管课堂纪律。

但这一切，被监控室里的陈丽慧老师看在眼里后，极尽失望。她万万没想到，自己好不容易调教过来的学生，这么轻易地就能被打回原形。

于丹后来听闻了陈丽慧老师的哭，惊讶于陈老师的责任心。但她觉得事情并不那么严重——回想起上课看风景的何郁诚，也没有那么糟糕。

于丹记得，当她让同学们上黑板写字的时候，何郁诚主动请缨，领取了帮老师掐秒表的任务，于丹知道，这孩子心中还是有责任感和荣誉感的。

这个被认为全校最乱的班级的孩子们，总是给于丹带来许多惊喜和感动。

于丹第一次站上讲台给孩子们讲课的时候，陈老师曾塞给她一批纸条——那是得知于丹教授要来池上讲课后，孩子们写下的他们最想知道答案的问题——

人类是怎么做出来的？地球怎么做出来？宇宙怎么做出来？

这些面对世界的疑问，让于丹惊异："小小年纪，他们已经开始思索万事万物的由来。"

城里的孩子 对土地的规则已然陌生

于丹老师这一课，从一个"春"字上起。

孩子们纷纷走上讲台，在黑板上写下一黑板五颜六色的"春"，一黑板琳琅满目的"雨"。

有些孩子把"日"写成了"目"，有些孩子把"春"写成了"看"，还有些孩子写了一半停在那里。但这满黑板的春意，让于丹心头一动："无论是对一个季节的表达，还是对这个世界的疑问，在他们心头的那种不加掩饰的新鲜活泼，都让我感动。"

于丹讲春，孩子们知道小草从大地中发芽；于丹讲秋，孩子们知道秋天要把麦秆烧掉做肥料。说到糙米，孩子们形容：咖啡色的，有一点谷壳的米，就叫糙米。

于丹感到，这堂课好像不是在讨论知识，而是在讨论孩子们的生活。

借着"春雨"，于丹又讲了云、雷、电、雾、霜，但是她没有讲霾。"霾"字，对于池上的孩子而言太陌生了。于丹希望他们最好一辈子不要认识这个字。

在和这批孩子交流的过程中，于丹甚至越发感受到中国文化的溯流。"我就在想，我们这个民族最初是怎么造字的？其实就像这些孩子一样，是先人们从最早的生活中总结出来的。"于丹说，而城里的孩子相比，"对于土地上的规则已经非常陌生"。

户外课的重点，是割稻子。

从宣布这个消息起，就不断有男孩子主动请缨，要教于丹老师割稻子。他们在教室里比画着：怎么拿镰刀，往斜下方拉才不会打到腿。

割完稻后学生们说：

　　"我觉得身体触摸到稻米的时候会很痒，但是拿刀割稻的时候，我感觉很刺激。"

烈日下忙碌了一上午，割完稻离开时，孩子们起头，和于丹一起唱起了周杰伦的《稻香》——"还记得/你说家是唯一的城堡/随着稻香河流继续奔跑/微微笑/小时候的梦我知道"，天真、动人。

早上还是烈日，在大坡池讲"秋"时，风已经很大。风刮得老师和孩子们都摇摇晃晃。

于丹问他们：你们听过风的声音吗？

在北京，于丹也问过同样的问题，大部分孩子只听过狂风大作的风声。

而福原小学的孩子们听过——风吹过树，是"哗啦哗啦"的；风吹过稻米，是"嘘"的声音；风吹过水波，是"呜"的声音。

理想是做农夫　多么理直气壮

在池上这样的田园牧歌之地，于丹讲陶渊明的《归园田居》。当她抛出"陶渊明种地种得好不好"这个问题的时候，她完全没想到何丰匀能答上来。

何丰匀是跟随父母从台北移居到池上的学霸。何丰匀年轻的父母是台湾名校毕业的高才生，2014年，他们卖掉了台北桃源的房子，来到这里经营民宿。

刚到池上的时候，他们靠卖奶茶为生。一天晚上，夫妻俩站在奶茶摊前望着漫天的星空，真切地感受到一种直击心灵的震撼。他们知道自己来对了。

在池上的日子，于丹也反复思索一个问题：是北京、台北的孩子更幸福，还是池上的孩子更幸福？她的天平逐渐倾向于后者。

"我们总是说，不要让孩子输在起跑线上，但你想一想，人生是一场那么远的马拉松，你永远那么紧张分分，用跑百米的速度冲刺，那你还会有远方吗？"于丹说，"所以我就想，如果能像池上的孩子一样，漫步在田间小道上，他们拉着我的手，他们悠悠散散地唱着歌，他们蹦蹦跳跳，就以这样的方式开始人生的马拉松，是最好的，这样，他们未来还有发力的地方。"

池上的孩子，愿望也很朴实。

有人想做幼儿园教师，有人想做警察。

张筠鑫的愿望，是为庙里做事，因为她的姑姑在庙里做事，她认为这是一种功德。

嘉玲的愿望，是做一个农夫，这句话讲得理直气壮，就像别的同学说要成为职业棒球手、成为科学家那么自然。

后来于丹觉得："'理想'这个词，就是这样的孩子讲出来，才显得那么底气十足。"

于丹给孩子们上的最后一课，是点评作文，一起吃前一天割下的稻谷做成的米饭。

这一天也是李宣儒的生日，于丹特地准备了生日礼物给她。

于丹喜欢李宣儒的作文。李宣儒在作文中这样介绍池上："池上是一个美丽而又干净的地方，如果你住在池上，一定会得其所哉。"

美丽而又干净，于丹太喜欢这个评价了。

她看到了美丽的稻田、干净的空气，但更重要的，"干净也是一种人情和人心"，"小孩子可以这么活泼，活泼到近乎没有规矩，也是一种干净"。

凉州词 其一　　王翰

代课老师　张晓龙
上课地点　陕西西安市曲江第一小学

凉州词 （其一）

[唐] 王翰①

葡萄美酒夜光杯②，

欲饮琵琶③马上催④。

醉卧沙场⑤君⑥莫笑，

古来征战几人回？

① 王翰（687—726）：唐代边塞诗人，字子羽，唐并州晋阳（今山西太原市西南）人。与王之涣、王昌龄并称为"边塞三王"。
② 夜光杯：用白玉制成的酒杯，光可照明，这里指华贵而精美的酒杯。据《海内十洲记》所载，为周穆王时西胡所献之宝。
③ 琵琶：本是西域马上弹拨乐器，后传入中原。这里的琵琶，是作战时用来发出号角的声音。
④ 催：催人出征；也有人解作鸣奏助兴。
⑤ 沙场：平坦空旷的沙地，古时多指战场。
⑥ 君：你。

讲堂录

我是张晓龙，是演员，是舞者，也是一位古装影视剧的礼仪指导。

大雁塔千年的沧桑、大明宫繁华的往昔，发生在西安这座十三朝古都中的传奇故事，都曾触动着我。

唐诗、唐书、唐画、唐三彩、唐代乐舞，都是我们的文化标识。

我是舞蹈专业毕业的。我们大唐乐舞代代传诵，可惜早已失传。我们今天再去展现它，就只能依凭大胆的想象和创作。对于编舞的人来说，这很遗憾，也很幸运。

唐代是个对外开放的时代，所以在唐长安城里，住着大批沿着丝绸之路而来的中亚人、东亚人、东南亚人。这些外国人，有的甚至能在唐朝身居很高的官职。

西安的大唐西市是我们陆上丝绸之路的起点，我要从一首唐诗出发，和同学们一起去寻找绚烂多彩的大唐风物，感受大唐盛世开放包容的气韵。

第一课　这个富二代留下了最好的边塞诗

诗人王翰是一个富二代。他家里有私人歌舞团，还养了一大批宝马。虽然家财万贯，但他依然很用功，后来以边塞诗传世。

唐代有三位边塞诗写得最好的人，被后世称为"边塞三王"——王昌龄、王之涣和王翰。

唐朝特别国际化。胡人、欧洲人，各种肤色的人都来到大唐，以货易货，自然也就带来了他们的民族文化。这种外来文化深深地感染了唐代诗人们，使得他们对塞外有一种亲近感。此外，唐代虽是太平盛世，但在边境依然小战争不断，这也催发了边塞诗的写作。

王翰这首诗叫《凉州词》。"凉州词"，其实是盛唐时流行的曲调名，诗人们往里填词。"曲调名"与宋朝时期的"词牌名"是完全不同的。词牌名是把词的格式固定好了，而曲牌，只是规定了曲调。

"葡萄美酒夜光杯"，其实，战场上是没有夜光杯的，王翰是用珍贵的杯子来突出酒的美，可普通士兵喝的酒能有多美呢？这里的"美"，其实写的是将士们喝酒时那种高兴的心情。

唐代许多诗人都喜欢写美酒。"李白斗酒诗百篇"，他写的都是什么酒呢？"金樽清酒斗十千，玉盘珍羞直万钱。"

杜甫的诗里多写浊酒："艰难苦恨繁霜鬓，潦倒新停浊酒杯。"

王翰诗中的葡萄酒，显然带有浓浓的西域风情。

"欲饮琵琶马上催"，琵琶是一种从西域传来的乐器，西域就是现在的新疆维吾尔自治区以及中亚等地。

琵琶也是当时唐军的军乐器，可以坐在地上弹，也可以骑在马上弹。

"醉卧沙场君莫笑，古来征战几人回？"我要是醉倒在沙场上，你可别笑啊。自古以来，出去打仗的人有几个能活着回来？

大家说，这位战士喝上酒了没有呢？其实，老师也不知道。

关于这个问题，有好几种说法。

一种说法是，酒没喝上，酒不醉人人自醉。要喝的时候，有人坐在马上弹起琵琶，催着将士们出征。琵琶很可能是一个行军令，是催着上战场的。如果是这种解读，那么这里的"醉卧沙场"，其实就是战死，就是"马革裹尸"了。在这种解释下，这首诗充满了悲壮之情。

还有一种说法，是催着出征，但是被催的人不管不顾，你尽管催，我尽管喝。在征战之前纵情豪饮，宁可醉死也不想上战场。这种解释，就让诗歌充满了潇洒的豪迈。

无论是哪种说法，都表达了诗人强烈的反战态度。

第二课　唐长安城是座怎样的城

古长安城跟我们现在的西安是一样的，四四方方的，像棋盘一样地错落着。

唐朝时，朱雀大街是世界上最宽的大街，足足有150米宽，把四四方方的长安城从中间分成了东西两半，东边叫万年县，西边叫长安县。《长安十二时辰》里张小敬当差的地方，就是万年县。万年县与长安县中间的这个区域，就是皇城，和我们今天明城墙内的区域差别不太大。

皇城是普通老百姓进不去的地方。皇城之外叫外郭城，是老百姓和世界各民族来客生活的地方。

除了皇城和外郭城，还有宫城。

宫城包括三大宫：太极宫、大明宫和兴庆宫。

太极宫，是唐高祖李渊、唐太宗李世民生活和工作的地方。因为太极宫地势比较低，夏季住着很闷，所以，李世民又在东北边建造了一座大明宫。

大明宫往南，还有一座兴庆宫。兴庆宫本来是唐玄宗李隆基的王府，他做了皇帝之后又扩建为皇宫。这就是长安的第三座皇宫。

长安城的外郭城分为108坊。当时的里坊是有宵禁的，到了晚上，坊门就关了。关门时间，大概相当于现在的晚上8点。

在这108坊里，住着很多历史上的知名人物。大家熟知的白居易住过宣平坊，写出"少小离家老大回，乡音无改鬓毛衰"的贺知章也住在宣平坊。

你们知不知道"买东西"这个词从哪来的？在大唐时期有东西两市，都是从事商业的地方。大家到那儿购物，后来慢慢地就俗称买东西了。东西就是东市和西市。

东市卖的东西比较贵，所以一般是皇室和有钱人去东市买。而西市，是最能证明唐长安城国际大都市地位的地方，因为丝绸之路真正的起点，就在这里。

西域商人们牵着骆驼，装载着货物，沿丝绸之路来到这里，在西市贩卖，再从西市购买中国的瓷器、茶叶，通过丝绸之路运往西方。

第三课　领先千年的时髦 古今不变的味道

唐朝的时候，世界各国的文化融合在长安城，所以那时的审美，和我们现在的审美是不一样的。就像我在课堂上讲过的，"环肥燕瘦"。

我们从三彩陶俑上就可以看到唐朝时期的女人非常有特点的妆容。唐朝和我们今天一样，化妆的第一步是打粉底，不过他们叫"敷铅粉"。

唐诗说："舞来汗湿罗衣彻，楼上人扶下玉梯。归到院中重洗面，金盆水里泼银泥。"这个银泥，其实就是粉底。但是唐代科学技术有限，这种铅粉其实对人体是很有伤害的，所以我们不要效仿。

第二个步骤，叫抹胭脂。"美人红妆色正鲜，侧垂高髻插金钿"。"红妆"，就是胭脂色，目的是让自己的皮肤的颜色亮一点。

第三个步骤，画黛眉。"新桂如蛾眉，秋风吹小绿"，眉形有很多种，这种两个黑点的眉形，在唐代很常见。

第四个步骤，贴花钿。温庭筠的《南歌子》里说到，"脸上金霞细，眉间翠钿深"。花钿是贴在脑门上。其实花钿的由来有个传说。据说是花瓣落在一个妃子额顶后，在那留了俩印记，妃子身边的人都觉得她很好看，于是大家就效仿着往脑门上贴花钿了。

第五个步骤，点面靥。"南人云是媚草，采之曝乾，以代面靥。"点的位置就是我们现在说两个小梨涡的地方。

接下来是描斜红。白居易的《时世妆》是这样说的："圆鬟无鬓堆髻样，斜红不晕赭面状。"大家伙画斜红的位置，有朝上的，也有朝下的。

描斜红之后，就是最后一步：涂唇脂，也就是涂口红——"朱唇一点桃花殷"。

就这样，一个标准的唐妆就完成了。

其实，唐朝女子的妆容式样非常繁多，大胆有新意，我们今天说的什么烟熏妆、晒伤妆，唐代人都是玩过的。这和当时空前开放的社会风气有关。

盛唐敞开国门，对外来文化兼容并包。在汉民族内部，唐人也突破了许多窠臼。唐代女子可以骑马，唐代女子们还可以穿胡服、蹴鞠，还可以接受教育，参加科举考试，乃至入朝为官。

大唐既然如此包容，它对其他国家、民族的文化当然也是兼

唐代文化包容开放，不崇尚"以瘦为美"，唐妆中，也早就有了如今流行的烟熏妆。

收并蓄。

比如说舞蹈，唐代就非常流行胡旋舞。

胡旋舞有个"胡"字，顾名思义就是胡人的舞蹈。胡旋舞是一个以旋转为主要元素的舞蹈。在敦煌壁画中，有许多关于胡旋舞的绘画，它是丝绸之路非常重要的一个文化符号。

大家知道唐代跳胡旋舞跳得最好的人是谁吗？

白居易说："中有太真外禄山，二人最道能胡旋。"什么意思呢？一个是唐玄宗最爱的杨贵妃，一个是安史之乱的始作俑者之一安禄山，这两个人最会跳胡旋舞。两个胡人，一个贵为贵妃，一个拥有重要的兵权，可见当时的民族融合，是非常深入的。

白居易又写："禄山胡旋迷君眼，兵过黄河疑未反。贵妃胡旋惑君心，死弃马嵬念更深。"抱怨杨贵妃和安禄山毁了大唐。

今天，我们不能简单地把安史之乱的历史责任推给胡旋舞。作为丝绸之路上的文化舶来品，胡旋舞大大丰富了我们的舞蹈样式。

音乐也是一样。据说，唐玄宗创作的《霓裳羽衣曲》就融合了许多西域音乐。这首曲子虽已失传，却被一代又一代的人津津乐道。

如果没有丝路文化的交流，其实很难想象我们今天中华文化的面貌。

食物，也很能体现唐朝文化的丰富多元。

看着像新疆烤馕的饼，叫胡饼。丝绸之路非常长，路上没有东西吃，所以胡人需要提前把干粮烤熟，随身带着，一路吃到长安城。

大诗人白居易有一首诗是这样说的："胡麻饼样学京都，面脆油香新出炉。"因为他的京都就是长安城。他在别的地方看到了胡饼，他说胡麻饼都是学京都的。

大家以后可以注意，有水果或者蔬菜带"胡"字的，那一定是外国来的。

第四课　大明宫中的礼仪之邦

大明宫是大唐帝国的大朝正宫。

大明宫的正南门，叫丹凤门。

丹凤门，红色的凤凰，它代表着热烈、兴旺，大吉大利。

丹凤门有五个门道。五门道，是中国古代城门的最高等级。

丹凤门就相当于唐代的天安门。不过丹凤门的五个门道一共有51米长，它比天安门的门道还要宽。五门道里，皇帝从正中的门进出，其他官员只能由两侧的门通行，从右边进，从左边出。右进左出，这和我们今天"靠右通行"的规则是一样的。

每当有重大活动——登基大典、重大宴会和外事活动的时候，皇帝就会出现在门楼上。

今天，我们还能看到丹凤门的城门遗址。考古学家对它进行了三次挖掘，如今完整地保护在丹凤门博物馆里。

含元殿是外国使节面圣的地方。大臣们站在含元殿大殿外面，文官在东，武官在西，中间就是别的国家来进贡的使节们。

文官手里拿着一个东西叫笏板。有的笏是木笏，有的笏是竹笏，还有的笏是牙笏，象牙做的，笏板在各个朝代中的形态也不一样。

笏板的作用就像一个笔记本，大臣们第二天要见皇帝，要奏什么样的本，他们必须在上面言简意赅写上关键词，要不然怕第二天忘了。这个笏板虽然是礼器，但是它是有实际作用的，相当于我们的"小抄"。

还有一个很出名的礼器，就是使节。使节是指古时候使臣所持的符节信物，时常会以棍子的形态出现。

麟德殿，是武则天会见日本遣唐使的地方。

唐代的长安，除了吸引着丝绸之路沿线的西域国家，还吸引着东面的朝鲜和日本。为了学习中国的文化，日本源源不断地派出遣唐使，在唐代200多年的历史中，总共有大致3000多人被日本派出前往中国留学。

除了有很多留学僧带着汉文经典回日本，每一批遣唐使中，还有很多木工、铸工、锻工、玉工等各行各业的工匠，学习唐代的技艺后带回国。日本京都平安宫丰乐院，据考证就是对大明宫麟德殿的直接模仿。

日本的服装学习了我们中国的很多服装制造技艺。日本一到节假日很多人穿和服，但是如果你想在日本的和服店买一套和服的话，你会发现基本找不到"和服"店，只能看到"吴服"店。

因为，日本是在我们中国吴地学到的这种制作技艺。吴地就是现在江苏苏州那一片，所以他们现在还在叫吴服。

包括日本的僧人到中国，看到苏州园林设计特别美，讲究假山流水，但是他们回到自己的国家之后呢，发现在寺院里没有那么多水怎么办？他们就在白白的沙子上面画上流水的形状，叫枯山水。

还有我们餐桌上用的漆器，包括唐妆，日本的歌舞伎到现在演出脸上还是抹得白白的。

西域的文化传到中原来，我们融合它，形成我们新的文化。东亚国家又借鉴我们的文化，形成他们的文化。出国旅行，我们能和世界各国找到共通点，但又能为那些不同点感到惊奇。在反复的共鸣和惊奇中，文化得到更进一步的发展。这就是文化交流的意义。

结课八分钟

我一边给你们讲课，一边也在学习。越了解唐朝，我就越喜欢唐朝，因为唐朝和我们今天所处的时代最为相像，这是我们的两个盛世。

唐朝人的生活特别富足，社会充满活力，就像我们今天一样，大家衣食无忧，每个人都在努力实现自己的梦想。

唐朝的国际交流非常频繁，他们的日常生活离不开西域商品，唐代人的物产和文化也深刻地影响着丝绸之路上的人们。

一个能够包容外来事物的国家，才是有文化自信的国家。唐朝人有文化自信，我们今天更是如此。

同学们喜欢街舞、跆拳道，也喜欢我们自己的唐诗、国画、中国功夫。中国五千年博大精深的文化和当代文化的发展，是我们文化自信的基础。

古代的长安是丝绸之路的起点，现在我们有"一带一路"。我们一直通过经济、文化等各个方面，和全世界的人交朋友，互相帮助，互相进步。

在新的丝绸之路上，过去叫作长安的这片土地，当然也会大放光彩。靠谁呢？现在还在靠老师和你们父母这一代，未来，就靠你们。

大春老师说

今天，我们要从一个字展开我们的课程，这个字就是唐朝的"唐"。

"唐"这个字原本是大而空的意思，甚至还有荒的意思。也就是说，它本来不是一个什么好字，但是自从唐朝这个伟大的时代开启后，唐，就变成了一个具有丰富寓意的字，而且是非常积极正面的字。唐朝的文明如此之开阔，正是因为它的宽容，而大和空、荒就转变成了伟大的包容。

历史上著名的《凉州词》有两首，一首就是今天张晓龙老师带我们学的王翰的版本，但我个人认为，王之涣的《凉州词》更能代表盛唐气象。

"黄河远上白云间，一片孤城万仞山"。这首诗有着比较复杂的象征意义，我愿意把一片孤城想象成大唐长安的代表，当一片孤城面对着万仞山，那就是一个开放的王朝，面对着整个欧亚大陆。

唐朝的诗人写了很多的诗，也流传下来很多书法作品。唐朝的时候科举制度逐渐完善，通过考试挑选人才，判断这些人能不能与人无碍沟通，会不会写文章。所以，会写诗变成了一个人人都必须通过的考核。考上之后，士大夫们，也就是准官员们还要考四个科目：身、言、书、判。"书"就是书法，字要写得清晰好看，十分讲究。

唐太宗李世民特别喜爱王羲之的字，他甚至把《兰亭序》拿到自己的坟墓里陪葬。现在流传在市面上的各种版本的《兰亭序》，都是由他手下的大臣们用各种方式模拟的。正因此，根据王羲之，加上王羲之的儿子王献之所形成的那一套二王法度的书法美感，就变成了后世的一个美学标准。

唐朝还有个著名诗人，"诗仙"李白，他和一个比他年长42岁的老朋友去喝酒，一下子喝到了上半夜。这个老朋友不是别人，正是

"少小离家老大回"的贺知章。

贺知章应该说是临门一脚，帮助李白进了宫廷，见到唐玄宗。李白在宫中翰林供奉这个职位上，待了有一年八个月之久，从天宝元年到天宝三载。我为什么特别强调他俩喝酒呢？因为他俩从白天一直喝到晚上，喝到后来两个人身上钱不够了，贺知章就把他身上的金龟袋拿来，押在酒店里。这本来是一个任官的信物，他硬是要把它押出来换酒喝。

杜甫的《饮中八仙歌》："李白一斗诗百篇，长安市上酒家眠。天子呼来不上船，自称臣是酒中仙。"什么叫作"天子呼来不上船"？我们首先要了解"上船"是什么意思。在明代以前，两个字所指涉的就是离船登岸。

为什么说天子呼来不上船呢？这跟上船、下船也无关，而是跟上船、下船这两个词的象征意义有关。所谓的上船，也就是离船登岸的这个阶段，是要把缆绳系在码头的缆头上，这个捆缚缆绳的动作称之为上船。意思就是衣服的盘扣都不扣，这其实表示李白很潇洒，衣衫不整地去见皇帝。这吻合当时的语言诗境，也才吻合李白的行事特色。上船就是扣盘扣的一个象征。

唐朝是一个伟大的时代，或者说是一个能够让中国人在后世不断回头去追想、怀念的时代。一个伟大的时代并不是说它延续的时间有多么长，重点是它有多么大的宽容性，能够容纳和自己原先的本质不太一样的东西。

上课记

我们的作品 还不够传递我们的文化

《同一堂课》一直有一个"走进西安"的念想。这当然因为"一带一路"大背景下西安这座城市独特的历史意义，也因为《长安十二时辰》热播之后，人们对长安城的旖旎想象。

最后，这个任务落在了《甄嬛传》里的"温太医"张晓龙身上——合适吗？

事实证明，比想象的更合适。

大多数人只知道张晓龙是温太医，却不知他还是《甄嬛传》的礼仪指导，还是中国古代史硕士。

张晓龙还记得，近二十年前，有很多人看了一部汉代的戏，却发出疑问：嘴唇也好，发饰也好，席地而坐也好，怎么都拍得跟个日本剧似的？

张晓龙觉得难受：明明是中国人自己的东西，却被认为是人家的。"这说明我们的作品，还不够让大家熟知我们自己的历史文化。"

从那时候开始，张晓龙就一直在做影视礼仪方面的工作。他在中央戏剧学院专门开了影视礼仪方面的课，也带硕士生。

张晓龙一听到"唐"这个题目就很兴奋。中国是礼仪之邦，唐代，更是万国来朝、中西方民间交流密切的一个时期。

张晓龙来过西安很多次，还担纲制片人和礼仪指导，拍过一部网剧，就叫《唐砖》。对西安、对唐代，他都颇有感情。

来到西安市曲江第一小学，正式给孩子们上课前，他先教孩子们如何给长辈行最简单的"拱手礼"，又给大家讲了古代"跽坐"的规矩。

第二天在大明宫，他站在"万国来朝"的展柜前，给孩子们仔细讲了讲文武官上朝"文东武西"的规矩，讲了文官用的"笏板"也是一种礼器，还通过"苏武牧羊"的故事，讲到了使节和"使节"二字的由来——它其实就是使臣手中拿的一种符节信物。

张晓龙觉得，让孩子们了解、体验中国人的传统礼仪，也是提升"文化自信"的一部分。

记在黑板上的名字

平日里，张晓龙在中央戏剧学院做副教授，上课的对象都是大学生。

这一回，面对一群四年级的小学生，张晓龙差点儿翻了车。

讲台上，张老师兴致勃勃地给学生们讲"葡萄美酒夜光杯"，可台下的孩子，一片乱哄哄好热闹。

旁边教室里，工作人员面面相觑："张老师会发火吗？"

"不会。"知情人笃定地答道。

"这样都不会发火？"问话的人实在有点惊讶。

张老师就是这样——好脾气，再生气也不发火。

坐在最后一排的黄泽宇，上课时总喜欢站着，不举手就说话。张老师在上面讲，他在课桌上旁若无人地用课本搭出了一座高架桥，又拿出小汽车，"嘟嘟嘟"地在高架上走。自己不听讲，也不让别人清净。斜前方的同学站起来回答问题时，黄泽宇专门跑上去揪他的头发。

"净、静、敬"，张晓龙老师用"三字诀"整顿课堂纪律。

张老师自始至终没有发火。

起先，他几次试图提醒黄泽宇，但收效甚微。

再一次，黄泽宇又开始说话。张晓龙暂时中止教学，在黑板上写下了三个字：净、静、敬。然后他转过身说道："老师现在要教给你们的这三个字，是你们无论做什么都要懂得的道理。"

干净、安静、尊敬，这是张晓龙认为重要的人生准则。他和同学们约定：一旦他抬起手来，同学们就一起喊出这三个字。这一招"自我提示"的方式，果然对全班大部分同学奏了效，但是黄泽宇依然我行我素。

黄泽宇持续性的不在线，颇为影响授课进度，张晓龙决定使用一点惩罚性手段："现在我们立个规矩，谁要是还在课堂上捣乱，我就把他的名字写在黑板上。记过第三次的时候，今天下午的户外课就请他不要参加了。"

很快，黄泽宇就被记了两次过。工作人员有些紧张：难道真的要让黄泽宇终止拍摄吗？

谁知这时，黄泽宇自己举起手来："老师，能不能把我的名字擦掉？"

张老师自己似乎也松了一口气，转身便擦掉了黄泽宇的名字，并说道："的确，老师把你的名字写在这里是很不好的。我现在就把它擦掉，但是你要记住，不要再打扰其他同学学习。"

此后，黄泽宇安静了很久。可是很快，他无意识的小动作又开始了……

这一回，张老师又有了新的灵感——他直接让黄泽宇管纪律："黄泽宇，老师向你做出手势的时候，你就帮我管纪律，大喊三声：安静！安静！安静！"

妙了。全班最调皮的学生，果真成了那个不得不最讲纪律的学生。

户外课时，黄泽宇的父亲特地赶来观摩上课。

黄爸爸很抱歉地说："我儿子实在是太皮了。"张晓龙笑着答道："孩子嘛，皮一点是天性。但只要跟孩子立好规矩，孩子能懂得规矩就行。"

唐朝大诗人当年住哪

张晓龙特别信奉孔子的一句话：学之者不如好之者，好之者不如乐之者。

所以，虽说课文《凉州词》一共只有四句诗，但张老师的户外课，却带着学生们走了四个地方。

第一个地方，是整个唐长安城。

站在大唐芙蓉园的唐长安城沙盘前，张晓龙和孩子们聊了聊："买东西"这个说法是怎么来的？大诗人白居易、贺知章当年住在哪？为李白脱靴子的那个高力士住在哪？你们的家、你们的学校相当于唐长安城的哪个地方？你们最熟悉的大雁塔有什么故事？

面对自己脚下这座城市一千多年前的样子，学生们是陌生的。但是当孩子们发现，自己现在的生活、自己所熟悉的人物都和那座古城产生了关联的时候，他们认知的乐趣也就来了。

第二个地方，是大唐芙蓉园。唐代的芙蓉园，位于长安城的东南角，是当年皇帝与民同乐的后花园。如今的芙蓉园，是在当年旧址上往北，仿建的大唐主题公园。

在这里，张老师给孩子们请来了两位神秘嘉宾。

第一位神秘嘉宾，是一位唐妆美人。

当她从舞台帷幕后缓缓走出来的时候，同学们齐声喊道："好美啊！"再定睛一看，却发现——这不就是班上的卢慧思吗？

原来，上午上课时，张老师发现了一件事：同学们似乎不太喜欢卢慧恩，尤其是觉得她胖。他决定反其道行之——让孩子们知道，胖有胖的美。唐代不就流行胖吗？

于是，他给卢慧恩换上唐装，化上唐妆，将她打扮成一位真正的唐朝姑娘，并通过卢慧恩的妆容与唐诗，向大家讲解关于唐妆的知识。

看着台上仿佛穿越千年而来的唐朝小姑娘，同学们鼓破了掌。"我怕她觉得胖是很大的缺点。其实人有不同的美，只要你健康就好了。"张晓龙总结道，"在不同时期、不同人的眼睛里面，都会有不同的美的标准。一定不要用自己的标准去衡量别人，那是非常自私的。我希望我们每一个孩子对美的衡量标准，都能像大唐文化一样包容。"

另一位神秘嘉宾，是一位曼妙的舞者。

张晓龙和舞者一起，向学生们展示了胡旋舞和惊鸿舞。胡旋舞，是杨贵妃最擅长的舞蹈。这种来自西域的舞种在长安城中的流行程度，充分证明了当时丝路交流的密切与深入。

而惊鸿舞，是唐玄宗早期爱妃梅妃最擅长的舞蹈，可惜后来失传了。在《甄嬛传》中，孙俪饰演的甄嬛为雍正跳了一段惊鸿舞，那段舞蹈的编舞者，正是张晓龙老师。

张老师带孩子们去的第三个地方，是当年魏征居住的永兴坊，如今已经成了一条美食街，是西安的网红打卡地点。在这里，孩子们的主要任务就是吃，吃的同时，助教老师还从头到尾地讲了这每一道食物，都在怎样的唐诗中出现过。吃着胡饼学着诗，还有比这更"乐之"的学法吗？

最后一个地方，就是大明宫。大明宫是实打实的原大明宫古建筑遗址。

大明宫，曾经是全世界最辉煌壮丽的宫殿群，是中国宫殿建筑的巅峰之作，可惜后来毁于战火。新中国成立后，大明宫遗址区域成了一处流动人口聚居区，有一段时间，此处垃圾成山，考古工作者每到此处，无不心疼。进入21世纪后，政府协助考古机构，在此进行了艰辛的市民动员搬迁工程，才将原遗址区域腾挪出来，进行考古发掘和保护。如今，这里建成了大明宫博物馆。没有假模假样的唐代宫殿，没有浮夸的"大唐盛世"，而是将考古成果原状展示，再辅以真实的文物和声光电的多媒体技术，带着人们走进唐朝。

在这里，张晓龙老师带着学生们从古代最高建制的大明宫丹凤门，到万国来朝时在大明宫进行的礼仪，再到对日本建筑产生了重要影响的麟德殿。为这最后一课，张老师很是下了功夫。

最后，孩子们在大明宫的梨园朗读作文，汇报演出。

王姝青同学在作文中写道："古代的长安很美丽，可我也很喜欢现在的西安，因为现在的西安科技很发达。在西安，时常能看见许多外国人，这说明，现在的西安对外国人也很有影响力呢。"

这也是张晓龙特别希望孩子们能领会到的："我希望他们能感受到，在历史上，曾经有这么一个大唐，跟我们现在差不多，是一个非常包容的礼仪之邦。我想让孩子们能够更自信，有个人的自信，也有习主席说的文化自信。"

夜宿山寺　李白

代课老师　张大春
上课地点　山东济南市制锦市街小学

夜宿山寺

［唐］李白[①]

危楼高百尺，手可摘星辰。

不敢高声语，恐惊天上人。

静夜思

［唐］李白

床前明月光，疑是地上霜。

举头望明月，低头思故乡。

早发白帝城

［唐］李白

朝辞白帝彩云间，千里江陵一日还。

两岸猿声啼不住，轻舟已过万重山。

---

① 李白（701—762）：字太白，号青莲居士，中国唐朝诗人，自言祖籍陇西成纪（今甘肃省静宁西南），幼时内迁，寄籍剑南道绵州（今四川省江油市青莲镇）。有"诗仙""诗侠""酒仙""谪仙人"等称呼，活跃于盛唐，为杰出的浪漫主义诗人。与杜甫合称"李杜"，被贺知章惊呼为"天上谪仙"。

讲堂录

我是张大春，我是一个写作的人，写过小说、评论，也写过歌。我最喜欢写古体诗。

古体诗在我的生活经验里面，最早可以追溯到小学三四年级，我父亲买了一本硬皮的书，叫《诗词欣赏》，整一本加起来不超过200篇作品。我在那里认识的李白、杜甫、李清照、辛稼轩，当然还有日后最喜欢的苏东坡。从10岁一直到高中毕业，这本书都没有离开过我的身边。那时候我知道诗是有格律的。

至于词，还有"平上去入"的限制，我大概是大学才学到。我才知道原来之前的所有习作都是不合格的，因为没有真正地合乎格律，但因为能够有一个非常自由的空间，也不会受到师长或家长们的斥责。

青少年的时候，我父亲总是说，熟读唐诗三百首，不会作诗也会凑。那话背后其实有讽刺的意思，但在我听来，是非常大的鼓励了。所以那种自以为是的创作经验，反而让我在日后得到更多的自信。这后来影响到我对于诗词和文学教育的基本信仰——不能以考试为前提，必须以创作为前提。能够背几百篇诗词，倒背如流，那些意义不大。重要的是，要自己开始对写一首诗有感受，有创作的欲望，那才是最可贵的。

第一课　认得几个字

我的名字是我父亲取的。我生在阴历五月、阳历六月，照说已经接近夏天，但我父亲仍然按照中国北方的气候来安排月份，所以给了我一个名字叫大春。原本"春"是加了木字边的"椿"，椿树。

庄子曾经写过：上古有大椿者，以八千岁为春，八千岁为秋。原来我父亲给我取这个名字的意思是希望我能够长寿，但又不能像一棵树一样，就把这个木头拿掉，给了我"大春"这个名字。

我来看看大家的名字。卢雨洋，名字里有"雨"字，雨从上面下来，所以写一横，就是一个天。𩂣（雨）的写法很多，如果下得大了，你可以多加两横。雨下到地上来变成一滴一滴。这就是最早的文字，叫甲骨文。

所有的字都跟我们人一样，是有年龄差距的。有些字很老了。像刚才讲的"雨"很老，因为它是自然界的物质。还有𠨍（女）字，四五千年前就有了。有些字又比较年轻。比如温苗峰同学的𩵋（苗）字，就是小篆，像是刚刚种下的种子、慢慢长出来、发芽了。小篆比甲骨文年轻很多，甲骨文的时代大概距今3000年以上，小篆"苗"字大概秦朝才出现，晚了一两千年。

到现在我们几乎已经不造字。而是把旧的字拼成一起，变成新的字。

我们今天要介绍一下用"牛"和"羊"组成的字。

首先是"牛"字偏旁的字——𤞤（特）。牛的角是尖的。

旁边"寺"字的上面看起来是一个士，或者是一个土的字符。可是在小篆以前，这个字符的上方是两样东西，一个就是牛角，另外一个就是之乎者也的"之"。"之"的字符来历又是脚趾的"趾"，也就是停止的"止"。"止"，像两只脚站着不动，有停下来的意思。下面像一只手。手上拿东西，可以是一根棍子，一件武器，或者是任何象征地位的东西。两个字合起来是寺庙的"寺"，到了寺里是不是要安静下来？

所以"特"原先最早的意思是，在一个安静的地方执行一种礼仪，可能是国家的大典，或者是宗族、宗庙、贵族祭祀祖先的活动，在典礼上宰杀一只公牛来祭神。

我们今天都认为寺庙是一个宗教活动场所，事实上它以前是宫廷或朝廷里面非常重视的典礼活动的场所。

我们认识字，不只是认识正确的字形和正确的发音，同时也要知道字符和字符之间会有游离、转变、引申、借用。

另一个字是"羊"字偏旁的 羣（群）。区别于牛，羊的角是弯的。

旁边这个"君"，上面是一只手拿着权杖，说明是有身份地位。下面的"口"有两种解释，一个是可以开口发言，另外一个，这个"口"像不像是一个高高的小台子，一个人拿着权杖站在高处，即拥有统治国家权力的领导人。在这个"君"字旁边加一个"羊"字，就变成"群"。羊是很乖顺的动物，总是服从于一个领导者。所以羊要听"君"的话合成一"群"。

第二课　铁杵真能磨成绣花针?

"危楼高百尺，手可摘星辰。""危"本来的意思就是高。"危"本身没有"险"的意思，但是当它和"险"字放到一块，就是在高处非常险，提醒人要小心。这个词发展到今天，"险"字的意思取代了"危"的意思，成了"危险"的"险"的概念。

"不敢高声语，恐惊天上人"，这个前头有一个"不敢"，表示是小心翼翼地借宿这个山寺。看到山之高，也看到寺之高，但是山高还是寺高？这其实是一个很怪的问题。从常识来说，山一定比寺高，可是寺盖在山上头，寺怎么说都比山高一些。

所以，谁比谁高这个问题，要从不同的角度去看。当站在不同的角度观察，会得到不一样的答案。

《静夜思》是李白在思念自己的家人，可是他为什么不回家？

有人说，是因为李白逃学。直到遇见一位老奶奶想把铁杵磨成针，他才决心好好学习，成了一位鼎鼎大名的诗人。

还有另外一个版本是，李白说，做人没有常识实在很要命，会想要把一块铁杵磨成针，所以才要回去好好学习，增加常识。

李白小时候读了很多书。当时，大部分年轻人读书都是为了参加科举考试做官。但李白不是，他念书是抱着一种游戏的心理。他希望通过读古人文章，能够把自己的文笔训练得像他们一样好、一样美，一样有见解。"铁杵磨成绣花针"的故事只是后人为了描述他有多刻苦，给李白编撰的一个传说式遭遇。我想世界上应该没有哪一个老太太，会笨到真的想把一条铁杵磨成一根针。

画画、写故事，或写歌词、作曲，多半都要经过一个模仿的过程。我想大家都有这样的体验——听到一个童话故事，或者一个好笑的笑话，也想学着自己去创作，李白年少时期也是如此。

当我们还原了李白真正的人生，知道他为什么变成一个大诗人后，就要明白一件事情：不要为了考试而念书，要找到自己最感兴趣的那件事情去学习。不懂就去模仿，去学，去读，去听。模仿是做任何事情都必不可少的步骤，需要下功夫，需要锻炼。

回归到《静夜思》，李白是在屋里写的，还是在屋外写的？

因为"床"可能大家觉得是在屋里。但我们看 𣲘（床）的小篆写法，它的偏旁横过来看像栏杆。

所以诗里的"床"指有栏杆的东西。有一种解释说，这个床是水井的围栏，和李白另外一首诗《长干行》里"郎骑竹马来，绕床弄青梅"的"床"是一个意思，那就是在井边抬头看月亮。因此我们可能要给"床"做一个开放解释，不只是指我们屋里睡的床，也有可能是户外的。

李白的《静夜思》《古朗月行》还有《望庐山瀑布》，这三首诗有什么共同点？

"疑是地上霜"（《静夜思》第二句），"又疑瑶台镜"（《古朗月行》第三句），"疑是银河落九天"（《望庐山瀑布》第四句），都有"疑"，怀疑的"疑"。为什么李白在这些诗里，看起来眼睛好像不大好，月光他看成了霜，瀑布看成了银河？他不是真的看错了，

"床前明月光"哪里是床，其实是井栏。

而是用假装看错的方式来打比喻，"疑是"就是"我还以为是"。

　　现在我们用"＿＿＿，我还以为是＿＿＿"造一个句子。这句的前面应该有一个情境，有因果关系，使得我误会了，后面半句才有话可说。就是有两样东西，让你在生活里有过看错、听错、摸错，或者闻错这样的经验，并且回想一下李白诗中的用法。

　　学生：这个扣子我以为是硬币呢，因为它长得太像硬币了。

　　张大春：这是触觉的概念，不过句子要做一些修饰，讲清楚，比如说"放在口袋里的扣子，我还以为是硬币。"因为它在口袋里，看不见。

　　再给一个提示，比如说到晚上，路灯忽明忽暗，不容易看清楚。"这时路上走来的陌生人，我还以为是……"

李白眼睛不太好。为什么？因为他总说"疑是"。

学生：夜晚的路灯忽明忽暗，路上走来个陌生人，我还以为是外星人来入侵地球了呢。

张大春：鼓掌！这就是把这个看起来普通的陌生人，给他更多具体形象化的条件。刚才的外星人入侵，就有了一种恐怖的感觉。

第三课　写下人生中第一首诗

李白在《早发白帝城》中提到了水运，古代水运之发达不亚于今天的高速公路。诗中的哪一句最能体现船行的速度之快？有人说第二句"千里江陵一日还"，但我想强调最后两句"两岸猿声啼不住，轻舟已过万重山"。这两句意思是说，耳边还残留着刚刚听到的长江三峡一带特有的猿猴哀鸣，但这时船已经走到了长江中游的荆州，也就是江陵。这其实是一种夸张的描写，声音还暂留在耳中，船却已经到岸了。李白的另一句诗"白发三千丈"，一丈要三米以上，相当于一条船的长度，三千丈就是三千条船横着，人的头发怎么可能这么长？所以这也是一种夸张，是写诗造句常用的修辞手法。

现在我们坐在船上，看到周围有很多的柳树。我们可以形容一下柳树的颜色和形态，仔细观察一下，有的柳条会动，有的不动。柳树在动，这就是风的作用。可以形容一下风吗？比如"隐性八面风"，"八面无形风"。

刘成武：四面八方全部都是风。

这个听起来有节奏感了！四面八方都是风，仄仄平平平仄平，还合乎格律哦！刘成武，我要恭喜你，记住这个句子，这是你这辈子写的第一句诗。而且"四面八方"包含两个数字。很多句子诗句都有数字的，比如"四面荷花三面柳，一城山色半城湖"，都是数字。

我要听到第二句，跟今天的风景有关的。有同学提"水流东方"，其中的"水流东"可以，但"水流东方"的"方"就不押韵了，所以我们取"水流东"放在第二句的最后三个字。另外，我们现在坐在行进中的船上……

卢雨洋：行舟！

"行舟"可以用，是诗的语言。李白有那么两句诗，"仍怜故乡水，万里送行舟"。"李白乘舟将欲行"也有"舟"和"行"。行舟什么水流东，谁能提供给我一个方向？

学生：向西。

学生：西向。

一个讲"向西"，一个讲"西向"，意思一样声调不同，"向西"是仄平，"西向"是平仄。行舟西向，可是水却流东，是不是后面听起来更顺耳？

现在第二句也补全了："四面八方都是风，行舟西向水流东。"

第三句，想想你们一路上看到了什么？

学生：荷叶。

张大春：看到了荷叶，但没看到荷花，为什么呢？

学生：夏季荷叶都枯萎了，荷枯。

学生：湖浅。

张大春：荷枯湖浅，刚才天上看到什么东西了？

学生：风筝。

张大春：不能用风筝，因为前面有风了。

学生：太阳。荷枯湖浅太阳高。

张大春：要平平仄。

学生：云散了。

张大春：什么样的云散了？

学生：浮云。

张大春：我觉得浮云散还不错，荷枯湖浅浮云散。现在这首诗里有风，有船，有湖，有荷。想一想，这个环境里面还有什么东西？

学生：我听到了鸟叫，而且是在柳树的隙缝里。我看不见，不过我能听到。

张大春：有了！柳树里的隙缝里面有鸟，但是你看不见它，你可以听。柳树之间，树的隙缝——柳隙。鸟怎么样？柳隙之间，群鸟什么？

学生：鸟叫声。

张大春："声不穷"，仄仄平平平仄平。这首代表你们二（六）班才华的诗已经完成了，题名就叫《秋游大明湖》。

秋游大明湖
二（六）班

四面八方都是风，

行舟西向水流东。

荷枯湖浅浮云散，

柳隙之间声不穷。

结课八分钟

第一课，我们讲了由"牛"和"羊"衍生出的两个字"特"和"群"，我现在再加两个字。

在"特"字后面加一个"立"字。"特立"这两个字是形容人的个性，比如李白。别人作诗是为了考试，他作诗是为了表达自己的心情。他在游历期间，出于友情会作诗送给遇到的朋友。他不用靠写诗这件事为自己谋求好处，这是他特别的地方。

我们学李白不是为了背"床前明月光"而已，你要把他的"特立"跟他的人生经验和性格连接在一起。想一想，他的性格有没有可能也是你性格的一部分？比如说，你们交朋友也要付出真情，要互相关心、互相照顾、互相体谅。有的时候同学会调皮，谁打了我一下，可是我原谅他，这也是一种难得的品质，我们也称这是一种"特立"。

记住，越难得越特立，越特立越难得。

再加一个"合"字，两口相接，就是两个人很相爱的时候，想把嘴跟嘴碰到一起。就像爸爸妈妈都会亲你们一样。这个"合"还衍生出另一个意思，就是"共同"。

这四个字，两个词合起来，就是"特立合群"。

"特立"就是你的能力、才华、形象、性情、个性，你的种种都有可能跟另外一个人完全不同，不必要求自己跟别人一样。但是另外两个字"合群"，是希望你们能够一起合作，一起完成游戏、小组学习运动。

我希望你们能发现自己的独特之处，也能跟人沟通交流、听取他人意见。本质上可能这两件事情是有矛盾的，你从众就没有个性，这是一定的。但是我们人生之中会面对各种选择，有的时候是特立，有的时候是合群。你们就要分辨哪些事情合群性比较重要，越专业的事，越容易在特立上面展现才华，如果完全按自己的才华和想法来展现，也会跟合群性冲突。没有一个一致的答案。

"特立合群"四个字是我想送给你们的班训。

上课记

三天教学，让一群平均年龄不到8岁的二年级小学生写出一首七绝。

在《同一堂课》的所有代课老师中，大概只有张大春敢挑战这个"不可能的任务"。

张大春是作家、学者、教师、电台主播、电视人、电影编剧，是王家卫、侯孝贤的电影顾问，莫言的书法指导……简直是一个全栖的语文老师。他的作品《小说稗类》《文章自在》《认得几个字》《见字如来》都关乎文学写作和语文教育。高晓松称他为"自己敬仰的人中，为数不多还活着的一个"；莫言说"听张大春讲文学，是一种动力，能明显感觉到自己的不足"。

我的家族中 只有我和母亲没在这里读书

回到祖籍济南、给自己祖辈就读的济南市制锦市街小学上课，张大春人还没到就兴奋起来："我之所以到这家小学讲课，是因为它已有120多年历史了，在我的家族中，只有我和我母亲没在这里读过书。"他已经20多年没回过济南，授课前每天在网上晒教案、与网友讨论课要怎么上。上课前一晚，张大春没睡几小时，4点50分起来备课。一半是新老师兴奋，另一半是近乡情怯。一走进校园大门，看到姑父欧阳中石的字，一眼便认得。

这位在大学里上课得心应手的老师，面对这群小学生却差点乱了阵脚："我一进到教室就发现，情况远比我想象的艰难，很多孩子是从头到尾不停地动。"有的孩子还从座位上扑通一下滑坐到地上，张大春当场制定了一条临时班规："未来三天，不可以摔倒到地上，摔倒了就要爬起来。"

在一度几近失控的课堂中，张大春不慌乱地把握着课堂节奏。认字仍是基础，他把认字和师生相互介绍结合在一起。孩子们迅速认定，这位头发花白的新老师即便讲得不算很有趣，至少相当可亲。

张大春的语文课要讲什么？当然是李白。他用百万字篇幅写《大唐李白》，可以说是李白的当代代言人。

讲《夜宿山寺》，张大春先小露一手，把《夜宿山寺》给唱了出来，韵味十足，听得孩子们惊叹鼓掌。讲《静夜思》，张大春问学生："李白思念家乡，那他为什么不回家？"学生柳絮冉答："因为他可能会有生命危险。"张大春怎么也想不到这思路清奇的答案，禁不住笑着回应道："你可能是看了太多电视剧了。"

彼此刺激 比作诗成果更让人兴奋

把李白的诗读了、唱了、讲了，这些只是张大春的第一课。他的雄心是要实实在在教孩子们像李白一样写诗。在张大春眼里，只有创作古诗才能真正感受诗学的美感，这是背100首诗都学不来的。

写诗首先要有意象，面对黑板当然酝酿不出诗兴。师生一行人来到了大明湖，泛舟，赏荷，寻找意象。张大春问学生们看到了什么，他们嘴里蹦出的多是高楼大厦、高架桥这些显眼的事物。这些显然都不够诗意。张大春于是引导：可以形容一下看不见的"风"，"你不看见风，风却在作用"。

刘成武同学说出第一句"神首联"——四面八方都是风。

"小顽童"说：荷花枯萎了，湖水变浅了。"老顽童"说：荷枯湖浅浮云散。

这时，学生刘成武脱口而出："四面八方全部都是风。"仄仄平平平仄平，粗糙，但是符合格律。

张大春激动得搓搓手，稍加修饰，首联便定为"四面八方都是风"。

"这是你这辈子作的第一句诗"，刘成武听到这句话乐开了花，这也瞬间点燃了学生群体的创作气氛。学生孙康楠想出了"水流东方""水和船联动"的点子，课堂上最调皮的卢雨洋把"船"变成了"舟"，便又催生出第二句"行舟西向水流东"。刘成武再次用"荷枯湖浅"敲定了颔联；脑洞清奇的刘絮冉，接连贡献了颈联和尾联的意象……就这样，学生提出意象和点子，张大春一边引导、提供易理解的参考句式，一边对韵律进行把控。

最终师生合力完成了一首七言绝句。

谁也没有想到，这个"不可能的任务"竟然完成了。

"完成一首诗虽然会带来很大的成就感，但也不是最重要的。对于词汇如何生成、如何讲究和如何有妙趣，这是种修辞训练。而很多人一起完成、每个人都为另外一个人增加了他对语汇的刺激，这种力量比一个人枯坐在那里想这一句那一句，要更有效。"比起做成诗的成果，张大春对自己教学的过程更为满意。

回去跟妈妈说 什么事儿都没有

临行前，张大春送给孩子们他手书的"特立合群"四个字。他说："我希望你们人人保持你们出生以来作为一个人的本质，那就是你要有特性。但是我也希望，你们在逐渐融入人群的生活里面能够和他人一起合作，互相交流，彼此宽容。"这段话，卢雨洋听得格外认真。

三天里，卢雨洋是班上最调皮的学生。第一课张大春问大家想不想用吟诵的方法学念唐诗，全班只有卢雨洋公然回应"不想"。而当张大春代课结束时，卢雨洋跑出教室追上张大春，对他说："妈妈昨天狠狠地'熊'我了。"张大春没有批评也没有讲大道理，而是像"哥们儿"一样，拍拍他的肩头说："回去跟妈妈说，什么事儿都没有。"他说他不想让孩子自认为留给别人的形象很差。

350分钟，当张大春回忆这三天课时，会用分钟作量词。"350分钟，我教给他们16个甲骨文、16个钟鼎文、16个小篆，还有一组成语歌调，掌握了这个，所有的成语就都能唱了。我讲了李白的性格特色，即特立、合群，我把这四个字作为他们的班训，还教了他们人生第一堂书法课。还有180分钟是我带他们去游大明湖，他们全班写了一首七言绝句。除此之外，这350分钟还包括让他们生平第一次拿毛笔写书法。你说，这个功德如何？"

峨眉山月歌 李白

代课老师 孟 非
上课地点 台湾屏东县泰武小学

峨眉山月歌

[唐] 李白

峨眉山月半轮秋,
影入平羌江水流。
夜发清溪向三峡,
思君不见下渝州。

登金陵凤凰台

[唐] 李白

凤凰台上凤凰游,
凤去台空江自流。
吴宫花草埋幽径,
晋代衣冠成古丘。
三山半落青天外,
二水中分白鹭洲。
总为浮云能蔽日,
长安不见使人愁。

讲堂录

我叫孟非，是江苏电视台的主持人，我来给你们上三天语文课。

李白，是唐朝的诗人。盛唐是中国诗歌最发达的朝代，诗歌是当时最流行的一种文学形式。

李白在唐朝的所有诗人当中最有名，打个比方，他相当于台湾歌坛的周杰伦，是No.1。

两小无猜，青梅竹马，杀人如麻，刻骨铭心，这些成语都来自李白的诗。

李白写的诗不一定是最多的，但在唐朝诗人当中，他的游历经验大概是最丰富的。

李白的人生轨迹和我的人生路线有很多重合的地方，比如重庆、西安、南京。我生在重庆，唐代叫渝州，李白的《峨眉山月歌》就有提到"下渝州"。后来我随父母去了南京，一直定居生活到现在。李白第一次出游的目的地就是金陵，他先后去过金陵七次，还写下了一首诗叫《登金陵凤凰台》。

我们的语文课就从这两首诗开始。

第一课 一首七绝 28个字 五个地名

在中国四川省偏南的地方，有一座山叫峨眉山。峨眉山非常漂亮，是中国最美的石落山之一。峨眉山、普陀山、五台山和九华山，这四座山是中国的"四大佛教名山"。

《峨眉山月歌》是李白年轻的时候，在第一次离开四川的路上写的。

"峨眉山月半轮秋"，写抬头望月，从视角上看，月亮是在山上的，而且是在秋天，半个月亮。李白在哪里看到的月亮呢？"影入平羌江水流"，月亮的影子照在江面。当时那个地方叫平羌，现在叫青衣江。这说明李白是在江上的船上看到的。江水和月亮动静结合，特别有画面感。美的诗歌都能够让人想象出来优美的场景。

"夜发清溪向三峡"，清溪是个地名，三峡是在长江上游的一道很长的峡谷，它由瞿塘峡、巫峡和西陵峡三段构成。"思君不见下渝州"，渝州，就是重庆。思君的"君"是谁，李白没有说，但是后人解读有两种：第一种是指月亮。当然，这个说法我觉得很荒谬，因为他本来就能看到月亮，也可以理解为他想念家乡的月亮。第二种，因为他要去渝州会朋友，这个"君"就是指朋友。可能是他的女朋友，也可能是他的酒友，毕竟李白爱喝酒。

这首七言绝句，28个字，就出现了五个地名，峨眉山、平羌江、清溪、三峡、渝州，在唐诗里面也是极其罕见。

前面《峨眉山月歌》是一首写景抒情诗，这首《登金陵凤凰台》则是一首怀古诗。金陵是现在的南京，凤凰台位于现在南京的城南，但现在亭台已废，具体的方位说不清楚。

"凤凰台上凤凰游"，相传凤凰在凤凰台游玩过，然后又飞走了。"凤去台空江自流"，江指的是长江，流经南京，神鸟飞走了，就剩下滚滚长江东逝水。

"吴宫花草埋幽径"。吴，是指《三国演义》里提到的东吴，吴宫，指的是东吴时候的宫殿。李白说现在已经到了唐朝，过去几百年了，宫殿已经破败，看不到了。晋代衣冠，有人说是指衣冠冢，也有人说代指历史。东吴和东晋两个朝代靠得非常近。晋代的衣冠冢已经成为古丘，什么都看不见了。

最漂亮的就是下面两句：三山半落青天外，二水中分白鹭洲。南京的城南，中华门城堡前面，有三个小土包，本来是三座山，后来被挖掉，填到湖里面去了。这句话的意思就是，这三座山在云雾中隐现如落青天之外。

"二水中分白鹭洲"，大江、大河上的一块陆地就叫洲，这个洲叫白鹭洲。二水中分，就是白鹭洲把江水分成了两条河流。

"总为浮云能蔽日"，浮云能把太阳的光芒盖住，但在这是指皇帝旁边有坏人，一天到晚跟皇帝进谗言，蒙蔽了皇帝的眼睛。

"长安不见使人愁"，因为金陵离长安很远很远，李白在金陵看不到长安，也看不到皇帝，他心里很忧愁。

这首诗为什么叫怀古诗呢？因为里面有很多古迹：凤凰台、吴宫、晋代衣冠冢、三山、白鹭洲。李白借这些历史遗迹抒发了自己的人生概括和一些哀怨惆怅的东西。这种题材的诗在唐诗史上特别多。古时候的人想得也多，看到一些山山水水，就容易发思古之幽情。

第二课　跟着李白去游历

李白出生于碎叶城，在地图的西北方向。碎叶城今天不在中国的版图内，而是在吉尔吉斯斯坦这个国家。在盛唐时期，这个地方属于中国的版图，叫安西四镇。

李白大概4岁的时候离开碎叶城，跟他的爸爸来到蜀州，也就是今天的四川。他在四川待到20多岁才离开，然后去了湖北。他在湖北第一次结婚，娶了一个姓许的女子，生了两个孩子，一儿一

孟非老师和学生们初相识：我的特点是光头。

女。但是到了40多岁的时候，他太太就去世了，李白又去了山东。到了山东过了很多年，他又娶了第二个太太，姓宗。

李白去过重庆，去过陕西，他还去过贵州，一个曾经叫"夜郎国"的地方。你们听过一个成语叫"夜郎自大"吗？夜郎国就在今天的贵州省。李白因为得罪了皇帝，犯了错误，被贬到了贵州。他还去过福建、浙江、江苏、山东等地方。最后是安徽，李白就死在安徽。

说完李白的游历，我想给你们分享一下我成长的经历，我去过的那些地方。

我出生在重庆。重庆有一个别称：雾都。这个城市每年从深秋一直到冬天，三天两头有大雾，白茫茫一片，伸手不见五指。另外，重庆那个城市非常奇怪，没有自行车，因为那边都是山。这就是重庆的第二个特征，多山，所以也被称为山城。小时候，我家住的地方离学校很远，我要下半座山去上个学，放学的时候还要爬半座山回去。重庆人出门就是用走的、用爬的，全是台阶。

还有一个特征，重庆因为夏天特别热，所以又被称为火炉。对重庆人来说，没有什么食材是不能放到火锅里去的。重庆人非常热情，他们说原因之一就是吃火锅吃的。火锅辣，辣的人暴躁，所以重庆人脾气非常火爆，经常在街上听到有人吵架。但是他们也有好的一面，热情、友好，就是说话嗓门有点大。

在我十来岁的时候，跟父母到了陕西西安这个地方。这里有肉夹馍，还有一个东西很好吃，叫羊肉泡馍，就是像馒头一样的面饼，煮一碗羊肉汤，浓浓的，特别香，里面撒上葱花，然后给你一块大饼。饭馆里面每个人点一碗这个东西，拿着手去掰馍，把它掰成小小的，全部泡到热羊肉汤里，馍就软了，非常好吃。这是整个西安最有名的一个食物，比肉夹馍还有名。

西安古时候称长安，是中国最有名的古都，很多大的、历史较长的朝代都城都在今天的西安。西安往西边来120公里左右有一

座特别有名的山——华山，是中国"五岳"之一。

我在西安待的时间很短，大概就是两个暑假，我就离开了西安，到了南京。我在南京一直待到现在。南京曾经是六个主要朝代的首都，分别是东吴、东晋、宋、齐、梁、陈，号称六朝古都，现在是一座著名的旅游城市。

1911年的时候，孙中山就建都在南京，一直到1949年都是总统府所在地。我小时候在南京，有很多好玩的地方，但是也有很多地方消失了。比如李白诗里面提到的"凤凰台"，其实今天的南京根本看不到了，甚至没有人知道在哪里。但是有些留下来了，比如"三山半落青天外，二水中分白鹭洲"里面的两个地名，白鹭洲还在，三山没有了，留下了一条街叫三山街。我小的时候，我爷爷家就住在三山街旁边。

今天我们讲了这么多地方，我想告诉大家的一句话就是：知识和阅历一样重要。读多少书就应该也走多少路，人才变得有见

嘻哈组的嘻哈原创歌词：跟我说朝辞白帝彩云间，我听说重庆的水煮鱼特别的鲜。

识。一个有见识的人是不一样的。

我们语文课的作业，就是以西安、重庆、南京这三个地点为主题，全班分成三组，每组同学以你们自己喜欢的方式，无论是唱还是画，还是任何一种你们擅长的表达方式来展示一下、讲一讲与这三个城市有关的内容。下节课我们互相展示一下你们对这个城市的了解。

第三课　古谣南京 嘻哈重庆 唱游西安

南京组·泰武古谣演唱

南京

南京的总统府怎么那么漂亮

南京

南京的博物馆有四十二万件作品

包括青铜瓷器书画雕刻等

盐水鸭听说很好吃

孟老师他的课让我觉得他很幽默

给我一个快乐的下午

南京，南京

重庆组·嘻哈说唱

重庆的地形是盆地

他们那里超级美丽

泰武的Rapper都不费力

现在为你一一说明

我看到他们的山行都凹凸不平

还有他们的火锅都是井字形

让我想到孟非老师很有型

现在我的rap希望可以拿到第一名

如果你想在这，听见重庆的李白

那我也不能够放你鸽子让你白来

现在就让六甲最帅的站成一排

把你全部质疑统统掩埋

哟哟哟

跟我说朝辞白帝彩云间

我听说重庆的水煮鱼特别的鲜

跟我说千里江陵一日还

来自泰武的Rapper一点不输吴亦凡

跟我说夜发清溪向三峡

那个最快的英文Rapper叫作嘻哈侠

跟我说思君不见下渝州

给你吃重庆火锅底料配上粥

哟哟哟哟哟

他们的火锅也是特别辣

就像我的词我的rap特别辣

别以为我们是个小孩只会画画

因为我们全部都是真正的Superstar

西安组·唱游律动表演

一二三四你猜猜我是谁

一二三四我是大雁塔

大雁塔是由玄奘和尚所修建的

一二三四你猜猜我是谁

一二三四我是大钟楼

钟楼是在早晨报晨的

一二三四你猜猜我是谁

一二三四我是肉夹馍

肉夹馍就像是这样，中间是肉旁边两个馍，它是一
个美食

一二三四你猜猜我是谁

一二三四我是兵马俑

兵马俑是以前在保护皇上的房子的，现在是皇帝的
遗物

一二三四欢迎大家跟我们一起去西安玩

立正敬礼谢谢大家

结课八分钟

我去南京的时候，跟你们差不多大，大概12岁。我家离中
山陵很近，在紫金山下面，地理位置很好。一直到现在，我都没
有离开这座城市。这首歌词，搭配你们排湾族的民谣《娜鲁湾》
的曲调，非常好听，特别这种全是女声，悠悠荡荡地飘上来，我
觉得非常好。这是我第一次听台湾小朋友唱歌，你们就把我惊到
了，谢谢你们。

我没有想到重庆组的同学把重庆很多的特点和课堂上的诗结
合得这么棒。虽然我不是非常懂音乐，但是我也主持过音乐节
目，我觉得你们创作的说唱音乐歌词一点都不输给那些专业团

队。这应该成为你们在音乐道路上的第一个作品。

三个节目比起来，西安组胜在创意好。前面两个一个唱民谣，一个唱RAP。你们想出这个创意的律动表演来，把西安几个重要的历史遗存和美食结合，还做了道具，在这么短的时间很不容易。

我觉得，文化的很多东西都是慢慢养成的。我想这次讲了那么多东西，可能你们很多年之后会想起某一句话、某一个点，我觉得这就足够了。

上课记

台湾屏东县吾拉鲁兹部落，藏着一所沉睡在大山深处的小学——泰武小学。这是一所排湾族小学，学校因为有一支泰武古谣传唱队而国际闻名。他们的古谣专辑获得过金曲奖，还曾受邀去维也纳演出。而古谣队的核心力量就是这堂语文课的主角之一——六年级甲班。台湾的学校将班主任称作班导师。六甲班班导师陈椿桦对这个班的评价是：多数学生有外出表演古谣传唱的经验，个性上比较活泼，但有时会"不太礼貌，调皮过头"。

这一班有着天籁歌声、却"调皮过头"的学生，正在等待着他们的新任代课老师。

"我叫孟非，我的特点是什么？就是光头。"

新任代课老师孟非一走进教室，就来了一段自嘲式的自我介绍。学生们也举起手挨个自我介绍，孟非为了快点记住学生的名字，暗暗给学生们起代号——猫脸妹妹、双眼皮、智多星、学霸。有一位学生自带代号——小GAI，他叫谢政霖，最想去的地方是重庆，理由是想去看看《中国有嘻哈》选手周延（GAI）所在的城市，所以班上同学都叫他小GAI。孟非老师很惊喜，重庆可是自己的出生地。还有位同学叫吴毅泓，孟非错听成了吴亦凡……很快，孟非的幽默语言让学生们全都放松了下来。

爆笑连连的破冰结束，就要开始正式上课了。这次《同一堂课》的教学，孟非想为台湾小学生讲一讲唐朝诗人李白。

李白是唐代的脱口秀主持人

孟非自称小时候"语文学得可好可好了"，当过六年语文课代表。李白的作品和人生故事他颇有积累。而且，李白的身份标签很多，孟非的身份标签也很多，两人有很多共同点，比如：爱喝酒、侠义、爱交朋友、能说会道——李白锦心绣口，常在茶馆酒楼作诗，可以说是唐代的脱口秀主持人，跟孟非有一拼了。

在进入教室之前，孟非老师仍对自己这个选择有点担心。他并不了解台湾五六年级的学生的阅读量如何、诗词基础如何，虽然自己做了充分的授课准备，但对学生的情况有点没把握。

"大家会背哪些唐诗？"孟非想先测试一下，结果学生们面面相觑，没人举手。孟非很惊讶——不至于一首唐诗都没背过吧！原来台湾小学课本上完全没有诗词。孟非没放弃，继续尝试，他说第一句"白日依山尽"，有学生接上了"黄河入海流"；再说"床前明月光"，全班一起接上了全诗。原来，学生们不是不知道唐诗，只是需要一点提醒，记忆自然就被唤起。学生对李白不太熟悉，孟非因地制宜地改造了一下李白的介绍："李白，是唐朝最著名的诗人，相当于台湾歌坛的周杰伦，No.1"。第一课从《峨眉山月歌》讲起，孟非让学生用画画的方式，将《峨眉山月

古谣队唱着曾经登上过格莱美舞台的排湾古谣，唱给大山，唱给土地。

歌》的每一句都画在黑板上。四张小画后，孟非老师说，"这首七言绝句28个字里面提到五个地名的极其罕见"。学生们瞪大了眼睛，似乎对李白肃然起敬。

来自泰武的说唱 一点不输吴亦凡

第二课，孟非老师拿出一张卡通《李白游历图》，图上不是冷冰冰的文字，而是代表各地形象的图案，比如重庆画的是火锅，四川是大熊猫，北京是故宫……孟非结合地图，给学生们讲李白的游历人生和自己的人生轨迹。他想告诉学生行万里路，和读万卷书同样重要，希望学生们能多走出去看看世界。

根据李白的游历重点城市，孟非将班上的学生分成"西安""南京""重庆"三个分队，请他们分别用自己擅长的、表演的方式介绍这三个城市的风土状貌。最惊喜的是谢政霖组织六位热爱说唱的男孩组成的"重庆小分队"，他们将李白的《早发白帝城》写成说唱进行表演，歌词将重庆的人文风貌与诗歌相结合，四押唱出"跟我说千里江陵一日还。来自泰武的Rapper一点不输吴亦凡"，不仅将李白的诗写进歌词，还隔空叫板了吴亦凡。孟非大呼惊艳。

为了奖励学生，孟非拿出早准备好的、从大陆带来的火锅底料送给学生，还嘱咐一句：不能直接吃哦！礼物过后，还有一个惊喜视频，嘻哈歌手周延（GAI）出现在教室屏幕上："谢政霖，听说你不喜欢背古诗，但你可以用嘻哈的方式唱出来哦——床前明月光，疑是地上霜……"全班的说唱的男孩都乐开了花，站起来拍谢政霖的肩膀。孟非播完视频，抬头笑着看着小GAI谢政霖，只见他已经高兴地埋头趴在桌上，掩不住激动的眼泪。看到自己的学生从不会背唐诗到把诗写进歌词，用说唱唱出来，"这是偶像的力量"，孟非说，"他们是有音乐天赋的孩子，我只是帮他们激发出来。"

排湾的大山能听见我的愿望

一天的授课，孟非让孩子们认识了自己，认识了李白，学会了一首诗，了解了大陆很多的地方。同样地，孟非也想从这些12岁的台湾屏东的孩子口中听到跟当地有关的所有的知识和故事。他提议第二天的户外课，学生带着他去看看他们生活的世界。

北大武山，是排湾族的圣山、发源地。每年4月初，泰武小学老师及家长都会带着所有的学生攀登北大武山，只有毕业生才能登顶（3092米）。登山的目的不是征服高峰，而是让学生们寻根，沿着祖先走过的路，找到自己、认识部落。

第二天户外课，学生们穿着最完整的民族服装，和泰武小学教导主任查马克·法拉屋乐老师在大武山的入山口，唱着泰武古谣，在大雾里迎来了孟非老师。"每天都有这么大的雾吗？"孟非老师问，查马克老师回答："在排湾族文化里，出现这样的浓雾是说祖灵们把所有的思绪、思念放在云中，这些云雾中的水分子叫瓦农给斯，瓦农给斯会轻轻柔柔地沾在你的皮肤上，它不会轻易地湿润你的衣裳，而是慢慢侵入你的皮肤、血液和灵魂。就像是排湾族的歌谣一样，一点一滴地浸润。在大武山系常常会看到这样的云雾缭绕。"没有人会比查马克老师解释得更好了，查马克老师是排湾泰武古谣的灵魂人物，建立古谣队、传唱古调文化就是从查马克到泰武小学任教才开始，泰武小学也因他唱到了全世界。

孟非与查马克老师和六甲班一同拜访了大武山上的排湾木雕匠人。为什么要学习木雕？一直雕刻，可以做什么？查马克老师告诉孟非老师：从木头选材，我们知道"适合，比强求重要"；从构图描绘，我们知道"刚好，位置的合谐"；从下刀雕凿，我们知道"勇气，判断的能力"；从研磨刀具，我们知道"锐利，技巧的淬炼"……这是一条生命之路，是真正成为人的过程。

　　唱着前一天刚刚学会的说唱版《静夜思》，孟非与六甲班一行人走到了大武山的山腰。查马克告诉孟非，这里就是部落的人喊山的地方。喊山是为了分享，从山上打猎回来，如果是大型猎物，走到这里就要喊三声，如果是小型猎物就喊一声，告诉族人们：我们带可以分享的食物回来了！猎人为了分享给部落的人食物，常常要自己饿肚子，他的勇敢和力量来源于部落，而不是食物。分享，对于排湾族人很重要。喊山也是给祖先说的话，也是自己心里面最想说的话，我们用虔诚的召唤，召唤所有的心愿，传递给更多的祖先来庇佑。所以要站在这个制高点来喊山。

　　站在大武山上，在查马克的启发之下，孟非鼓励学生们一个个大声地喊出自己的梦想。有人要去北京看京剧脸谱；有人要去重庆吃火锅；有人要去上海迪士尼。有人要去南京，爬中山陵的楼梯。有人要去江苏，看爷爷的老家……

　　离开屏东的路上，孟非老师想象着："也许以后再有机会来，他们就长大了，还能记得我吗？他们现在12岁，再过8年也许该找男朋友、女朋友了，会不会来找我，说孟非老师你还记得我吗？我说不记得了。哎呀，屏东，你8年前去过屏东泰武小学，我就是那个学校的。啊，我是不是想太多了？……"

枫桥夜泊 张 继

代课老师 于 丹
上课地点 日本神户中华同文学校

枫桥夜泊

[唐]张继①

月落乌啼霜满天，
江枫渔火对愁眠。
姑苏城外寒山寺，
夜半钟声到客船。

---

① 张继（生卒年不详）：字懿孙，襄州襄阳（今湖北襄阳）人，盛唐末诗人。《枫桥夜泊》是他最著名的诗，作于天宝十五载流寓苏州时，此千古名篇让苏州寒山寺名扬海内外。

讲堂录

我每次到奈良的法隆寺宝物馆参观，感慨都特别深。因为那里的宝物完整地保持着隋唐的样子，从绢、织物、礼乐之器，到各种铜的佛塑像，都很完整。

这次到神户中华同文学校上课之前，我在东京博物馆的正仓院，看到了1260年前的螺钿琵琶。我仔细地看，螺钿怎么样一点点做出来，弦怎么样一点点调出来，紫檀木怎么样一点点雕刻出来，包括上面的古花、手绘，还有它的玳瑁是怎么样一点点加热锤上去的。我一直待到关门，还恋恋不舍。

所谓礼乐兴邦，没有乐无以成礼。在螺钿琵琶上，也有着中国文化那种大音希声、大象无形，有对世界天籁和鸣的表达在其中。而且在这样一件乐器上，日本的工匠精神和我们的民族传统也在深度融合，不分你我。我很感慨，从圣德皇太子派遣隋使去中国，从大化改新到明治维新，一直到今天，我们一直有着深度的文化融合。

唐诗也是这样，李白、白居易在日本可以说是家喻户晓，但是真正带给日本人心灵慰藉的，却是张继的那首《枫桥夜泊》。

日本人非常喜欢这首唐诗，甚至将诗中的景象复原到日本，在东京城外修建了一座寒山寺，寺庙旁有一座名为"夜半钟声"的钟楼，还立了一座石碑，石碑上刻的正是《枫桥夜泊》这首诗。

大唐的钟声，一直幽幽地敲到了东京，寒山寺的钟声，成了文化唤醒的一个符号。

这首诗同时也是神户中华同文学校四年级的教材语文，所以，我就用这首诗来和孩子们沟通。

第一课　"地上霜"和"霜满天"到底哪个对

"月落乌啼霜满天"，你们有没有见到过月亮落下去？

月亮在天黑以后升起来，在天亮以前落下来。我问问大家，月亮平时是一个样子吗？不是。大家在摇头。

那么你们谁能告诉我，月亮平时是什么样子呢？

月亮能发亮，是因为它反射太阳光。一个月中，我们会看见月亮不同的样子。我们古人把每个月的初一叫作"朔"，十五叫作"望"，月底那一天叫"晦"。你们说的上弦月，就出现在朔望之间。

乌鸦叫的声音叫作乌啼？（学生们学乌鸦的叫声）

好了，小乌鸦们，现在你们告诉我，月落是看见的还是听见的？对，是看见。乌啼是看见的还是听见的？听见。

在这个黑暗的夜里，眼睛看见月亮落下去，耳朵听到乌鸦叫起来，大家告诉我，你们是觉得心里很快乐，还是不快乐啊？

当然是不快乐。

同学们知道日本历史上的大化改新吗？大化改新，就是向唐代学习。包括很多诗歌，都是那时候学习的。张继就生活在那个时代——中国的唐代。他是距离我们近1300年前的人。

那时候他考试、做官不顺利，情绪很低落，心里就像你们说的，有很多的不快乐。

到底是"地上霜"还是"霜满天"？这个"霜"字，你们还在哪首诗里见过？李白的《静夜思》："床前明月光，疑是地上霜。"

李白说，地上霜，张继说，天上霜。那么到底霜是在地上还是在天上呢？

我们还学过一首诗叫《清明》对不对？"清明时节雨纷纷"，我们听说过雨纷纷、雪纷纷，但没有听说过霜纷纷。所以，从科学上讲，"霜满天"是不对的。

但是从文学上讲，"霜满天"是对的。所谓"霜满天"，它其实是那样一种肃杀的、悲凉的心情，是人心里的那股寒气弥漫出来，才会看见"霜满天"。

地上霜，是真实的霜；霜满天，是诗人心中的霜。

"江枫渔火对愁眠"，这里面最难最难懂的，对愁眠。我很忧愁，想睡觉又睡不着，可能是第二天要考试，我还没复习，我怕考不好，或者爸爸、妈妈吵架了，我不开心，或者是我想家了，发愁。

学生冈田鹏：什么叫想家？

于丹：冈田鹏，你妈妈是不是上海的，你有没有回过外公外婆家？

冈田鹏：是的，有呀。

于丹：那你每次去外公外婆家的时候，会不会想回日本的家？

冈田鹏：我知道了，这就叫想家呀。

究竟什么是愁呢？都说少年不识愁滋味，但是，这些小小的儿童，他们连少年都没到，怎么知道什么是发愁呢？所以，在这个部分，我拆了一个字。

宋代的词人吴文英写："何处合成愁，离人心上秋。纵芭蕉、不雨也飕飕。都道晚凉天气好，有明月、怕登楼。"

但这样的话是不能跟小孩子讲的，好在我贴了满满一黑板的秋，五彩斑斓。可冬天呢，白茫茫一片。

"夜半钟声到客船"，我专门找到了寒山寺那口大钟的音频放给学生听。看着那口钟的质地，都能想起钟磬之声。对于羁旅不眠的客子来讲，它是一种激荡在心里的、空洞的、对于失败人生的反省的声响。

这首诗写的一个中心的字，就是愁。我们看看"愁"是一个什么字？秋天压在人心上，为什么这就是愁呢？大家先来想一想，在现在这个叫秋天的季节，大家都吃什么？

月饼、柿子、番薯、栗子、梨、葡萄。

这么多吃的，那我们知道了，秋天，所有的水果都成熟了，所以它是一个收获的季节。我们再想想，冬天吃什么呢？

冬天吃萝卜。萝卜属于"根"。我们说，春吃芽，夏吃叶，秋吃果，冬吃根。到冬天，大地白白的，什么都没有。秋天，色彩斑斓，还有各种大家说的果实，那么到冬天就什么都没有了，连好吃的果实都没了。

所以，从秋天到冬天，人是一种告别的心情、不舍的心情、惆怅的心情。这样的秋色压在人的心上，是不是就是愁呢？所以，秋，不仅仅是一个声旁，也是一种状态。

在这堂课上，我试图用所有的视觉、所有的听觉、所有的感觉，让孩子们来体会一首诗。

我们也说到了秋天吃什么，其实对于饮食的乐趣，是孩子们对这个世界最早的滋味。

我们就是在聊生活方式的时候，了解中国文化，在讲文化交流的时候，知道大唐文化和日本的渊源。大家在寻寻觅觅聊这一切的时候，我们就逐渐地从感知，转化到理性层面的理解。

我给孩子们留了一个思考题：什么是秋天？

在这个班上，有很多学生的父母来自于日本或中国两个国家，所以孩子们对两种文化都亲近，都热爱，能够看出差异，能够融通。

针对日本学生特殊的汉语基础，于丹老师把古诗拆成了图片。

第二课　日本俳句映照中国诗

你们有没有人知道中国写菊花的诗歌？

我来告诉你们，有一首诗：采菊东篱下，悠然见南山。

这是离现在大概1700年前，比唐代还要早，东晋一个叫陶渊明的诗人写的。

什么意思呢？他在东边的竹篱笆下采了菊花，一眼看见了南边的山，这座南山就是著名的庐山。这句话，后来被作为形容心情特别悠闲的一句经典。

我们学了一句新诗，看见了秋天的菊花，我再告诉你们一个成语。

我们中国人经常形容一个人"人淡如菊"。什么意思呢？你们见没见过那种特别浓郁的花？牡丹花开是什么样子？圆圆的，大大的，炸开的，都是很鲜艳的颜色。所以牡丹花在中国叫富贵花。但是菊花是很清雅的花。人们形容一个人的风格很淡泊，就会用"人淡如菊"。

"秋深矣，不知邻居是何人？"我只知道用中文读，这个作者叫松尾芭蕉。他在日本，是不是像李白一样的人？

学生王雁桥：老师，为什么这句话后面是问号？

于丹：好问题。我记得你们语文老师昨天教过你们，借问酒家何处有，牧童遥指杏花村。这个"何"是什么意思？

学生韩思媛：哪里。

于丹：是"哪里"，还是"什么"，对吧？我不知道邻居是什么人呀！我是跟思媛做邻居，还是跟雁桥做邻居？我到底是跟谁做邻居呢？他可不可以跟我一起聊聊秋天的心情啊？你们知道，秋天的心情如果没有人聊的话，会很孤独。

"今夜月儿明，蟋蟀跳上石头鸣。"有一句中国的诗句，可以和它相对照，叫"明月松间照，清泉石上流"。这是中国唐代的一个大诗人，叫王维的写的。

"啖秋柿，钟声何悠扬，法隆寺。"在法隆寺听着钟声，吃着秋天的柿子，是不是很像我们上午学过的句子？

"姑苏城外寒山寺，夜半钟声到客船。"日本奈良有法隆寺，法隆寺是圣德皇太子的地方。他生活在相当于中国隋代的时候。唐代有遣唐使，最早向中国派遣隋使的人就是法隆寺的圣德皇太子。

我选了几首关于秋天的俳句，让孩子们用日语读一遍，再用中文读一遍。我觉得讲中文并不是说要完全地放弃日语，因为他们生活在这里，他们在用这两种语言思维。如果能把两种诗歌的境界、两种词汇的表达都融会贯通，那他们的思维和表达方式都会更丰富。

日本古琴演奏家永田惠子在相乐园中演奏了《樱花》《秋之里》和《枫叶》。

其中，《秋之里》就是中国人特别熟悉的、邓丽君唱过的《又见炊烟》：又见炊烟升起，暮色照大地，想问阵阵炊烟，你要去哪里？夕阳有诗情，黄昏有画意。诗情画意虽然美丽，我心中只有你。

永田惠子说，这首日文歌词的意思，其实是父亲去了非常远的他乡，到了秋天的时候，人们的思念之情格外浓，所以，孩子就眺望着那个看不见的方向，盼着父亲远远地能够归来。

结课八分钟

我们的作业是思考"什么是秋天"。我没有留作业说，谈谈

日本俳句"今夜月儿明，蟋蟀跳上石头鸣"和王维的"明月松间照，清泉石上流"是不是有异曲同工之妙？

你对秋天的感受，因为这么小的孩子是不会谈感受的。但是，他们会知道什么是秋天。

为什么一个人要识尽愁滋味的时候，会说一句"天凉好个秋"呢？因为人生所有的况味，不都在秋天里吗？但是孩子眼中的秋天，和成年人眼中的秋天是不一样的。

他们并不知道秋色压在心上是离愁，他们也不会懂得"多情自古伤离别，更那堪，冷落清秋节！"，他们也不知道"落日楼头，江南游子。把吴钩看了，栏杆拍遍，无人会，登临意"的那个秋天。他们当然更不知道，当李清照"东篱把酒黄昏后，有暗香盈袖。莫道不销魂，帘卷西风，人比黄花瘦"，那也是一个秋天。

以后人生会有诸多的况味，再看见枫叶，他们不会再觉得，哇，好好看，五颜六色，砖头色，他们会想起杜甫说的"玉露凋伤枫树林，巫山巫峡气萧森"，那鲜红的颜色，都是他们的伤痛。

在他们还光滑的年龄，还没有伤痛的时候，先来认识秋天的美，对美抱有信念。

我觉得一个人在年轻的时候，生命完整的时候，对美，对爱，对正义，对善良，要有信念，要有坚持。把这一切储备在心里，用来在以后过冬，因为人在成长以后，一定会怀疑，会受伤，一定需要自我的温暖和疗愈，然后他才有力量去爱别人，去向世界辐射他们的温暖。

小时候谈秋天，都是甜甜的柿子和栗子的味道。长大了以后才知道，秋天也有凋败，秋天也有惆怅，这一切年华都是该来的必然来，该走的必然走。所以，在小的时候，一定要像菊花怒放那样，让它该怒放时就怒放。

在我们的心里，秋天有多少种答案呢？秋天可能就是少年第一次所尝的那种新酒；它也可能是姑娘在跟恋人告别时写下的情书；秋天可能是农民看见金灿灿的玉米；也可能是城里很小资的人盛在杯子里面，总是喝不完的威士忌；秋天可能就是在回想的季节，父母跟孩子见面时那种味道；秋天可能是月饼、是菊花；秋天是每一个人因人而异的那种感受。

对我来讲，秋天就是当下，是我牵挂的所有人都在自己的位置上有自己的安顿，无论你遇见的是秋天的雨、秋天的风，还是秋天的暖阳，不仓皇，不浪费，就像不浪费粮食一样不浪费自己的感受。

秋天也是我遇到的这些孩子们。我感谢孩子们对我的这种亲近、沟通和交流，一点都不把我当陌生人。与其说我能够给他们讲一点什么样的诗和文化，不如说他们给我的东西更多。

他们给了我一种很感性的体验，文而化之，知行合一，其实才是同文学校和《同一堂课》最相同的理念。

我来到这所日本的华文学校，并没有把古诗词当作一个知识点去教给他们。

我一直认为，语文课对于一个民族的重要性，不仅是知识，而且是思维习惯和表达习惯的养成。

诗词是一种节奏，是一种对仗，是一种排比，是一种有音律的优美秩序。那么，当你学会这样一种表达方式，中国人语言里的典雅，它所带出的风尚就内化在你的习惯里。它让你即使作为一个国际公民，也能表达得很有民族底色。

我们来做《同一堂课》，就是希望在不同的地方，用同一堂汉语课去唤醒文化的认同感。这种认同不一定是意识形态，不一定是在政治高度上的。它是一种血脉里的根源，当你念着同一首诗的时候，那个节奏，本来就已经对你有一种唤醒和熏陶了，我想这才是《同一堂课》真正的意义。

大春老师说

中国跟日本的往来自古非常密切，而且是很悠久的。

日本从公元 600 年（隋文帝时期）圣德太子便开启了遣隋使之后，在公元 600 年初的 18 年里大概有 5 次遣隋者，派遣使者到隋朝来学习。之后，遣唐使也出现了，还出现了学问僧，也就是以僧人的身份到中国来学习佛教、佛法，但不仅限于此，还包括诗歌作法的学习，包括书法的学习。

公元 700—800 年间，日本很多了不起的僧人以及文学家，都是基于遣唐使和学问僧所带回去的学问，成为非常了不起的汉学的传递者。一位赫赫有名的僧人叫空海，他写过一本《文镜秘府论》，就是教导日本人怎么去写诗。空海、橘逸势（日本著名书法家）以及嵯峨天皇就号称日本的"三笔"，现在都可以看到他们的书法作品。

中日之间的交流在唐代非常密切，我们甚至还知道李白有一首《哭晁卿衡》的诗，就是写一位日本僧人。

中国的于丹老师到日本去教日本孩子，而且教的是汉文的材料、汉学的材料，不是觉得很有趣吗？

古人爱写秋花，为什么？秋天的花不是凋落就是枯萎，花看起来没办法过冬，也就是好日子不长了，关于人生的某些比较低调的情感在秋天容易浮现。

比如说秋天的菊花，菊花在绝大部分的地区是不会凋零飘落的，菊瓣就在整个花萼上焦了。所谓的焦，就是从金黄色变成酱红色，慢慢枯萎。但是它不会飘零，不像其他的花那样，所以当这种性质的花瓣放在诗文之中，也给人一种顽强的，而且不拘泥于奔放盛开的状态。

中国诗里面的有些特定意象，就是一两个诗人让它发扬光大，而其他的诗人逃不出这个意象的影响，比如说李白。在李白之前写月亮的人不少，但是并没有为月亮带来充分完整的形态，所以到了李白那里，月亮可以是家乡，可以是情人，可以是没有实践的自我，可以是实践了之后很快看起来就要崩溃的自我，它有各种意向。关于菊花，陶渊明的两句：采菊东篱下，悠然见南山。菊花到了陶渊明那里成了大名菊，日后只要讲到菊就不得不带一下陶渊明不肯做官、亲自耕种、劳苦生活、上游古人等等。这些所有的情态都是跟着一朵菊花放射出来的。一两个伟大的诗人，透过个人在诗词上的成就活化了某一些单一的物件，而让这些物件成为拥有更丰富意义的诗采。

秋天是一个成熟的季节，是一个收获的季节，但是往往也是一个面对不可知、不可测，甚至是很单调而枯燥、乏味的未来，你有充分的心理准备了吗？

上课记

于丹老师是《同一堂课》的老朋友。

2017年10月底，在台湾池上，她给孩子们上了一堂关于秋天和大米的课。

2019年10月底，在日本神户，她又给孩子们上了一堂关于秋天与秋愁的课。

听说此次造访的学校是神户中华同文学校，于丹就一直很憧憬：一所叫作"同文"的学校，一个在日本讲华文、传承中国文化的地方，孩子们会是什么样子的呢？

孙中山 梁启超 梅兰芳到过的学校

这所让于丹充满好奇的学校，确实来头不小。

绕着学校外墙走一圈，可以看到一块牌子，上面写着"1913孙中山先生来访之地（神阪中华会馆旧址）"，足见学校历史之长。

事实上，学校的历史还要更悠久些。1898年，戊戌变法失败后，梁启超流亡日本的时候，对神户华侨发表了一番演说，鼓励他们在日本办学。一年后，一所华文学校就在这里建了起来，这就是神户中华同文学校的前身。从那时算起，学校距今已有120年历史了。

于丹老师第一天造访学校的时候，校长张述洲便热情地带她到校史陈列室参观。

张校长说，这所学校除了梁启超和孙中山的关爱，梅兰芳也曾为学校义捐。1919年，梅兰芳赴日演出，他把自己在神户义演三天的收入，全部捐给了这所学校。

二战时，美军发动了神户大空袭。师生们逃到附近山上躲过了一劫，可校舍和校史毁于一旦。后来，师生们在艰难的协商与筹资下，不单靠着双手复校，还把学校搬迁到了如今的校址——也就是当年梁启超先生发表演说的地方。

一百多年来，中华同文学校为中日交流输出了不少人才。

1972年，中日建交。神户中华同文学校第四届毕业生林丽韫，就是当年陪伴毛主席、周总理进行谈判的日语翻译。

如今，这所学校一半的学生来自老华侨后裔，一半是新移民。也有极少数的纯日本籍或其他国籍的学生，他们的愿望很简单：到这所学校来学习中文。

每年，张校长会带着当年毕业的学生到北京旅行。每次走到抗日战争纪念馆最后的展厅，张校长都会指着展墙上林丽韫的照片对学生说：这，是你们奶奶辈的前辈。

把诗变成图 教给日本小学生

拍摄期间，因为恰好赶上了当地举办展会，住宿紧张。摄制组预订的酒店，距离学校40分钟路程之远。周一，路况繁忙，又遇小雨，于丹老师一路焦急看表，后来越来越坐不住，直言自己的担心："不能打了上课铃，老师还没进教室。"

踩着铃声冲进课堂的于丹老师，连麦都没有戴。好在第一节课是旁听。

旁听，是于丹老师在第一季《同一堂课》时就坚持的一件事。她会在旁听时记下学生的名字和孩子们的特点、语文老师的

日本神户中华同文学校的校训是：团结友爱，互敬互助。

教学方法，以便为自己的授课做充分的准备。

四年级乙班的宋晨阳老师在课堂上讲解杜牧的《清明》。她把整首诗分拆成十几个词组，打乱顺序后，让孩子们一句句拼贴，在拼贴的过程中，一个字一个字讲解这首诗的意思。

于丹看了深受启发："日本的孩子们中文基础相对较差，必须字字句句地解释，所以小宋老师采用拼字的方法、做游戏的方法。"

当天，她紧急召集节目组开会，更正自己的教案，全部推翻自己此前从一首《枫桥夜泊》拓展到其他秋诗的想法，决定只讲《枫桥夜泊》，而且要将《枫桥夜泊》的每一个词组，用图片的方式来展现。于是就有了后来的教学过程——一首诗，变成了色彩斑斓的看图说话：月亮、乌鸦、满树的霜、枫叶、渔船上的一点灯光、苏州、寒山寺、寒山寺的大钟……

寒山寺，于丹特地准备了两张图——中国的寒山寺、日本的寒山寺，以此讲解《枫桥夜泊》这首诗对于日本文化的影响。

但这首诗中，有一个字完全无法用图像表示，那就是一个"愁"字。

于是于丹老师决定拆字——秋天的景色压在心上，就是"愁"字。为了让孩子们了解秋天的逝去为何让人伤感，于丹老师特地打印了自己在世界各地拍摄的秋景。直到此时，大家才第一次发现了于丹老师这项隐藏的技能——摄影。

当秋天贴满了一整个黑板的时候，这堂生动的语文课也接近尾声。带着"什么是秋天"这个问题，于丹老师和孩子们步行前往距离学校十分钟路程的相乐园，共同觅秋。

人受教育究竟为了什么

相乐园不大，但是颇有些历史。"相乐"二字取名于《易经》中的"得心欢欣，和悦相乐"一句。它原本是一座私人宅邸，建成于1911年，后来由主人转让给神户市。

1945年神户大空袭的时候，相乐园也曾遭劫，园中大部分建筑毁于一旦，唯有500岁的大樟树和成片生长的百年苏铁，在诉说着当年的故事。

如今园中最重要的财产，是一座暗红色的船顶篷。它原本是300多年前姬路藩主一艘长达27米河上游船的顶篷部分，内外都用珍贵的涂漆和金箔装饰，造价不菲。

于丹带着孩子们到相乐园觅秋的时候，恰逢当地正在举办的菊花展。那时园中的枫叶也次第地红了，正是赏秋的好时节。

只是十分不巧，孩子们和于丹老师在相乐园拍摄时，空中再次下起了小雨。

无奈之下，于丹老师撑着伞带着孩子们游园，这样的情景令她感慨："日本的孩子一点儿也不娇惯。今天外面凄风苦雨的，但是没有人抱怨。"

同样让她感慨的，还有在校园中目之所及的这些片段：

"秋寒其实是很深的，大家都穿着很厚的外套了，可是楼道里的孩子全是短袖、短裤。他们好像从内到外散发着活力和热情。"

"日本的孩子没有那么多小眼镜，我们读四年级五年级的孩子，撒眼看下去，起码一半小眼镜。"

"这里所有的孩子，见了陌生人都问好，还要主动跟你握握手，对陌生人很好奇。可我们现在很多小学生，终日忙学业，对别人，对新鲜的事,都没有好奇心了。"

"这里的孩子爱劳动,他们在上课前和下课后,都会认真扫楼道。有一个小女孩,就在楼梯拐角的地方,一个人扫灰,特别专注,我看了她很久,她不抬头,咔嚓咔嚓就在那儿扫。"

在与神户中华同文学校的校长张述洲交流时,作为大学教授的于丹,特别表达了对小学老师的敬意:"我们现在国内的小学生知识教育过多,但是礼仪、礼貌有的时候是被忽略的。我有时候就在想,人受教育究竟是为了什么?不就是为了成为人格更健全的人?我们人在基础教育中打下的底子,真的比大学教育更重要。基础教育是人生的雪中送炭,大学教育只是锦上添花。我在神户中华同文学校看到,各位打下的这个底色特别好,孩子们健康、热情、有礼貌、有好奇、爱劳动,这些都是我要特别向同文学校致敬的。"

秋天是肉 秋天是砖块的颜色

令于丹印象深刻的另一点是,讲到"月落乌啼"时,课堂上的乌鸦齐鸣。

这些小乌鸦,的确有如于丹所理解的那样健康、礼貌、乖巧。于丹站在教室外的第一时间,冈田鹏就热情地对她说:烤泥青蛙!(你好!)

可是很快,于丹就发现,这个小胖子的脑袋瓜里只有一个"吃"字。

一整节课,冈田鹏一直在啃自己的铅笔盒。在相乐园上户外课,于丹问:"同学们知不知道什么关于菊花的诗句?"冈田鹏回答:"菊花很好吃!"于丹留下作文题:"什么是秋天?"冈田鹏的答案是:"秋天是肉。"

在山上偶遇日本的古琴师，
于丹老师和学生们聆听了日本人非常熟悉的《樱花》《秋之里》。

在相乐园，学生王雁桥说，秋天是砖块的颜色。

冈田鹏有一个好朋友叫狄野悠。上课的时候，狄野悠总是喜欢和冈田鹏打来打去，甚至影响到后面的同学听讲。同学忍无可忍，举手向于丹老师告状。

于丹老师请狄野悠站起来，复述自己刚才讲述的内容。没想到，狄野悠对答如流。"他看上去在干自己的事情，实际上耳朵一直在听。"于丹后来向节目组分享自己的观察。

好在被叫起来后的狄野悠有所收敛，一场风波就此平静。

真正的学霸也有。有个日本孩子叫青木，会背许多中国古诗词，总是很积极地回答问题。

但最积极的，是祖籍北京的王雁桥。老师一提问他就举手，一堂课至少举手二十多次，每次举手时，还总会清脆地喊一句日语："嗨！"

有时候他站起来，给出的答案却是"不知道"，但是大多数时候，他都能答对。

王雁桥算是班上的"中国通"，他认识"车同轨"的"轨"，知道"上有天堂，下有苏杭"，还知道中国的"新干线"叫"和谐号"。在相乐园，他说出了令成年人为之一动的一句话："秋天是砖块的颜色。"

另一个学霸叫韩思媛。当于丹在讲台上背节气歌的时候，可爱的韩思媛竟然可以在台下一字不差地跟下来。

他们是有根的世界公民

于丹在课堂上与孩子们互相认识时，问出的第一个问题是：什么是同文？

从北京移民到神户的同学王雁桥积极举手：同学多。

这个回答把于丹逗乐了。她紧接着对孩子们讲述自己的理解：

2000多年前，中国的《礼记·中庸》中有一句话："车同轨，书同文，行同伦。"这句话第一次告诉我们，车轮就要一边宽，才能上同一个轨道；书写要一样的文字，才能彼此理解和沟通；人们要遵守同样的道德，这个世界才能有运行的规则。

同文，就是写相同的文字。对于中华同文学校的孩子们来说，就是学习汉语，更进一步地，是学习中国的文化。

在相乐园体会秋天的时候，于丹特地准备了几句俳句。她让孩子们读一遍日语，读一遍中文，又找来与这些俳句意境相通的唐诗，请孩子们逐一体会。她希望能在这样的中日对比学习中，让孩子们将中日两种语言的思维方式融会贯通。

校长张述洲告诉于丹，所谓"同文"，在神户中华同文学校不仅仅是学几句中国话。这所学校的孩子们从小学一年级就开始画水墨画、剪纸。体育课上，他们会教太极拳，高年级的孩子会学习舞龙舞狮。在全面了解、浸润中华文化的基础上，再让他们带着一颗中国心，融入日本社会。

校长的这番话，让于丹想起了美国杜克大学的校训：做有根的世界公民。

"不管孩子们以后在日本、中国，还是美国，他都是一个世界公民。但是人必须有根。其实孙中山、梁启超所期望的，又何尝不是如此？"于丹说。

马 说　韩愈

代课老师　郑渊洁
上课地点　台湾台中市博屋玛小学

马 说

[唐] 韩愈①

世有伯乐，然后有千里马。千里马常有，而伯乐不常有。故虽有名马，祇辱于奴隶人之手，骈死于槽枥之间，不以千里称也。

马之千里者，一食或尽粟一石。食马者不知其能千里而食也。是马也，虽有千里之能，食不饱，力不足，才美不外见，且欲与常马等不可得，安求其能千里也？

策之不以其道，食之不能尽其材，鸣之而不能通其意，执策而临之，曰："天下无马！"呜呼！其真无马邪？其真不知马也！

---

① 韩愈（768—824）：字退之，河南河阳（今河南孟州南）人，自称郡望昌黎，世称韩昌黎。晚年任吏部侍郎，又称韩吏部。卒谥文，世称韩文公。唐代文学家，与柳宗元是当时古文运动的倡导者，合称"韩柳"。

讲堂录

我叫郑渊洁，专门给孩子写作的，一共写了321本书。我测过心理年龄，6岁。这份童心给我带来了很多写作灵感。毕加索说过，他的秘诀就是终生向儿童学习，童心就是想象力和好奇心。

1985年，我办了《童话大王》月刊，这本杂志只登郑渊洁一个人的作品，一天要写6000字，我一个人写。签合同的时候发行方问我签多少年，我伸了三个手指头。他们说三年是不可能的，你一个人写不了三年，写一年就是奇迹。我说你看错了，三后面加一个零。到现在，我已经写了33年。

我小时候有一个愿望，就是长生不老。有一种说法，人就算死了，只要这个世界上还有一个人记得他，他就没死。我如果要想长生不老，就用手中的笔，写出千古文章，好几代人都能记得我的作品，等于永远不会死。到时候我的名片就这么印：正面写着"郑渊洁"，背面是——"千年老妖"。我昨天还和一个1000多岁的人"聊天"，一会儿就带你们见见他。

第一课 到底先有伯乐还是先有千里马

今天我带你们认识一个1000多岁的人，他还"活"着。这个人叫韩愈。他的文章《马说》，收录于《古文观止》。清朝的时候，有一对姓吴的叔侄，都在一个私塾当老师，老要给同学找文章，他们觉得很费劲。于是两人干脆编一本教材，选出古人最好的文章，这本书就叫《古文观止》。"观止"意思是，这些文章看完了，别的不用看了。

《马说》，不是马说话，是讨论马的意思。

我现在就用我的理解，来讲讲这篇课文：

有一个人叫伯乐，他有识马的本事，马从他的眼前一过，他就知道这马是不是匹千里马。

世界上先有伯乐，然后有千里马。世界上有本事的人特别多，但是能发现这人有本事的人特别少。很多千里马，实际上养马的人不知道它是千里马，所以把它们和普通的马混在一起，最后千里马一直老死在马厩里面。

千里马有一个特点，它特别能吃，因为它要跑很远的路。可能普通的马就吃一顿饭，但是千里马要吃十顿饭。养马人并不知道。千里马吃不饱，也就干不出千里马的活，一直到最后，也没有人知道它是千里马，就被耽误了。

韩愈最后说了一句话，这世界上真的有很多很多的千里马，但是没有人认得出来，没有伯乐。

我的妈妈曾经编了一个故事，从我1岁讲到17岁：

好多动物在外面玩。突然，长颈鹿说，不好了，发大水了。动物就赶快逃命。豹子跑得最快，突然一个"急刹车"，说，别跑了，前面有一条河，拦住咱们的去路了。大象说，没关系，河上有两座桥。两座桥，一座坚固，有护栏；还有一座桥就只有一根木头，独木桥。所有的动物都觉得那个坚固的桥很安全，就都往那个桥上跑。只有一只羊，看那个桥上动物太多了，就走了独木桥。羊战战兢兢地走过去了。而另外一座桥，由于走的动物太多，光大象就有七只，不堪重负，塌了。动物们都被河水冲走了，只有那只羊，由于选择了独木桥，得以逃生。

所以从小别人干什么我就不干什么。我想事也和别人不一样，这叫逆向思维。

比如韩愈说，世界上先有伯乐，后有千里马，我觉得不对，肯定是先有千里马，要是没有千里马，伯乐怎么能发现千里马？这点我们就可以反驳一下。

拿我自己来说，郑渊洁肯定不是从妈妈肚子里生下来就会写作，总有第一篇作品发表的时候。我写第一篇作品的时候没有名气，只能拜托别人发表我的作品。难道这个人没有发表我的作品，我就成不了作家了吗？有一句话叫作"是金子总会发光"。就算没有伯乐，我是千里马，最终我也能跑出好成绩。

韩愈说，千里马吃饭比普通马多，所以它跑得远。那我觉得，何必用千里马，普通的马就行了。千里马，一生能跑10万公里，可是它吃得也多，给它的饭可以喂饱十匹普通的马，这样加起来，普通马走的总里程可能也有20万公里。这么算一下，还是普通的马值吧。

我上小学二年级的时候，逆向思维法让我尝到了甜头。老师让我们写《我长大了干什么》的作文，我就想要写一个别人肯定不会写到的角度。当时我写了《我长大了掏大粪》。其实我很紧张，怕老师看了以后会不高兴。过了一个多月，有一天上课，老师就说，郑渊洁你站起来。我想，糟了，不灵了。老师说，郑渊洁，你写的那篇文章很有新意，与众不同，已经推荐到校刊上发表了。

就在那一瞬间，我产生了一个错觉，在这个世界上写文章，谁也写不过我。这肯定是错觉。但是没这个错觉，我今天不会以

郑渊洁老师开玩笑：我累了的时候，就会把手摘下来休息一会儿。

作家的身份站在这里。

第二课　为什么我选择不上学

我上到四年级就不上学了，是因为写作文，被学校开除。当时老师留了一篇作文题"早起的鸟儿有虫吃"。我肯定不会老老实实地写，我把题目都改了——"早起的虫子被鸟吃"。老师一看，说不可以，不能改题目。我就跟他辩论：如果你是鸟，早起了就有虫子吃。但如果你是虫子呢？早起了就有杀身之祸。再退一步讲，即使我是鸟，我干吗老吃虫子？我改吃苍蝇，因为人类讨厌苍蝇，今后人类就会说我是益鸟，会把我列为保护动物。

老师说不过我，他让我站起来，当着全班同学的面，说500遍"郑渊洁是全班最没出息的人"。当时，我摸到裤兜里有一堆拉炮，偷偷地掏出来，把十个拉炮拧成一股绳，拉响了。我就在拉炮的硝烟当中昂首挺胸地走出去了，然后被开除了。

小时候，我闯祸了要写检讨。检讨被我写成了一篇小说，有人物、情节，还有对话，写得特别用心。我爸爸一进家门，我就把检讨递给他，他看着看着，突然笑了。我爸爸后来告诉我，他看了我写的检讨以后，就意识到儿子以后能当作家。在我真的被开除后回家的路上，我爸爸告诉我，没关系，孩子，我在家教你。

这故事实际上也是要告诉大家，我们提倡多阅读，但是在阅读的过程当中，也不要一味认同作者的观点，要主动思考，有自己的想法。

我50岁的时候，有一次去洗牙。洗完以后，医生说，不好了，你有一颗牙需要拔除。我说拜托，你看看，全世界最好的牙就在我的嘴里，我有什么牙要拔除？一颗智齿，医生说它由于太靠里侧了，再发展下去可能会得口腔癌。我很怕死，就预约拔牙。

等到了要拔牙的那一天，我就开始思考：我为什么拔牙？我的牙是有问题了吗？我没有问题，但是医生说我的牙是智齿，让我拔。

想着想着，我全身打了一个冷战。我们全身所有器官，还有用这个"智"字命名的吗？这么聪明的脑子叫智脑吗？这么重要的心脏叫智心吗？智肝？智肺？都不叫。那为什么只有这颗牙叫智齿？我们的祖先给身体器官命名的时候，肯定都是有道理的，不合理的命名，随着千百年的大浪淘沙，可能都淘汰了。我想，我写作这么好，可能就是由于长了一颗文学智齿，如果我把

户外课设在台中与苗栗交界处的大安溪峡谷边，郑渊洁老师就地取材布置作文题目。

它拔了，有没有可能就写不出东西来了？我越想越害怕，就回家了。一进家门，儿子就问我，怎么回来了？我就把我的发现告诉他了。儿子说，不对，如果你拔了这颗智齿，真的写不出东西来了，那就是一个重大发现。咱们就开一个牙科诊所，发明出真的文学智齿、英语智齿、法语智齿、数学智齿，给别人安装上。到时候，会有很多爸爸妈妈带着他们的孩子来安装智齿的。

虽然最后我还是拔掉了智齿，但是这件事情给了我灵感，我写了一本长篇小说，就叫作《智齿》。但结局不一样：医生告诉那个作家，有一颗智齿要拔，作家就拔了，他从此再也写不出东西来，他的那颗智齿真的是一颗文学智齿。

第三课　郑氏写作秘诀 不写别人写过的

人类原来发展得特别慢，在树上待了几十万年，下来以后四脚着地爬着走又走了几十万年，最后才把双手腾出来，站了起来成为智人。"智人"就是智力的"智"，就是聪明的人。智人的发展还是慢，因为还在用石头当工具。那为什么最近5000年突然就发展快了？

我觉得是因为有了文字。有了文字以后，我们不用把所有事都重新做一遍，因为文字记录下来人类做一件事情的感受和方法，后代看了就可以站在巨人的肩膀上往前走，不用每次都重新来一遍了。

作为现代人，如果善于使用文字把看到的事情记录下来，就会比别人进步快。

作文怎么写呢？开过汽车的人都知道，赛车取胜的秘诀是什么？就是发令枪一响，灯光一变，看谁提速快，几秒钟之内从零公里提速到100公里，谁就占先了。写文章实际上也是一场赛车比赛，每个人驾驭一辆文字的汽车，和别人赛跑。所以，文章头三句话特别重要，头三句话写得好，吸引了老师，吸引了读者，你就提速了。

我给大家布置个作文题，写有一匹马正在吃草，吃着吃着突然山崩地裂，马就掉进去大裂谷里。但是它没死，发现里面有一个特神奇的地方。想象一下接下去会怎么样？

大峡谷的马

林皓翼

有一次发生了一个地震，有一只马正在吃草，结果地震一来，地上就裂了一个大洞，然后这匹马就掉下去了。这匹马掉下去以后，它就发现这个洞里有一条小河。这匹马刚才吃的东西也不多，它现在就有点饿，所以呢它一看已经掉到一个深渊里面了，它不想把自己饿死。

所以这匹马就尝试跳到了小河里边去游泳。它刚开始比较慎重，然后慢慢地游，它从小河游到了大河，从大河就游到了大海，最后游到了高美湿地。这匹马就发现，有很多游客的帽子被风吹到了那个湿地上，这匹马突然间有一个很厉害的想法。它就想把帽子全部都给捡起来了，在高美湿地旁边，开了一家卖帽子的商店，赚了特别多的钱。最后这匹马就一直幸福地生活下去了。

我觉得这篇文章写得很好。其实写作就两个秘诀：

第一个，绝不模仿。如果别人怎么写，我也照着写，等于我自己睁眼瞎了。明明有一双眼睛，我却什么也看不见，只能看见别人看见的东西。

第二个，怎么说话怎么写，不用往上堆好词好句。

其实写作过程就是把我们老祖宗留下来的汉字，像打麻将一样，弄乱了以后，重新排列组合出一篇文章。

大峡谷的马

林殿恩

在一场大地震的时候，有一只在吃草的马掉下去了，它很慌张，想要跑出去。马就想，如果我可以用飞的办法，飞出去该有多好呢？这个时候它的身边飞过来一只鸟，它就问鸟说你们为什么会飞呢？鸟说因为我们吃的食物跟你不一样。马就问鸟说你是吃什么呢？鸟说吃小虫子、坚果。

马就学会了，但是它找虫子比较困难，因为鸟找虫子的时候它可以飞，从天上看。马找虫子好不容易找到一个，它的动作太大，走过去了以后这个虫子就跑了，所以这个马还得学会很安静地走路。马经过了很多天的努力都没有长出翅膀，然后它就又去找鸟，鸟说，我给你出个主意，你去找山羊。

我们在写作的时候有一种写法，叫伏笔。伏笔就是让大家产生悬念，想知道后面发生了什么。林殿恩就让我特别想知道后边的故事怎么发展，因为马去找羊，我就不知道它找羊怎么能学到飞翔的本事。

它找到羊，羊说我们是不会飞的，但是我们会用脚爬上山。马说那好吧，你教给我这个方法，我也像你一样从峡谷里面爬上去。那羊吃什么呢？羊说我吃草和树叶，然后马就很高兴地跑去吃草和树叶了。但它又想不对，我本来也是吃草和树叶的，我跟羊是一样的。

林殿恩现在的手法叫神来之笔了，因为我们在写作的时候，如果文章有幽默感就能吸引别人。

马就说，我跟羊一样，本来也是吃草和叶子的，但为什么我不会爬那个斜坡呢？羊说，这我就不知道了，你去找熊。

熊不太好找，因为熊的家一般是比较隐蔽的。好不容易找到了熊的家，马就问熊，你是怎么用手爬到树上去的呢？请你把这个本领教给我，我想顺着这些树爬到峡谷的上面去了。熊说，我能够爬树的秘诀就是我吃肉和蜂蜜。然后马就吃了肉和蜂蜜，吃了整整一个星期，可还是没有能爬到峡谷上面。

马很失望，但突然它灵机一动去找老乌龟。马找到了老乌龟的家，就问乌龟，你想想办法，怎样可以飞到上面去。乌龟对马说，我们家有一本百科全书，上面说你要去龙王那里拿一个宝物，然后就可以爬到峡谷上面去了。马说可是我不会游泳，乌龟说，我这有防水衣、潜水衣跟氧气桶，你拿去用。马就穿上了，游到水里找到了龙王。

到了龙王这里，马说你可以给我会飞的神奇的药水吗？龙王说是可以，但你要把我的东西找回来跟我换，我这个东西在很深的海洋里，你去不去？你给我找回来以后，我就把会爬上去的秘诀告诉你。马说可以，我去。马就到水里找，终于找到了。

马把找到的东西给了龙王，龙王就给了马神奇的药水，然后马到了水面上，喝了一口神奇的药水，就飞起来了，就变成了一匹真正的千里马。

郑渊洁老师看着眼前的滩涂鱼，现场编了一个故事。

故事的结尾也非常重要。我小时候每次看别人的文章，都会想，他要是不这么写就好了，然后假设自己会怎么写。但今天我输给林殿恩了，他的结局比我设想的结局要厉害。幸亏他没有写童话，要是他写童话或者比我早生两年，我就没饭吃了。

结课八分钟

我和同学们在一起待了三天，在课堂里讲了课，然后还去野外看了大自然。

在我给你们讲课之前，你们应该是不知道韩愈这个人的，也不知道千里马和《马说》。现在我们不但知道了，我们还用千里马作为题目，每人写了一篇文章。

如果你能够写得一手好文章，实际上你就能比别人进步快。写文章，就算文章再短，也离不开观察、提炼，去排除没有用的信息，再把文字组织出一篇文章。我们写出好文章是需要这些环节的，同时我们做其他事情也需要这些环节，如果能写出好文章，我们做其他的事情也能做好。

那我们的课就上到这儿吧，以后我在北京等你们。

上课记

从《同一堂课》开课之初，"童话大王"郑渊洁就一直被认为是最理想的代课老师之一。

郑渊洁真的接受了邀请。大家伙奔走相告——80后、90后，有哪个孩子不是看着郑渊洁的书长大的呢？

郑渊洁从不参加电视综艺节目。《同一堂课》打动郑渊洁的核心元素，是台湾地区。

郑渊洁一个人跑了一圈美国，在美国的各个地方"偶遇"书迷，从此喜欢上了世界旅行。但是台湾地区，他一直没有机会去。听说项目组选定的博屋玛小学，是一所泰雅族原住民小学，郑渊洁尤其来了兴致。

我已经好久没有见过这样的地方了

无论是讲台经验丰富的大学教授，还是出镜经验丰富的明星嘉宾，来《同一堂课》之前都会莫名紧张，似乎面对小朋友的压力，远大于与成人世界打交道的压力。

但郑渊洁是个例外。他自称自己的心理年龄只有6岁，似乎和孩子交流才是他最舒服的状态。

唯一让他感到可能有障碍的，是对译名的翻译。有一次他在澳门演讲，讲了半天达尔文，澳门孩子听不懂。后来他知道，达尔文在澳门叫达文西。在博屋玛小学，他再次遇到这个问题，他讲了半天的凡·高，后来发现，台湾的孩子叫梵谷。

以泰雅人学生为主的博屋玛小学，让郑渊洁感到许多新奇。

他发现，但凡和学校学长或是教务主任聊不到三句话，对方一定会提及学校的泰雅文化，"很注意宣传"。

在孩子们每周的课程表上，还有两节狩猎课。"我说那是拿真枪吗？老师说不是。就是挖陷阱，把动物诳进去以后捕获。像这样的事情，在一般的大城市、比较发达的地方，应该就见不到了。"郑渊洁觉得，这才是孩子们会感兴趣的事情。

郑渊洁最大的惊讶，是台湾地区的孩子都随身带牙刷。带牙刷是郑渊洁的习惯，不论在任何地方，他吃完东西立刻就会刷牙，但这么多年来，他很少见到和自己一样的人。来到博屋玛，他刷牙的时候往两边一看，孩子们全和他一样，齐刷刷站在水槽边刷牙呢。

有一回下课，郑渊洁看到几个孩子拿着口罩出来。郑渊洁问："你们这是怎么了？花粉过敏吗？"孩子们摇头道："不是，我们是去抬饭。"在台湾地区的学校，抬饭的孩子要戴上口罩。这是郑渊洁学到的新知识。

走在世界每个地方，郑渊洁最大的愿望就是能去当地人家坐坐。可是大多数时候，这太难了。在台中，郑渊洁当然不会放过这个机会。他想去孩子们家里看看，他们怎么交电费，有没有供暖，他们的家庭教育会和大陆有什么差异。

结果很令他吃惊。"我觉得我已经好久没有见过这样一个地方了。"郑渊洁说，甚至，他一想到那么可爱的孩子居住在这样的环境里，他心里就有些不舒服——孩子们的生活条件，比他想象的糟糕。

孩子的家长显然也对海峡这边的大陆很陌生。郑渊洁甚至被问道："大陆有没有公共厕所？"

郑渊洁有些不好受："我觉得，我们两岸之间还是应该多沟通交流，多走动走动。"

想要得冠军 一开始就别跑太快

众所周知，郑渊洁有一个没上过学的儿子郑亚旗。不过，他还有一个学霸女儿。

郑渊洁说，女儿成为学霸，有一个很重要的秘诀，是他亲自接送了女儿12年，风雨无阻。

有一段时间，女儿和自己住得很远。郑渊洁住在郊区，女儿住在城里的家，离学校只有3公里。郑渊洁要每天早晨开车40公里，来回80公里，只为接送她那3公里。"这么送了12年之后，我女儿面对学习就特别爸气——爸爸的'爸'，她是以第一名的成绩高中毕业的。"郑渊洁说。

从女儿上学前一年开始，郑渊洁就给女儿写教育日记。天天写、天天记，一直写到了她高三毕业。

郑渊洁写过一篇文章，专门讲自己女儿读书这件事。文章的名字叫《请让孩子输在起跑线上》。

在郑渊洁的逻辑里，一个孩子从小学到高中，要读12年书，不是一场百米赛跑，这是一场马拉松。百米赛的起跑线最重要，但好的马拉松选手，会在起跑后保存实力，而不是跑在前面。"领跑的人，当冠军的很少。"郑渊洁说，全国的马拉松冠军选

郑老师教学生们换个角度思考：
既然"早起的鸟儿有虫吃"，那么，"早起的虫子也会被鸟吃。"

手曾经告诉他："因为跑在前面的人要把空气劈开。这个道理连大雁都懂——大雁飞的时候，一定要保持V字形，为的就是减少空气阻力。所以，要想拿冠军，一开始不要跑太快。"

郑渊洁由此给女儿制定了"精密的学习计划"：女儿上学之前，绝不过早地学习学校知识。只要保持好"一天一次大便，喝白水，不吃糖，吃完东西就刷牙"就可以了。

女儿到初中的时候果然成绩上来了，到了高二，稳定在第一。毕业的时候，拿到了36万元奖学金。

这其中，言传身教的作用，不可小觑。郑渊洁习惯每天4时30分起床，把重要的事情全部干完。只有把最重要的事情干完了，干别的事情时才能全情投入。女儿在这一点上，完全跟随父亲。她每天回家的第一件事就是写作业，从不拖延。

郑渊洁对女儿的教育方式，自然和他这一生的行事风格相关。而他这60多年来的人生，"其实就占了一个便宜"。郑渊洁说："就是我妈妈告诉我的，别跟别人一样。别人怎么着，你就别怎么着。"

逆向思维，这是郑渊洁最想通过《马说》这篇课文讲给孩子们的道理。"创新的前提，就是推翻这一领域上的权威，我本身是这种思维的受益者。"郑渊洁说。

滩涂鱼和螃蟹的故事

郑渊洁的课堂是有趣的。他时不时会和孩子们开玩笑。"告诉大家一个小秘密，我有时候写作写累了，就会把手摘下来休息一会儿。"一边说着，一边就给同学们表演了一个"摘手指魔术"。不过，这个魔术被小学生们当场拆穿。

郑老师的户外课，是在台中清水镇西边的高美湿地进行的。这些年，郑渊洁在世界旅行，见识过不少大峡谷。但像高美湿地这么年轻、还在形成之中的峡谷，他还是第一次见。

高美湿地是台湾地区著名的观鸟胜地。在这里，郑渊洁带着孩子们走在滩涂的栈道上，观察白鹭鸟、滩涂鱼、螃蟹、蝴蝶、蛤蟆。

看着眼前的滩涂鱼，孩子们起哄，要让郑渊洁现场编一个故事。

郑渊洁灵机一动，张嘴便来："滩涂鱼是螃蟹的表弟，也是螃蟹最好的朋友。有一天他们俩在外面玩，但是遇到一个12级的大风，把他们两个刮散了。他俩各自到了很远很远的地方，过了好多年都没见面。滩涂鱼给螃蟹写了一封信，但他并不知道怎么寄给螃蟹。于是就把这封信放在一个漂流瓶里，让它顺着海水漂走。没想到，这个瓶子漂到了北冰洋。后来，有一只很大的鸟，有天飞到螃蟹身边，看到螃蟹在哭，大鸟问螃蟹，说你哭什么呀？螃蟹说我特想见我表弟。大鸟说：你表弟是滩涂鱼对吗？我好像见过你表弟，他就在海那边，我可以帮你把信带给他。后来，他们两个就恢复了联系，他们就团聚了、见面了。"

孩子们为这个可爱的故事欢呼。至于滩涂鱼和螃蟹的故事，与郑渊洁指给他们的对岸的家之间是不是有关系、有什么关系，那就留给孩子们自己去想象了。

虞美人 春花秋月何时了 李 煜

代课老师 张悦然
上课地点 甘肃张掖市高台县黑泉小学

虞美人

[南唐] 李煜

春花秋月何时了①？往事知多少。

小楼昨夜又东风，故国不堪回首月明中。

雕栏玉砌②应犹③在，只是朱颜改④。

问君⑤能⑥有几多愁？恰似一江春水向东流。

---

① 了：了结，完结。

② 雕栏玉砌：指远在金陵的南唐故宫。砌，台阶。

③ 应犹：一作"依然"。

④ 朱颜改：指所怀念的人已衰老。

⑤ 君：作者自称。

⑥ 能：或作"都""那""还""却"。

讲堂录

我叫张悦然，喜悦的"悦"，大自然的"然"。我在大学做老师，同时我也是一个作家。

我从小非常喜欢听故事，也喜欢讲故事，比如《后羿射日》《格林童话》《安徒生童话》。但我的大学专业跟文学没有任何关系，读的是计算机。

可我心里一直有的一个愿望，还是希望自己能够去写作、去写故事。所以，在大学阶段我一直写故事，写书。大学毕业以后，我从新加坡回到北京，变成了一个专门写作的人。

我像你们这么大的时候，也不喜欢背诵。但是直到现在，我还能记得小时候我背过的诗词。就像给未来的自己写了一封信，然后藏在了心里，忽然之间回想起来时，有种和小时候的自己通上了电话的感觉，是很奇妙的。

今天要讲的这首词，就是我小时候会背的第一首词：《虞美人》。

第一课　悲伤和难过　是特别自然的人类情感

我们今天要讲的是词。诗是一行一般五个或七个字，但是词可以有短短、长长句，比诗的形式更自由。诗歌最盛行的朝代是唐朝，而词是宋代最主要的文体。最开始大家把宋词作为歌曲演唱。很多人会给曲谱词，相当于现在的歌词。

宋代有很多词牌的名字。词牌只是决定了这个词长长短短的格式，具体的内容是什么，其实和词牌名字没有关系。

比如"满江红"，不一定只有岳飞的那首，还会有很多其他人写的"满江红"。并且，岳飞那首词里面所表现的那种烈士精神，并不是"满江红"这个词唯一可以表达的意思。

"踏莎行"，"莎"这个字在这个地方不念"shā"，而是念"suō"，它是一种草。踏草，有一种出去郊游的感觉。

"青玉案"，"案"其实是桌子。我们古代有一种东西叫条案，就是一种细细的桌子。

"声声慢"，最出名的是"寻寻觅觅，冷冷清清，凄凄惨惨戚戚"。这首词是李清照写的。李清照写这首词的时候可能在临安，但是她是济南人，所以透着背井离乡的凄戚。李清照还有一首很有名的词叫作《一剪梅》。

我们今天要讲的这首词叫《虞美人》，虞美人既是指项羽的夫人虞姬，同时又是一种很漂亮的花。

"虞美人"也是一个词牌名。我们要学习的这首很特别，它是五代时期的南唐皇帝李煜在生命最后时间写的，可以说是他的绝唱。他在临死前，已经被敌人给抓住了，囚禁在一间楼房里，给他住，给他吃，也不用劳动，但是他没有自由了，永远都不可能再回到江南。大家可以想象，《虞美人》是一个被抓的皇帝在人生的最后时光，在一个被囚禁的小楼里面写的词。

你们是不是在经常读词、读诗的时候，会发现里面有一些难过的情绪？其实这些感情是人生命中的一部分。人生是这样，文学也是这样，诗词也是这样。

我希望大家在今后的人生中，都不要怕这些悲伤和难过的情绪，因为很多时候我们能在这些情绪里面获得力量，能使自己变得更加强大。

在这首词里，这种难过的情绪其实是一种人类特别自然的情感。

"春花秋月何时了？往事知多少。"为什么他会问春花秋月什么时候才了结？因为他对这些风景内心已经厌倦了。平常的人看见春花秋月会觉得很美好、很愉快。可是对于这个被关在小楼里面、绝望的人来说，这些不再是美好的事物了。"往事知多少"是指往事太多了，无法回忆。这个和"花落知多少"的"多少"是一个意思。

"小楼昨夜又东风，故国不堪回首月明中"，"不堪回首"就是不敢回头，或者不忍回头，没有办法去想这个事情。这里出现了两次春天和一次秋天，"春花""秋月"。"东风"，其实在古诗词里指的就是春天的风。"北风"是冬天。"故国不堪回首月明中"，明月当头的夜晚，不忍去想故国的事情。

"雕栏玉砌应犹在，只是朱颜改"，原来的宫殿里面雕花的栏杆应该还在吧，而那些故乡的人样貌已经改变了。

"问君能有几多愁？恰似一江春水向东流"，他问自己到底有多少的哀愁，然后自问自答，恰似一江春水向东流。

这首词，不太需要去了解很多的历史背景，都能够感觉到里面的情感。这就是诗词最奇妙的地方。词最重要的其实是意境，是它给我们的气息。就像我刚刚说这首词，读了以后好像能感觉到一个悲伤的人坐在对面，回忆以前，像跟一个老朋友在说他故国的故事。

作词的人想让我们感觉到的某种情感，比如说送别、怀念故乡，或者是爱情、友谊和亲情。我们之所以会被词打动，不是因为词的字句的美，是因为每首词背后那种感情，我们每个人都能

沙漠可以是一种悲观的意象。但沙漠里也有希望，正如这片胡杨林。

理解，因为我们都有似曾相识的生命体验。

第二课　胡杨林与沙漠的意象之美

我们现在在胡杨林，先问你们一个问题，胡杨和柳树，你们感觉有什么样的区别？柳树的树干比较弯，胡杨的树干比较直。如果你把它们想象成是人，胡杨感觉是一个正直、坚强的人。胡杨在地底下的根可以扎得很深，据说有20米。可能树冠有多高，这底下的根就有多深。而且胡杨生长在沙漠里，即便是干枯了，它也不会倒下，非常坚韧。

柳树给人的感觉是婀娜多姿的。柳树在很多的诗歌里面都出现过，比如"草长莺飞二月天，拂堤杨柳醉春烟"。柳树好像是一个依依不舍的人，在挽留着离别的人，所以很多的送别诗里面都会提及。它们都是大自然里面的树，只是我们看着它们，产生了个人的感情。所以，我们要讲一个很重要的东西：意象。比如说树叶或者是一棵树，当我们在上面寄托了我们的感情的时候，它就不再是一棵简单的树了，就变成了一个寄托着我们感情的树，是我们的感情在自然上的投射。这时候，它就是一个意象。

意象是诗和词里面很重要的一部分。比如水和火，在不同的语境里面，所表达的意思可能不一样。火可以是希望，也可以是危险的、凶猛的东西。

再比如，沙漠。沙漠是一个没有人烟的地方，寸草不生，我们把沙漠当成一种悲观的意象。所以我们常说"文化沙漠"，就是文化枯竭的意思。但沙漠里也有希望，可以通向丝绸之路。

在古时候，咱们甘肃，也属于边塞，这里曾经被看作是我们国家和外界的一道屏障。

边塞包含了哪些意象？

说到边塞，我们会想到城墙，但是我们是带感情看城墙的。当遇到了战争，它就变成战争中一个对峙的地方。边塞有点像我们今天告别的地方，像车站或机场。很多离别、战争、牺牲还有怀念的场景，其实都和边塞有关。有些人会因为政治因素被发配到边疆，甚至是离开祖国，比如唐朝出国的使节。我们来念念王昌龄的《出塞》，体会一下边塞这个意象。

> 秦时明月汉时关，
> 万里长征人未还。
> 但使龙城飞将在，
> 不教胡马度阴山。

大西北黄沙漫天，残垣断壁。这里有古老的历史，曾经特别繁华的，如今看起来一片荒凉。历史更迭，这种变和不变之间的反差和冲击，本身就形成了一种美的张力。

美是多种多样的。可以是完整的，也可以是残破的。可以是一个出生的婴儿，也可以是一个衰老的人。可以是我们怀抱着希望朝前走，也可以是我们满怀感伤地去追忆过往。我希望大家不断地扩展你们对美的认识的疆域，看到更多形态的美，不要因为任何的限制，而去缩短了对美的认识的里程。

在文学艺术里，感伤、悲伤和难过的情绪，也是一种美，甚至是其中特别有力量的一部分。在我们过去的教育里面，有太多的想当然，我们会去屏蔽掉那些"负面"的东西，觉得应该给孩子积极的、阳光的一面。但那不是文学的全貌，那也不是诗词的全貌。

仔细回想一下，在你们成长过程中，有没有失去过什么心爱的东西？比如心爱的文具盒，或者养过一个小动物，后来它跑了，或者是死掉了？

人这一路长大，就是不断地会失去，只有接纳失去这件事情，才能更好地珍惜我们拥有的事物。当你们在面对失去的时候，可能会想，我为什么会失去这些心爱的东西，是不是我做错了什么，我特别想告诉你们，不是因为你做错了什么，是因为我们在长大，在向前走，这种失去就是不可避免的。不要过多地怪罪自己，我们要在失去里站起来，然后懂得去珍惜眼前所拥有的。

我自己身为作家，从小在文学作品里面，体会到很多感伤的、痛苦的情绪，并在这些情绪里面获得力量和创作的源泉。我能感觉到，它们就是美和艺术的一部分，更重要的是，它们也是生命的一部分，是我们人生旅程中没有办法忽视的风景。我们应该看到人生的全貌，这才是一个没有欺骗、足够真实的人生。

第三课 《最后一片叶子》

《最后一片叶子》是一个和落叶有关系的故事，作者是美国作家欧·亨利。

故事发生在美国，主人公是两个女孩子，一个叫苏，一个叫琼希。两个女孩在纽约合租了一栋房子，她们有着共同的爱好——画画，所以俩人之间的友谊非常深厚。

一年冬天，整个纽约地区被一种非常严重的肺炎席卷了。琼希被感染了，苏请来了医生。医生诊断后对苏说，现在最大的问题是，琼希已经失去了活下去的动力，她好像非常悲观，没有强烈地活着的愿望，你必须把她的这种愿望给激起来，不然她可能

张悦然老师带学生们走在夯筑的汉代古城墙上，这就是丝绸之路的必经之地——骆驼城。

活不过这个冬天了。医生说完了就走了。苏非常着急，她对琼希说，你一定要坚强地活下去。这时候，她发现，琼希的眼睛直勾勾地看着窗外。窗外有一棵已经变得光秃秃的树，上面零星地挂着十几片叶子。琼希的眼睛盯着那棵树，嘴里喃喃地数着叶子，15，14，13……

她转过头来对苏说，当这个树上的叶子全部掉完的时候，我想我就要死了。

苏特别难过地说，你不要那么想，你一定会活下去的。

琼希摇了摇头说，还剩11片叶子，不，还剩10片叶子了，也许今天晚上树上的叶子就都掉没了。

苏说，琼希，你现在需要好好地休息，不要再看那棵树了。

琼希说，好吧，我答应你，我休息。但是第二天早上的时候，树上的叶子如果掉光了，我想我就应该随着树叶离开了。

苏把窗帘拉了起来，不希望琼希看到这棵树，然后给琼希盖上被子，让她好好地休息。

苏来到楼下的餐厅，她已经很久没有吃东西了，她一边吃一边哭。这时她遇到了他们楼上住的一位老画家，老画家是个酒鬼，从来没有画过一幅成功的画作，而且脾气很差。

他见了苏就问，你为什么哭哭啼啼的？吵死了。

苏告诉他，琼希快要死了，当树上的树叶掉光，琼希就要离开我们了。

老画家说，这是什么鬼话，有人会因为一棵树的叶子掉光就离开这个世界吗？

说完老画家就拂袖离去了。

苏回到家里，不敢打开窗户，她害怕叶子已落光了。她守在琼希的床边，直到第二天早上。

琼希醒来对苏说的第一句话是，打开窗帘，让我看看外面好吗？苏点点头，拉开了窗帘。窗帘打开，琼希看到还有最后一片叶子挂在窗户上，眼睛忽然亮了一下。

她说，好吧，好像真的有一片树叶留了下来。

她的脸恢复了一点血色，也可以吃东西了。她不时地回过头去看看窗外，发现那片叶子特别牢固地在那里挂着，丝毫没有要掉的意思。就这样，琼希好了过来。到了第二天，琼希已经可以坐起来自己吃东西了。

琼希问苏，你不觉得很奇怪吗？这片叶子简直挽救了我的生命，你看，它就一直在窗外陪着我。

苏沉默了很长时间，对琼希说，我想告诉你一件事，就在昨天晚上，我们楼上的那个老画家因为肺炎已经死了。

琼希问，他怎么会得肺炎的呢？

苏说，你所看到的这片树叶，是那天晚上他冒着风雪画上去的，所以得了肺炎。

苏说，这真的是一个了不起的杰作。

这是一个关于生命的故事。我们看不到老画家画的那片叶子，但可以想象一下，那么美丽的叶子，永远地挂在窗户外，它成了这个失败的老画家最了不起的作品，因为这幅画挽救了一个人的生命。

为什么琼希会把生命寄托在一片叶子上面呢？

你们有没有读过和落叶有关的诗或者是词，比如杜甫的"无边落木萧萧下，不尽长江滚滚来"、李煜的"林花谢了春红，太匆匆，无奈朝来寒雨晚来风"？

落叶就是一个意象。这棵树的生命已经到尽头了，是一个悲伤的感觉；但因为明年还会长出来新的叶子，其中又包含了希望。

这个故事其实还告诉我们艺术的力量。老画家在生命的最后，画出了真正可以改变他人的画作，这就是艺术伟大的地方。文学的力量也是一样的，我们每个人读完，都会被老画家那种无私的精神所打动，也会为最后一片树叶所震撼。这是一个悲剧，因为老画家最后死了，可是我们读完了内心都会感受到一种积极的力量。

结课八分钟

李煜的《虞美人》和欧·亨利的《最后一片叶子》，一个是中国古代的词，一个是美国的短篇小说，形态差得还挺远的。这两个故事都有一个悲伤的基调，关于失去，时间的流逝，生命的逝去，感觉是相通的。

老画家因为画了一片树叶，变成了一个了不起的人。同样，写《虞美人》的李煜，是一个被囚禁在小楼里面的皇帝，一生充满了不幸。可他又是一个很了不起的词人。他写的词距今已经一千多年了，我们还在念。所以我们没有办法以失败或成功去定义一个人。人是复杂的，才值得书写。当我们去判断一个人的价值时，应该有更丰富的维度，而不是用简单粗暴的几个词去概括。

《虞美人》是我记得的我最早会背的词。我希望你们能把这首词的某些东西记在心里。不见得是要记住整个的词的全貌，只需要对这首词的情感有一种记忆，因为很久以后，也许你们会忽然被这个情感唤起，悟出更广阔的人生道理。

上课记

女作家张悦然，从14岁开始发表文学作品，获过"新概念作文大赛"一等奖，小说《茧》入围了2019年法国最佳外国图书奖。从2012年开始，她有了作家以外的另一个身份——老师，给中国人民大学的大学生教写作课。她喜欢这个职业，喜欢教书。张悦然说："我父亲在大学教书，因为很早开始写作，就脱离了生活的界面，不是那么接地气，我认为作家还是要有一个正式工作，因为这是了解社会的一个视角。"

在《同一堂课》里，要给小学生上写作课，张悦然选择"失去"作为课堂主题，节目课程组一开始不太赞成，担心小学生无法理解悲伤、失去这样的情感，但张悦然觉得可以。她选择的《虞美人》与欧·亨利的《最后一片叶子》都是她小时候印象非常深刻的篇目。

不是讨厌语文 而是讨厌作业和背诵

甘肃张掖市高台县黑泉小学只有一栋教学楼，全校24名学生，都是留守儿童。开课前，张悦然问学生喜不喜欢语文课、喜不喜欢诗词，答案是否定的，张悦然追问为什么。小学生可能是第一次被反问，想了很久，一个个追问引导下来，张悦然得出了答案："你们并没有不喜欢诗词本身，也并没有不喜欢语文书上的故事。你们只是讨厌作业、讨厌背诵。要把这两件事情分清楚。"

"一个被抓的皇帝，在人生的最后时光，困在一个被囚禁的小楼里面写的词。"张悦然这样解释《虞美人》，很像一本小说的梗

学生们也可能随时随地面对"失去"，大到失去亲人、失去一段友谊，小到失去自己的玩具，悲伤、焦虑和痛苦是人类最正常的情感。

概；"虞"代表虞姬，张悦然讲了虞姬与项羽的爱情，一个关于爱和奉献的故事。这是张悦然带给学生的方法论——用意象中的情感来理解诗文。我们之所以会被词打动，不只是因为字句之美，而是因为背后的情感，那些每个人都似曾相识的生命体验。

第二堂课，设在了一片胡杨林中。胡杨耐旱耐热，植根于金黄滚烫的沙地，守护着流过张掖大漠的黑河水。学生们带着张悦然来到他们熟悉的胡杨林中，与张悦然也亲近起来，"老师你今天化妆了吗？好漂亮""老师你知道吗？胡杨树秋天的时候特别像摇钱树"。

在胡杨树下，张悦然给学生们讲了一个与落叶有关的故事——欧·亨利的短篇小说《最后一片叶子》。

夏日的太阳热辣，脚下的沙地滚烫，还有大风狂舞卷着沙砾，把张悦然说话的声音吹得很远，学生们还是认真地听着故事，随着人物的命运陷入了悲伤的情绪。张悦然告诉学生："我就是像你们这么大的时候听了这个故事，特别感动，这个故事让我记得了生命的活力与温暖，所以我后来特别喜欢作文课，也影响了我的写作，让我从一个听故事的人变成一个写故事的人。"

美可以是完整的 也可以是残破的

第三课，张悦然把课堂设在了黄沙戈壁上。

甘肃省张掖市高台县地处河西走廊，是古丝绸之路和新欧亚大陆桥的咽喉要道，红军西路军曾血战于此，古长城、烽燧随处可见，北凉古都骆驼城遗址已有1300多年历史。张悦然将词中的"故国不堪回首月明中""雕栏玉砌应犹在"与身边的古城相结合，让学生在历史风物中意会词中的悲伤之意。

张悦然带学生们走在黄土堆砌的城墙上，告诉他们这就是丝绸之路的必经之地——骆驼城。"这里本来是繁华之城，但到唐朝的时候，吐蕃族和其他民族入侵这里，这里就变成了人迹罕至的地方，慢慢荒凉了，但它看起来依旧存在，依旧有震撼心灵的美，对吗？"张悦然刚说完，学生们就纷纷点头回答："对，很美。"

在骆驼城的城墙上，张悦然与黑泉小学的孩子们围坐在了一起。落日的余晖还未散尽，师生朗诵起了李煜的《虞美人》。竹笛老师伫立在城头吹奏起边疆的古曲，笛声缥缈悠长。"学生们会想这座荒凉城市的繁华过往，而李煜词中的时过境迁、亡国之恨，结合眼前的景色，我觉得学生已经把词中的感情领悟在心中了。"

在户外课堂的最后，太阳西沉，黄沙漫天，张悦然给孩子们留下了"描述失去之物"的作文题，这些有所感的孩子会画出什么呢？

古城墙边，点起了篝火，师生在温暖的篝火边读起了作文。

段庆泽想念陪伴自己5年却不见了的小狗，给它画了一颗心，想着小狗有了心就能再活下去；殷彤挂念转学离去的最好的朋友，想着重逢后就给她讲《最后一片叶子》这个故事。

这些作文不是"为作而作"想象出来的故事，而是调唤起内心真实情感的诚实记录。悲伤与失去，不是成年人的专利，小孩子也可能随时随地面对"失去"，大到失去亲人失去一段友谊，小到失去自己的玩具，悲伤、焦虑和痛苦都应该被正视。

篝火摇曳，有位女同学边读作文边抽泣了起来，引得一班学生都开始掉眼泪，现场的工作人员都有点慌，不知道如何安慰孩子们。张悦然并不担心，她知道此刻的故事虽然悲伤，但日后记起来，想到的都会是希望与生命的活力。一个能够表达情感的人，才能成为讲述故事的人。

一个女孩出现在师生面前，孩子们不哭了。她就是殷彤因转学而"失去"的好朋友赵月榕。是张悦然请工作人员帮忙联系到了赵月榕，促成了一次相聚的机会。殷彤和好朋友拥抱在一起，孩子们都笑了。

"友谊在殷彤的心里是什么样的分量、有多么贵重，我们都说能感觉到，但其实都没办法回到孩子的身体，去感受那份沉甸甸的友谊。我们能做的就是，想尽各种办法，帮他们去建立他们的内心世界，让他们的内心更坚强一点。"张悦然的感叹不仅来自于这三天的教学，也因为她是一位母亲，还是一个写作者。

元日　王安石

代课老师　凯 叔
上课地点　四川凉山彝族自治州昭觉县东方红小学

元 日①

［宋］王安石

爆竹声中一岁除②，春风送暖入屠苏③。

千门万户瞳瞳④日，总把新桃⑤换旧符。

青玉案⑥

［宋］辛弃疾

东风夜放花千树⑦。更吹落、星如雨⑧。宝马雕车香满路。凤箫声动⑨，玉壶⑩光转，一夜鱼龙舞⑪。

蛾儿雪柳黄金缕。笑语盈盈暗香去。众里寻他千百度⑫。蓦然⑬回首，那人却在，灯火阑珊⑭处。

---

① 元日：农历正月初一，即春节。

② 一岁除：一年已尽。除，逝去。

③ 屠苏：指屠苏酒。饮屠苏酒也是古代过年时的一种习俗，大年初一全家合饮这种用屠苏草浸泡的酒，以驱邪避瘟疫，求得长寿。

④ 瞳瞳：日出时光亮而温暖的样子。

⑤ 桃：桃符，古代一种风俗，农历正月初一时人们用桃木板写上神荼、郁垒两位神灵的名字，悬挂在门旁，用来压邪。也作春联。

⑥ 元夕：夏历正月十五日为上元节，元宵节，此夜称元夕或元夜。

⑦ "东风"句：形容元宵夜花灯繁多。花千树，花灯之多如千树开花。

⑧ 星如雨：指焰火纷纷，乱落如雨。星，指焰火，形容满天的烟花。

⑨ "凤箫"句：指笙、箫等乐器演奏。凤箫，箫的美称。

⑩ 玉壶：比喻明月，亦可解释为指灯。

⑪ 鱼龙舞：指舞动鱼形、龙形的彩灯，如鱼龙闹海一样。

⑫ 他：泛指第三人称，古时就包括"她"。千百度：千百遍。

⑬ 蓦然：突然，猛然。

⑭ 阑珊：零落稀疏的样子。

讲堂录

我从大家的自我介绍中，听到了有汉族的名字、彝族的名字，还有藏族的同学、回族的同学。我觉得这就是你们比凯叔幸福的地方，凯叔在上学的时候，从来没有这么多民族的同学聚集在一起。每个民族的文化、饮食习惯都会有所不同，但你们可以在这方面相互包容，这很棒。

中国有56个民族，在我们昭觉，彝族人口最多。

我听说马上就要过彝族年了，彝族年怎么过？要杀猪，还要背肉给最亲的老人吃，还会做香肠。这些都是汉族年里没有的习俗。

凯叔想通过两首诗词，和你们分享"年"这个主题。

诗词，是我们古人表达情感时，一种很聪明、很唯美的方式。我们古诗里说"感时花溅泪，恨别鸟惊心"，但诗人并不是真的看到花流泪，他只是用这样的一种表达，让我们所有人都能够感受到他的伤心。

诗词，相当于把个人的情感，翻译成了让所有人都有共鸣的语言。久而久之呢，那些能够留下最大共鸣的诗句，就成了经典。

所以说，诗词自古以来，就是我们这个民族寄托感情的一种特殊方式，是我们的文化财富。

"年"，也是我们中华民族长久以来流传下来的、一种寄托感情和美好愿望的方式。

我们的古人，在过去的几千年里，写下了大量的佳节诗、过年诗。它们既有优美凝练的文学底色，又极好地传承了我们的文化。所以，凯叔想和你们分享诗词里的年，年里的诗词。

第一课　王安石的春节——《元日》

元日就是指正月初一。古人过春节都干些什么呢？其实王安石的这首诗已经说得非常清楚了："爆竹声中一岁除"。

放鞭炮？准确，也不准确。

最早的爆竹没有火药，就是竹子。所谓爆竹，就是竹子爆裂的声音。

到了宋朝，中国人发明了火药。这时，就不知道是谁突然有了一个主意，找了干干的一节竹子，在里面放上硝石、火药，然后把它扔到火盆里，嘣！炸了，大家觉得好过瘾啊。爆竹演变得越来越方便、安全，一直到现在。

过年的时候我们要贴春联，春联的祖宗是谁？就是桃符。桃符到底是什么？神（shén）荼（shū）和郁（yù）垒（lǜ）是中国最早的门神，据说这两个人神通广大，如果鬼怪骚扰人，他们就把鬼怪抓住喂老虎，所以鬼怪都特别怕他俩。于是古人就把他们贴在门上，鬼就进不来了。

后来就有人说，我能不能挂个跟别人不一样的桃符？于是，他就在这上面刻上自己的心愿。有的人说，明年吃个饱饭吧；有的人说，明年全家身体健康。刻字的人越来越多，有文化的人，就把这些字写得越来越规范，让它们平仄对仗，这就变成了春联。

"总把新桃换旧符"就是把旧的桃符收回去，新的桃符挂上来。我们也换了一个心情。一切都是新的，一切都是蒸蒸日上的。

这首诗的作者王安石，从小就是个神童。他看文章的时候过目不忘。他10岁左右写的诗文，连大人们看了都觉得了不起。

据说王安石长得很黑，而且他的同事们惊讶地发现，他越长越黑。怎么回事呢？原来是因为他不爱洗脸。

《宋史》上说，王安石这个人"衣垢不浣，面垢不洗""脸孔黧黑，肤理如蛇皮"。衣服脏了也不洗，脸脏了也不洗，皮肤的纹理糙得跟蛇皮一样，特别不讲个人卫生。甚至当时的皇上，曾经在他的衣领上发现了虱子。就是这么一个人，却被认为是当时朝廷中的"贤人"——贤良的人、贤能的人，人品好又有本事的人。

王安石在各个地方当了20年的官，直到新皇帝继位。新皇帝任命王安石做丞相。王安石终于可以大展宏图了。这一年，他才48岁。也就是在这一年，王安石写下了《元日》。

王安石生下来就胸怀抱负，他觉得自己要改变这个时代。写这首诗的时候，王安石踌躇满志，他要改天换地，通过一己之力去做自己认为正确的事，让大宋这个国家由积弱变成富强，他相信自己一定会成功。于是，王安石大胆改革。

他的变法很厉害。比如说，他推行青苗法。青苗法是什么意思呢？就是当灾年老百姓没钱的时候，我作为政府用比较低的利息借给你钱，你不必去外面借高利贷。就在前几年，有一个叫尤努斯的人，建了一家穷人银行，就是用这样的思想，获了诺贝尔奖。

他还有一个政策叫作市易法。市易法是什么呢？就是在东西特别便宜、大家都不买的时候，政府买它。当这个东西突然变贵，大家买不起时，政府说，没关系，我原来便宜买的，现在也按原来的价格卖给你们，这样你们就买得起了。就是这样的政策，我们的政府此时此刻（指2019年11月）正在使用。最近猪肉涨价了，为了平抑猪肉的价格，政府突然释放出好多冻猪肉给老

为什么要学诗词？

"因为诗词，把个人的情感，翻译成让所有人都有共鸣的语言"，凯叔老师说。

百姓，让猪肉的价格变便宜。这就是带有宏观调控的市场经济。

王安石这么厉害，可是，他的改革却失败了。当时朝廷里许多保守的人反对他。

假如王安石知道最终的结局，他还会坚持变法吗？

我想会的，因为努力这件事，有的时候未必为了结果，而是为了此时对得起自己，对得起所有的机会，对得起这个时代。什么是真正的勇者？明知不可为而为之。我拼尽全力，但我可以接受任何结果。

这个时候我们反过来再看《元日》这首诗，每一句我们似乎都可以读出王安石的心情。爆竹声中一岁除，新的时代来了，旧的都要改变，我们把它忘掉吧。未来要看我们改革一派。当我们了解了王安石，懂得了他的感受后，我们可以在自己的心里留下关于《元日》的另一个解释。

第二课　辛弃疾的元宵——《青玉案·元夕》

王安石是在正月初一写的《元日》，辛弃疾是在正月十五写的《元夕》。王安石是在北宋的首都东京汴梁城过的年，辛弃疾是在南宋的首都临安，也就是杭州过的年。两个人的心境完全不一样。

"东风夜放花千树"，我们看西方过圣诞节，圣诞树上挂好多灯，其实中国古人早就这么干了。一到元宵节，各个家庭都拿出各种各样的灯，挂在自己的门楣上、楼上和树上，各种各样的灯像花树一样亮起来，整个临安城就被灯点亮了。

这句话写得最妙的是"东风夜放"，凯叔最喜欢的一个字是"放"。东风吹来，好像把花都吹开了，但实际上点亮的都是灯。

"更吹落、星如雨"，什么东西如雨？是烟花，点燃一片天空，汇聚一片灿烂，好美啊！所以"东风夜放花千树，更吹落、星如雨"。烟花哗啦啦往下降的时候，东风吹过，它一边降一边飘，很美很美。

"宝马雕车香满路"，宝马是骏马拉的车，车上面都有手工雕刻的花。

那时候的贵妇、官宦、夫人、小姐在华灯初上的时候，都登上了自己的马车，出来游走观灯。因为这些人都是盛装，身上都铺满了脂粉，还随身带着香囊，所以是香车。你想辛弃疾这句诗有多妙，他不但把视觉写出来了，还把嗅觉写出来了。

"凤箫声动，玉壶光转，一夜鱼龙舞"，这个时候开始有听觉。凤箫声动，凤箫是排箫，它是一溜管这么吹的。

凤箫有一个特点，就是它往往是齐奏，一堆乐师手里都拿着凤箫吹，和古琴一起，一边弹一边吹，热闹非凡。

有人说玉壶是一种很亮的灯，还有人说玉壶其实就是天上的月亮。我更喜欢玉壶是月亮的说法。这个时候辛弃疾给你塑造的画面不是平面的。有了听觉、视觉、嗅觉，现在突然天上还有了风景，就立体了，月亮孤孤单单挂在天上。平时你看月亮，难免会悲伤、思乡、顾影自怜，但是在元宵节这个热闹的时候，在灯海中看到月亮，月亮和灯辉映着，它的孤单映衬着世间繁华，而世间繁华又映衬着月亮的清冷。这一幅画面很生动，也很值得玩味。

"笑语盈盈暗香去"，在这个时候才开始转折。辛弃疾铺垫了无数的美好，突然他告诉你，这一切的一切我都没有放在心上，此时此刻我在"众里寻他千百度"。

"他"是谁？这是个谜，大多数人都认为他在找自己的心上人。但是凯叔觉得这个人可能就是辛弃疾自己。

辛弃疾不但是一个大文豪，也是一个大英雄。

他年轻的时候，投靠了一支两千人的义军。但是他们的义军领袖被一个叛徒杀了，那个叛徒叫张安国。

辛弃疾知道以后，说大哥死了，我们不能散。他清点了一下义军人数，看看还有多少人能跟着他。只剩下五十人。他带着这五十人，冲进五万人的金军大营，瞬间捉住了张安国，掉头又冲了回来。五十个人，没死一个人。

辛弃疾为什么叫辛弃疾？因为汉代有一位名将叫霍去病。霍去病二十几岁就死了，但是建立了丰功伟业，逐匈奴于漠北。辛弃疾的父亲崇拜霍去病，希望自己的儿子也能逐金兵于漠北，于是给他起了一个和"去病"对仗的名字："弃疾"。

就是这样一个大英雄，南宋本该重用他。可是皇帝和群臣却偏安一隅，不想北上打仗。

辛弃疾郁郁寡欢，就在这个时候，他写了《元夕》，因为他在极度困惑的时候，看到了自己。他知道自己是谁，有什么样的能力。可是没有人支持他去做，他是否还要坚持？

写完这首词没有多久，辛弃疾真的在湖南组建了一支飞虎军，人不多，也就是两千来人。他带着这支飞虎军驰骋疆场，金兵闻"飞虎"二字而色变，收复了不少土地。

但是辛弃疾一个人是改变不了大环境的，他在朝中为官潮起潮落，转眼已经60多岁了。

尽管辛弃疾老了，不能再上疆场了，但心中回忆的都是上阵杀敌、为国报效的瞬间。据说他临死的时候，遗言就是六个字：杀贼！杀贼！杀贼！他一心想着为国效力，想着收复疆土。

第三课　年 是我们人生的刻度

我们可以用"年"组出很多词。我们会发现，写在黑板上的每一个词，都有着美好的意义。

丰年、年货，代表着丰收；年纪、年轮，代表着成长；年华、年轻，代表着青春；似水流年，代表着缅怀；拜年、过年，代表着团圆；新年、来年，代表着展望。

年就像尺子上面的刻度，每走完一年，我们就知道事情可以告一段落，可以回顾一下过去获得的成绩，也可以往前看一看明年要确立的目标，然后再去努力。

最关键的是，我拼尽全力，但是可以接受任何结果。这个时候你在为每一年或者为你的人生确立目标的时候，你才会不害怕。你连失败都不怕了，还有什么是不敢去争取的呢？

时间给我们的刻度意义，就是我们过年的意义。一个"年"字，让我们的人生有了非常明晰的标尺。每一年，在这样一个时间点上，我们可以停一停脚步，多陪陪我们身边的人，我们的爸爸妈妈、爷爷奶奶。我们也可以在这样一个时间点上，回望过去这一年的对与错，为新的一年立下计划、许下心愿。因为过年，我们得以珍惜时间，珍惜我们的亲人，也可以更加清晰地认识自己。这就是我们过年的意义。

春节的时候，汉族人会发红包、放鞭炮、下饺子，现在全国各族人民可能都会这样过年。其实各民族好多过年的习俗是相通的。

但是也有好多不一样的，比如说藏族人过年，据说会把垃圾和脏水在新年的第一天泼出去，而且要泼到西边去，就是把不开心、不吉利的事情都泼出去，剩下的就是开心。

傣族的泼水节，把水泼在亲人朋友的身上，就是把幸福好运泼给他们。

每个民族都有自己的特色。就算我们不是这个民族的人，也愿意尝试，这就是民族习俗的魅力所在。

现在我们的生活仪式感越来越少了。过年很可能是我们大多数都市人每一年当中最重要的一个节日，我们需要这样的仪式感。

今天我给你们带了一首专门为你们剪辑制作的《诗词年年歌》，就是过年的时候唱的歌。

在篝火前，学生们许下了自己的新年愿望。

扫扫，扫，扫扫，扫扫，扫，扫扫。

新年要有新气象，大扫除是头一桩。

扫除灰尘心情棒，扫除晦气运气旺。

小年时间不一样，南方腊月二十四，

北方腊月二十三，中国年的新开场。

快，快，快，你快站起来，

别像扫把一样，在角落里发呆。

径向镜中辞旧我，一弹衣袖不徘徊，

灰尘，byebye，霉运byebye。

拜拜拜，拜拜拜拜拜，

爆竹声中一岁除，噼里啪啦放爆竹。

春风送暖入屠苏，喝杯屠苏酒暖乎乎。

千门万户曈曈日，太阳升起照万户。

总把新桃换旧符，就是贴春联的习俗。

吃吃吃，吃吃，吃，吃吃吃，吃吃吃吃吃。

大年初一头一天，八方亲友来团圆，

一起吃个团圆饭，好吃的堆成山。

北方饺子，南方汤圆，吉祥如意又一年。

吃完团圆饭，再去放爆竹。

嘣嘣，嘣嘣嘣，嘣嘣，嘣嘣嘣。

正月里来，正月正。

正月十五，看花灯。哎，什么灯？兔子灯。

那边呢？莲花灯，还有一个鱼龙灯。

猜猜，猜，猜猜，猜猜，

十五的花灯，有灯谜有灯谜。猜不出呀猜不出。

你别着急，这里还有很多好玩的等着你。

东风夜放花千树，像烟花在跳舞。

蓦然回首那人却在。哪儿呢哪儿呢？灯火阑珊处。

结课八分钟

王安石写《元日》时春风得意，那时，他并不知道自己的改革会以失败告终。如果他知道了，就不会去做了吗？不，凯叔觉得，拼尽全力去做，哪怕失败也不要紧。

辛弃疾写《元夕》的时候并不得意。但他有一刻放弃过自己的理想吗？不，他直到去世前，都还喊着"杀贼"。

我们古人写过年，但并不单单写过年，他们写的也是自己的际遇、自己的人生。

凯叔和同学们一起度过了难忘的两天，最终，我们把我们学到的东西，在这样一个热闹的、有火把、有饺子、有歌声、有舞蹈的篝火晚会中展现出来，凯叔觉得精彩纷呈。

刚刚，同学们望着烟花、望着星星，许下了你们的新年愿望。凯叔也想在这里许下自己的一个心愿。

凯叔首先希望，你们许下的愿望都能实现。

凯叔还希望，你们可以认真学习，培养自己的兴趣，考上好的学校，找到自己喜欢的工作，以后能够去到祖国乃至世界的各个地方。

在那些地方，你们也许会发现一个跟大凉山截然不同的世界。比如说，有些地方的房子是建在水上的，有些地方没有大山、只有沙漠，有些地方一年四季都只能穿短袖。

但是我相信，你们依然可以很好地融入其中，和当地人一起，感受他们的风俗习惯，和他们一起过当地特色的节日。

到那个时候，你们还是可以像今天告诉凯叔一样，去告诉他们大凉山有什么好吃的、好玩的，欢迎他们也到大凉山来玩。

最重要的是，只有当你们见过了世界，才会知道，你们成长的这片大凉山，真正值得珍惜、值得你们为之骄傲的东西究竟是什么。

大春老师说

首先讲到的王安石的《元日》。"春风送暖入屠苏"，"屠苏"极可能是房子。有好几个说法，有人说是把草的形状画在房子上，有人说草长得就有点像房子。杜甫的诗里面就有讲到屠苏，那个"屠苏"指的就是草庵，或者是庵房。即使是比较破落的草房，春天的风仍然也会送来。

我们再来说说辛弃疾。写《青玉案·元夕》的时候，他大概只有三十二三岁，但是看起来已经略显沧桑，所以我不认为这首诗是他为了"撩妹"的单独创作。北宋还有一位诗人叫欧阳修，他的《生查子》也是写元夕：

去年元夜时，花市灯如昼。月上柳梢头，人约黄昏后。

今年元夜时，月与灯依旧。不见去年人，泪湿春衫袖。

这是一个典型的小词，表现出失望、落寞、伤情。辛弃疾用同样的《元夕》答复了他，告诉他你要追求的那个人不是不在了，她只是蓦然回首的时候，在灯火阑珊处。所以这应该是一个后辈，晚了一两百年的诗人对一个知名的前辈大诗人致敬式的回答。

以前过年的时候，家家户户门上都要贴桃符，从神荼和郁垒到尉迟恭和秦叔宝。到了唐末五代十国，天下分崩，很多小的国家都起来了，其中后蜀最后一个君王孟昶就是第一个写下春联的人。

"年"这一量词，就好像尺上的刻度。这个字甲骨文的写法，上面是"禾"，下面是"人"。"年"和人有关，人身上背着满载的庄稼、粮食是有关系的，农业社会流传下来的这样的一个节日是有道理的。

上课记

凯叔在凉山彝族自治州结课的那天晚上，许多人被感染得红了眼圈。

茫茫的大凉山草甸上，焰火消失于夜空，篝火摇曳着它最后一点红光。录制结束，孩子们一拥而上，凯叔被包围在正中心，莫大的欢欣突然化作不舍，有孩子哭了起来，凯叔也情不能自已，仰起头来拭泪。

这是凯叔不曾想到的。

凯叔的一万个担心

在那之前，他趁拍摄间隙，盖着蓝天白云，躺在草坪上舒服地打了个盹儿。他和导演组聊天，津津乐道于孩子们如何"整他"——

他带着孩子们做"年俗游戏"，孩子们把彝族和汉族年俗悄悄写在小白板上，再通过和凯叔的搭配表演，请其他同学来猜。小男孩阿余格铁手起刀落，"砍掉"了凯叔的头。同学们毫不犹豫地猜对了答案："杀猪！"这让凯叔有点委屈："我究竟哪里像猪了？"那天早上，凯叔扮演了被斗的牛、参加选美的彝族美女，差点儿被"玩坏了"。

更早的时候，坐在自己北京望京的办公室里，和导演组讨论如何给孩子们上好这一课时，他有很多担忧。

他担心自己的板书写得不好，反复与节目组沟通可不可以不写。可到了教室里，讲到兴头上，回头就在黑板上写满了板书。"你才不管露不露怯，丢不丢人呢。那个不重要，重要的是，此时此刻你就该做这个动作，你不做这个动作，跟孩子之间的表达就隔着一层。"凯叔后来说。

来大凉山之前，凯叔最大的担心，是自己五音不全。

凯叔的团队做了两三年"凯叔·诗词来了"的在线诗词教育项目。其中一个很重要的教学方式，就是让孩子们把诗词唱出来——用洗脑的节奏和旋律，能够更好地帮助人们记忆。

这一次到凉山彝族自治州给孩子们讲课，凯叔也特地准备了一首《诗词年年歌》。

可凯叔自己，偏偏是个不太会唱歌的人。"我节奏感不好，但是我感染力很强，我嗓门大，我一旦错了，他们一定都跟着我跑。"在拍摄最后的篝火晚会时，凯叔要带孩子们一起演唱这首《诗词年年歌》，这让凯叔很有压力。好在最后，一切都完成得还不错。

六年 一个截然不同的大凉山

凯叔授课的这所学校，是四川凉山彝族自治州昭觉县东方红小学。

第一次入校，凯叔就被孩子们的数量震慑了。全校一半的孩子在操场上，小一千人，密密麻麻地随着凯叔和无人机移动，排

都说教育资源城乡不平等，但是凯叔老师感慨："蓝天白云也是教育资源。"

山倒海。这是县城里最大的小学，一年级每个班有100多个孩子，教室里永远挤得满满当当。

凯叔教的是四年级的学生。进教室，凯叔和同学们相互认识。

凯叔站在三尺讲台上，放开手脚，挂上表情，一人分饰了唐僧师徒四个角色——他想以这段表演开场，请同学们猜测他的职业。没想到，远在大凉山昭觉，班上竟然有凯叔的一个小听众，凯叔用声音讲故事的职业，就这样被轻而易举地"戳穿"了。

尽管到最后离开大凉山的时候，凯叔已经能够清晰地叫出孩子们的名字，可在刚开始，凯叔真的有点为难——彝族的孩子们，都是四字弟弟、四字妹妹，太考验记忆力了。无奈之下，凯叔只能老实承认："告诉大家一个好消息，大家的名字我基本上没记住。"

其实这不是凯叔第一次来到大凉山。六年前，凯叔因为"爱心衣橱"的公益项目，第一次来到这里。车开到深山里，他们还徒步在山路上走了很久，才到达学校。

显然，这一次，他看到了一个与六年前截然不同的大凉山。这里的孩子自信、积极，完全不像当年他所见过的羞涩的孩子们。

讲诗词 一定要讲人

凯叔到达大凉山时，是11月。此时正值彝族年临近。再过两个月，就是汉族春节。

凯叔因此打算带给孩子们一些与年相关的古诗词。

凯叔最终选中的两篇课文，分别是王安石的《元日》和辛弃疾的《青玉案·元夕》。

从前期课程沟通开始，凯叔就十分明确一件事：讲诗词，一定要讲人。"同样一弯明月，不同的人写出来是不一样的。为什么？因为这个人不一样。你要懂得这首诗，就要懂得这个人。当你了解了这个人的经历和故事之后，你再去看这首诗，体验就会完全不同。"凯叔在接受采访时说。

于是讲王安石的时候，他先渲染了王安石的"黑"，告诉孩子们王安石是个不爱干净的人。

为什么不爱干净呢？因为这事不重要。"不光洗脸不重要，甚至写诗对他来说也是雕虫小技，不重要。"凯叔说，"重要的是什么呢？变法。可惜，王安石的变法失败了。"此时，教室里传来一阵惊讶的叹息声。

凯叔说，什么是真正的强人？什么是真正的勇者？什么是一个不被打倒的英雄？叫明知不可为而为之。我拼尽全力，但我可以接受任何结果。

我坚信如果他是我心目中的那个王安石，即使知道结局，他也依然会努力。

因为努力这件事，有的时候未必为了结果，而是为了此时自己对得起这个时代，此时对得起所有的机会，此时对得起自己。

作为多年的声音表演艺术家，凯叔讲述故事极富魅力。

他讲王安石，跌宕起伏；讲辛弃疾，慷慨激昂。

当他讲到辛弃疾带五十人冲入敌军五万人阵营，毫发未损擒拿叛贼并全身而退的时候，全班的孩子都被这个故事震慑住了。他们简直拍烂了自己的手掌。

最后，凯叔还声情并茂地吟诵了辛弃疾的另一首千古名词——

破阵子·为陈同甫赋壮词以寄之

醉里挑灯看剑，梦回吹角连营。

八百里分麾下炙，五十弦翻塞外声。沙场秋点兵。

马作的卢飞快，弓如霹雳弦惊。

了却君王天下事，赢得生前身后名。可怜白发生！

极具张力的声音力量，听得同学们一片寂静。"直到临死前，他还大喊了三声：杀贼！杀贼！杀贼！"最后，凯叔再次告诉同学们："我拼尽全力，可以接受任何结果。"

"我希望上完我的课，他们什么都可以忘记，只要记住这句话就可以了。"凯叔说。

我希望他们走出去 再把未来带回来

凯叔说："蓝天白云也是教育资源。"于是第二天，他带着学生到大草原上课，听取鹅声一片。

正午阳光下，同学们远远地看到凯叔向自己走来，他们惊叹道："哇！好亮啊！"他们从没见过这么闪闪发光的光头。

闪闪发亮的凯叔带着孩子们包饺子、写春联、剪窗花、扎火把，他想带着孩子们，把春节和彝族年、火把节的节俗结合起来，过一个热闹的"综合年"。

凯叔嫌弃孩子们的饺子包得不好，孩子们嘲笑他的窗花剪得不怎么样。

在年俗游戏中把凯叔当作"猪头"杀了的阿余格铁，主动教凯叔扎火把。

彝族的火把分三段捆绑，不分上下头尾，这刷新了凯叔的认知："我以前以为火把都是火炬那样的。我现在才知道，世界上有两种火把：一种是火把，一种是彝族火把。"

在火把的映天火光中，一片烟花一飞冲天，炸出五颜六色的花火。

凯叔和孩子们在篝火前唱着彝族的《祝酒歌》《诗词年年歌》，跳着圆圈舞。

最后，在篝火和星星的映衬下，孩子们许下了自己的新年愿望。

"我的愿望是把所有民族的年都过一遍。"

"我的愿望是成为一个女将军。"

"我的愿望是找到一个出路。"

"我的愿望是爸爸妈妈能经常回家。"

…………

而凯叔，也许下了自己对这些孩子的真诚期望：

此时此刻看，他们还是大山里的孩子，但我相信一定是全中国的孩子，是全世界的孩子，他们不会只了解56个民族的习惯年俗，他们甚至可以了解世界各地不同国家的风俗习惯。他们一定会走出凉山，甚至走出国门。

凯叔说："但我也坚信，因为他们的童年是扎根在大山里的，他们走出去之后，一定还会回来，不一定是人回来，他们的能力会回来的，他们的爱会回来，他们的资源会回来。所以这拨孩子越来越好的时候，一定是昭觉越来越好，大凉山越来越好，彝族自治州越来越好的时候。"

水调歌头 明月几时有　苏轼

代课老师 品 冠
上课地点 福建厦门市鼓浪屿人民小学

水调歌头

[宋] 苏轼 [①]

明月几时有？把酒问青天。不知天上宫阙，今夕是何年。我欲乘风归去，又恐琼楼玉宇，高处不胜寒。起舞弄清影，何似在人间？

转朱阁，低绮户，照无眠。不应有恨，何事长向别时圆？人有悲欢离合，月有阴晴圆缺，此事古难全。但愿人长久，千里共婵娟。

---

① 苏轼（1037—1101）：眉州眉山（今四川省眉山市）人，字子瞻，号东坡居士。其散文、诗、词、赋均有成就，且善书法和绘画，是文学艺术史上的通才，也是公认韵文、散文造诣皆比较杰出的大家。与父亲苏洵、弟苏辙合称"三苏"，父子三人，同列唐宋八大家。其词"以诗入词"，首开词坛"豪放"一派，振作了晚唐、五代以来绮靡的西昆体余风。

讲堂录

我叫品冠，来自马来西亚。我祖籍在广东揭西，我爷爷是广东人，奶奶也是广东人，后来，他们移民到了马来西亚。

我很久没有当老师了，我最后一次当老师，是教唱歌和古典吉他。我从11岁开始就学古典吉他，不到16岁就拿到教师文凭，蛮长一段时间我都在教吉他。我出道后就没再教过学生。

今天这堂课，我想用音乐切入，讲讲诗词和音乐的关系。古代有很多诗词，在写之前就已经有了旋律，先有旋律后填词，其实和我们写歌也有点像。

我觉得音乐和语文是息息相关的，好听的音乐加上好的词，就会成就一首好的歌。音乐带给我很多很多美好，我在音乐里找到了自己。我曾经是个挺孤僻的小孩，不知道怎么跟人群接触，但音乐拯救了我。当我接触到音乐之后，我觉得这个世界给我打开了一扇门。

这堂课，《水调歌头·明月几时有》，它是宋代苏轼写的词，后来被谱成了歌，邓丽君唱过，王菲也唱过。我希望和你们分享这首词，也希望能带着你们进入音乐的世界。

第一课　我们为什么喜欢月亮

苏轼，就是苏东坡，他是宋代最受欢迎的大文豪、大作家。

苏轼的《水调歌头·明月几时有》，是中秋望月怀人之作，表达他对弟弟的无限怀念。苏轼和弟弟苏辙关系极好，在苏轼的诗词中，一共提到弟弟"子由"229次，堪称"宠弟狂魔"。和弟弟分开那段时间，恰好也是他自己在官场上不是很顺利的时候。有年中秋节，他望着月亮，喝了点酒，于是就有了这么美的一首词。

林语堂老师曾经写过《苏东坡传》，他这样评价苏东坡：是一个不可救药的乐天派，一个伟大的人道主义者，一个百姓的朋友，一个大文豪，一个大书法家。

我们再看一下这首词，分为上阕和下阕。

上阕从"明月几时有"开始，看着月亮，想着天上的事情。"把酒问青天。不知天上宫阙，今夕是何年"，一直到"何似在人间"。

下阕的场景就转到人间，发出"人有悲欢离合"的感慨，人生会面临各种生离死别，你们从学校毕业各奔东西，到时也会舍不得你们班上的同学。

大家有没有注意到，苏轼是看了什么景，才想念他的弟弟的？没错，月亮。

在文风上，苏轼就是宋代的李白。李白写过《把酒问月》："青天有月来几时？我今停杯一问之……今人不见古时月，今月曾经照古人。"今天的人看不到古时候的月亮，今天的月亮曾经照耀过古代的人。"古人今人若流水，共看明月皆如此"，古人和今天的人都像流水一样，共同看到的实际是一个月亮。苏轼写的是"但愿人长久，千里共婵娟"，祝愿所有的人都可以平平安安，活得长久，共享一个美好的月亮，美好的月光。李白说了一个道理，苏轼写了一段祝福。

我们为什么喜欢月亮呢？因为月亮很美很宁静，能让我们想到远方的亲人，无论是中国的月亮还是马来西亚的月亮，都是同一个月亮。每到中秋，我们都会想念家人，希望跟他们团圆在一起。

第二课 苏东坡和鲍勃·迪伦都爱用的写词技巧

诗歌和音乐是息息相关的，最早的诗其实都是可以唱的，最早的词也是配乐的诗，是一种音乐文学，像《诗经》《汉乐府》也都是可以唱的。宋词常常出现在很多演唱场合，这才让词在宋代这么兴盛。

歌词是一种文学题材，现代歌词也和宋词一样，常用借物抒情来表达。就像刚刚我们说的《水调歌头》里的是月亮，哥哥望着月亮想到他的弟弟。说到词的这一部分，我们不得不说一个歌手，叫鲍勃·迪伦，2016年，他75岁，获得了诺贝尔文学奖。他是第一位获得这个奖项的歌手。

除了刚刚那首《水调歌头》的歌词之外，你们还有想到别的歌是借景抒情的吗？罗大佑的《童年》有听过吗？

童 年

罗大佑 填词

池塘边的榕树上，知了在声声叫着夏天，操场边的秋千上，只有蝴蝶停在上面，黑板上老师的粉笔，还在拼命叽叽喳喳写个不停，等待着下课等待着放学，等待游戏的童年。

这首歌其实也是借物抒情，看看物在哪里？物也可以说是东西，也可以说是情境，池塘、榕树、知了、操场、秋千、蝴蝶、黑板、粉笔，这些情境会让你想到什么？你觉得这样的童年是快乐的吗？

每一首歌都有它的生命力，都有它的节奏，"童年"，光看这个词，你就有很多的画面。我们一起学着改写《童年》的歌词。

我教你们一个比较简单的方法：你们先把字数排列好，可以用格子圈出来有几个字，第一行是七个字，第二行是九个字，第三行是八个字，第四行是九个字。第一行你们可以想象一个场景，比如海边。

苏轼的词，我们数一下，有三个字的：转朱阁，低绮户；也有四个字的：不应有恨；还有五个字的、六个字的，长长短短。歌词要长长短短的，才好唱出来。所以古代的词也叫长短句，适合吟诵。同学们你们有听过《送别》吗？

长亭外，古道边，芳草碧连天，晚风拂柳笛声残，夕阳山外山。

品冠老师的语文课上最重要的教具是吉他。

天之涯，地之角，知交半零落。一壶浊酒尽余欢，今宵别梦寒。

这首歌是李叔同先生根据外国的歌曲填词，用了中国古代常常用到的关于送别的意象组合起来的。像长亭、古道、芳草、晚风、柳笛、夕阳、天之涯、地之角，这些词都是和送别有关的意象。

所以，我们把童年的一些记忆、一些形象、一些人物事物组合起来，就变成一首歌。我觉得歌曲是最能感动我们的一种艺术。就像诗歌，也是最高的文学形式。

大家准备好完成你们的《童年》歌词。下午，我们就要到海边去，把你们写好的歌词唱出来。

郭炜：向日葵靠近的天空上，就是那盛开的夏天。蓝色的波浪闪闪发光，就像那跳动的音符，日光岩下起了大雨，鼓浪屿就变成了青黛色，一边观赏星星，一边拉大提琴，就像是金色的童年。

陈诺豪：鼓浪屿的小路上，只有欢乐玩笑的声音，妈妈牵着我的手，在我最爱的日光岩上，一边看美丽美景，说说笑笑根本停不下来，玩笑的天地，充满了美好，这就是纯洁的童年。

苏鹭鸿：阳光下蜻蜓飞过来，一片片金黄色的稻田，青蛙欢快地叫着，小鸟也一样不停地叫，一个个美丽的傍晚，还有那充满阳光的大早晨，等待着夏天，等待着春天，等着下雪的冬天。

钟家霖：鸡窝里的老母鸡，正在咯咯咯吵个不停，进去里面看一看，原来它生了一窝鸡蛋，臭臭的鸡窝旁边公鸡正在狠狠地盯着你。乡村的快乐，真呀真有趣。有趣的乡村童年。

郑婕：草莓地里的欢声笑语，让我永远都铭记于心，尝到了酸酸的草莓，使我脸上都变了形，妈妈还不停地哈哈大笑，使我心情很不好，快乐的童年，苦涩的童年，每个人都有的童年。

吕颖岑：教室里的好朋友，让我十分流连忘返。自行车虽然很难骑，但还是要保持平衡感。一起玩耍，一起复习，一起骑着车，一起唱歌。等待着快乐，等待着梦想，等着欢乐的童年。

这首《童年》，大部分在描述欢乐的童年时光，也有小小的离别，在成长过程中，我们一定会经历很多不一样的事情，有快乐的，有悲伤的，有惆怅的，有让人遗憾的。

说一说我的童年。我是11岁才开始弹吉他的，弹了三十几年，那时候学的是古典吉他。我小时候住在马来西亚的吉隆坡，那个地方可能和厦门也差不多，可以常常接触海。我小时候很喜欢赶紧把作业做完，想要赶紧出去玩。我小时候喜欢抓蜘蛛，你们听到蜘蛛是不是觉得很恐怖？但马来西亚的蜘蛛不是毒蜘蛛，我们那边叫豹虎，豹和老虎的结合。它看起来很凶猛，但是无毒。我们喜欢抓了蜘蛛后，放在火柴盒里。童年的记忆中，还和小伙伴们一起做了很多事情，比如狂奔在暴雨的路上，一起弹吉他，温习功课，唱着歌玩乐。

结课八分钟

这次来上课，也让我想起小时候做过的一些事情。小时候就是爱玩，那时候真的很难理解，为什么父母总是叮咛我们，不允许我们做这个，不允许我们做那个。

现在自己为人父母了，我也会告诉我的小孩，这个不许做，那个不许做，不让他们玩太多，所以，大人和小孩的世界永远是不一样的，我想要争取一个平衡。每次我要阻止我的小孩去看太多电视，或是看太多的平板，我都会想起，如果我现在5岁，我肯定也在一直玩，就像《童年》歌词写到的："等待着下课等待着

品冠老师说：我曾经是一个挺孤僻的小孩，当我接触到了音乐之后，我觉得这个世界打开了我的扇门。我希望这一次《同一堂课》，有机会和这些学生们互动，他们能更进入音乐的世界里面。

放学，等待游戏的童年。"谁不是这样呢？有时候特别向往童年的情景和画面，但我们已经回不去了，趁着我现在还能看到自己的小孩过他们的童年，我就会特别珍惜。

有一个说法，或是俗语，学音乐的孩子不会变坏，我确实这么认为。当你接触一种乐器，或是你很喜欢音乐，其实它可以陶冶你的性情。当你很投入到音乐里、很沉浸在音乐世界里，人的性情就会自然而然变得比较优雅，或是比较善良。

我另外的一个收获是，我看到孩子们很喜欢音乐，甚至于那些从没接触过乐器的小朋友，也通过这次《同一堂课》，听我唱了很多歌。我想，这会在他们心里埋下一颗种子，以后，他们也可能开始接触吉他，开始学唱歌。到那时候，我希望他们可以想起，自己曾和品冠老师有过这样一堂课。

上课记

歌手品冠要来上语文课，开场白当然是唱歌。唱的是小虎队的《红蜻蜓》："轻轻地吹着梦想慢慢地升空，红色的蜻蜓是我小时候的小小英雄。"这是20世纪80年代的少年之歌。

品冠在讲台上自弹自唱，孩子们跟着摇头晃脑。这节课是在轻快欢乐的曲调中开始的。

上课的学校，是厦门市鼓浪屿人民小学。鼓浪屿是个网红岛，岛上有大批的民宿、大批的咖啡馆、大批举着相机的文艺青年，还有大批的"音乐世家"——这也是使鼓浪屿成为文艺胜地的原因之一。一百多年来，从鼓浪屿走出的近现代音乐家，有周淑安、林俊卿、殷承宗、陈佐煌、许斐平等一百多人。如今，鼓浪屿的人均钢琴拥有率全国第一。所以，鼓浪屿成了中国音乐家协会官方认定的"音乐之岛"。

在"音乐之岛"上，品冠带着同学们认识了全中国古往今来最会写歌词的人——苏东坡。

宠弟狂魔苏东坡

如果要论唐代最受欢迎的作家，大家恐怕还要在李白和杜甫之间犹豫，如果要把范围定在宋代，那必然是苏轼无疑。

数字里的苏轼是这样的：现存2700多首诗歌、300多首词，4800多篇文章，包括800道圣旨，还有800多封书信，600多件墨迹。这其中，最受欢迎的三篇文章，是《念奴娇·赤壁怀古》《赤壁赋》与《记承天寺夜游》。何以见得？这三篇文章，同时入选了中国大陆与台湾地区的课本。

地图上的苏轼是这样的：生于眉山，走过凤翔、开封、密州、徐州……苏轼自己说："问吾平生功业，黄州、惠州、儋州。"到黄州，苏轼才成了苏东坡。在黄州、惠州、儋州这三个地方，苏轼写下了平生最好的篇章。上面提到他同时受到两岸欢迎的三篇课文，都是他在流放黄州的时候写的。

做哥哥的苏轼是宠弟狂魔。苏轼说，弟弟不只是弟弟，也是他的好朋友。苏辙说，哥哥不只是哥哥，也是他的好老师。

苏辙的个子比苏轼高，官做得也比苏轼大。假如不是哥哥苏轼文名太盛，弟弟苏辙或许也可以在中国文学史上留下一笔。

苏轼这一辈子走到每一个地方，都给弟弟写信，信里还要诗文唱和。两个人这辈子唱和了大概有100首诗词。这其中，苏轼在密州任太守时，于中秋节之际写下的《水调歌头·明月几时有》

是最为著名的篇章之一。写下这首词的时候，他和弟弟已经分别八年。第二年，苏轼终于调回京城，苏辙出城30里到黄河岸边去迎接。后来，苏轼调往徐州做太守，苏辙又在徐州陪了他三个月，过完中秋才告别。

品冠讲给鼓浪屿学生们的，正是这首哥哥写给弟弟，寄托无限思念的《水调歌头·明月几时有》。这首词的韵味绵延至今。

品冠后来发现，自己关于这首宋词情感的讲述，同学们全都听进去了。

有一个叫卢祉悦的同学，在交上来的作文中，写到自己和妈妈的故事。有好几年时间，卢祉悦的妈妈曾在洛杉矶工作，那时候，她只能通过视频和妈妈聊天。后来，爸爸带着她去美国看妈妈，见到妈妈时，她有那样特别强烈的感觉：再也不想让妈妈离开她。"这样的惆怅和思念，完全淋漓尽致地表达在了她的作业里面。"品冠说。

两个11岁的弹琴少年

千年前苏东坡的《水调歌头·明月几时有》，和罗大佑的《童年》有什么共同点？

品冠说，他们写的词，都"借物抒情"。而"借物抒情"，是写歌词最重要的技巧之一。

于是，在鼓浪屿人民小学160岁的古榕树下，品冠给孩子们弹唱了一首《童年》。于是，还是在这棵古榕树下，孩子们尝试着用属于自己的童年意象，来改造《童年》的歌词。

每代人都有自己的童年。但童年的快乐与忧愁是共通的。"池塘边的榕树上，知了在声声叫着夏天"，这是台北孩子罗大佑的童年；"海洋边的椰树上，海鸥在声声叫着浪花"，这是鼓浪屿孩子肖敏娴的童年。

品冠看着学生们的歌词和作文，甚至羡慕起他们的童年："像风铃啊，飞机啊，沙滩啊，贝壳啊，螃蟹啊，还有鸡窝啊，我都觉得蛮有趣的。"

最让品冠印象深刻的孩子名叫郭炜。郭炜从5岁就开始学大提琴。他在作文中写，自己原本个性比较内向、比较害羞，可一拿起大提琴，就可以变得自信而快乐。

这触发了品冠对小时候的回忆。

像郭炜一样，品冠小时候极度没自信。每一季音乐考试，老师会叫同学们到课室面前，对着班上的同学唱歌。那时候，品冠就拿着音乐课的课本，全身发抖，甚至没有办法完整地唱完一首歌。直到11岁那年，品冠开始学吉他。音乐拯救了他，也改变了他。

在鼓浪屿，为了让同样是11岁的郭炜学会勇敢表达，战胜害羞，品冠还邀请郭炜一起，在海边合奏了一曲《童年》。"我的乐器是吉他，他的乐器是大提琴。我想大提琴应该算是他最好的朋友。"

牡丹亭　汤显祖

代课老师　茅威涛
上课地点　浙江杭州外国语学校

牡丹亭·惊梦（节选）

〔明〕汤显祖①

【醉扶归】〔旦〕你道翠生生出落的裙衫儿茜②，艳晶晶花簪八宝填，可知我常一生儿爱好是天然③。恰三春好处④无人见。不堤防沉鱼落雁鸟惊喧，则怕的羞花闭月花愁颤。〔贴〕早茶时了，请行。〔行介〕你看："画廊金粉半零星，池馆苍苔一片青。踏草怕泥新绣袜，惜花疼煞小金铃。"〔旦〕不到园林，怎知春色如许！

【皂罗袍】原来姹紫嫣红开遍，似这般都付与断井颓垣。良辰美景奈何天⑤，赏心乐事谁家院！恁般景致，我老爷和奶奶再不提起。〔合〕朝飞暮卷⑥，云霞翠轩；雨丝风片，烟波画船——锦屏人⑦忒看的这韶光贱！〔贴〕是花都放了，那牡丹还早。

---

① 汤显祖（1550—1616）：字义仍，号海若、若士、清远道人，出生于江西临川，中国明代戏曲家、文学家。祖籍临川县云山乡，后迁居汤家山（今抚州市）。

② 茜：绛红色。

③ 好：是指美。爱好，爱美。

④ 三春好处：春季三个月的美好风景，比喻青春姣好的容貌。

⑤ 奈何天：愁闷无聊，伤心抑郁的生活。

⑥ 朝飞暮卷：出自王勃《滕王阁诗》："画栋朝飞南浦云，珠帘暮卷西山雨。"

⑦ 锦屏人：幽居深闺中的女子，此为丽娘自称。

讲堂录

万事万物都有个因缘。今天我来到杭州外国语学校，当你们的代课老师，也有几个因缘。

第一个缘分，我当过老师。1978年，我高中毕业，我的第一份工作就是代课老师，教英语。

第二个缘分，我的女儿曾经在杭州外国语学校读书。

第三个缘分，你们都是未来的外交官，而我是一个越剧演员。越剧和外交有这么一段外交史上的佳话：周总理曾经在日内瓦会议上给外国友人们播放了彩色越剧片《梁山伯与祝英台》，怕外国人不懂，周总理就跟他们说，这是中国的《罗密欧与朱丽叶》。

我叫茅威涛。这个名字很像男生，恰好，我也干了一个跟男生有关的职业，我是演小生的，女小生。我扮演的都是男性角色。

我演过陆游；演过《西厢记》里的张生；孔乙己是我第一次尝试演一个近代人物，为了演这个角色，我把一头青丝给剃了。

大家肯定认为，我从事的是中国传统戏剧，不会演外国人，不会演外国戏。

但我演过改编自布莱希特经典《四川好人》的新编越剧《江南好人》。在这个剧中，我一人分饰两个角色，一个男性，一个女性。这也是我从艺40年，第一次在舞台上扮演女性。

我还演过莎士比亚笔下的大将军寇流兰。2016年，莎士比亚与汤显祖共同逝世400周年的时候，我们编排了让中西方戏剧对话

茅老师找人在西湖边折了一枝柳枝，与助教老师徐叶娜共同演示越剧《牡丹亭》片段。柳枝，是柳梦梅的重要道具。

的作品，就叫《寇流兰与杜丽娘》。

大家可以看到，越剧并非你们想象的那样，是"老东西"，它一直在创新。

今天我要讲的课文，就是一篇戏文，汤显祖的《牡丹亭·惊梦》。

在戏剧史上，汤显祖被称为"中国的莎士比亚"。他的"临川四梦"非常了不起，其中，《牡丹亭》是他最珍视的。汤显祖说，我一生四梦，"得意处惟在牡丹。"

今天我走进杭州外国语学校，重新做回茅老师，就是要借由戏剧大师汤显祖的经典名作《牡丹亭》，把越剧带给同学们，再把同学们带进剧场。

希望同学们能够通过这节课，感受到文学的魅力，感受到越剧的魅力，也感受到舞台的魅力。

第一课　汤显祖和莎士比亚打了个平手

汤显祖是江西临川人。临川，也就是今天的抚州。

莎士比亚跟汤显祖同一年过世，但汤显祖比他大14岁。

汤显祖中了秀才，入读"县学"的第二年，莎士比亚出生。莎士比亚只上过"镇学"——斯特拉福德镇的国王新文法学校，因为他父亲是镇长，他可以免费上学。

汤显祖49岁辞官归里，回到家乡临川古城。莎士比亚也是49岁回到故乡小镇斯特拉福德定居。汤显祖回乡自建宅邸，自称"沙井新居"，内有玉茗堂、金柅阁。莎士比亚在斯特拉福德购买的全镇第二大的豪宅，自称"新宅"。

汤显祖回乡当年，动手写定《牡丹亭》。第二年，万历二十七年，公元1599年，玉茗堂首演《牡丹亭》。首演日期8月14日，那一天是汤显祖五十大寿。

同年，莎士比亚作为股东的环球剧场在泰晤士河南岸建成。环球剧场的开张大戏，是莎士比亚的《裘力斯·恺撒》，莎士比亚的第一部罗马题材剧。首演时间是1599年6月21日，那一天恰好是夏至。

万历四十一年，1613年，江西临川的沙井新居大火，玉茗堂书画尽毁；伦敦的环球剧场大火，剧场毁灭。

莎士比亚有多牛？他是西方最著名的戏剧家，没有之一。世界上所有的剧团都会排莎士比亚的戏。

汤显祖是"中国的莎士比亚"。中国所有的戏曲剧团，都会排《牡丹亭》，所有的演员都想演杜丽娘、柳梦梅。

我和我的剧团去过斯特拉福德，去过莎士比亚的家，还在莎士比亚家的后花园演过《寇流兰与杜丽娘》，也演过《牡丹亭》。

我们在英国演出那年，是习近平主席访英的第二年。我们去参加汤显祖、莎士比亚共同逝世400周年的纪念活动。当时，中国驻英大使刘小明给了我们非常高的评价："这个演出，是对中英文化深度交流最好的践行。"

在中国，几乎所有读过书的人都知道莎士比亚，但是有多少英国人知道汤显祖？可能寥寥无几。但是通过我们的演出，通过那些报道，会有更多的英国人、外国人了解汤显祖。

我们的演出在英国大受欢迎。可以说，中国戏剧和英国戏剧在莎士比亚的老家打了一个平手，我们没有输给他们。

第二课　杜丽娘之前 没有这样的女子

汤显祖在《牡丹亭》题记里写道："情不知所起，一往而深。"

用一句话来概括，《牡丹亭》讲的是一个"死去活来"的爱情故事。

先讲"死去"。故事的女主角，是年轻貌美、活泼可爱、知书达理的杜丽娘。可是，杜丽娘有个古板的老爸。老爸整天把她锁在家里，不让她出去玩。这天，杜丽娘在自家后院里睡着了，做了一个梦，梦见在牡丹亭里，她认识了一个书生，她的白马王子。

杜丽娘醒来以后，发现梦是假的，白马王子也是假的。于是卧床不起，几天之后，伤心死了。是真的伤心死了。死之前，她让老爸把自己葬在牡丹亭边。

再讲"活来"。三年后，一个叫柳梦梅的书生进京赶考，路过牡丹亭，捡到了一幅画，画上人就是杜丽娘。柳梦梅爱上了画中人杜丽娘。杜丽娘的魂魄感应到了柳梦梅，就到柳梦梅的梦里来见他。

爱情让人起死回生，柳梦梅把坟扒开，帮助杜丽娘重回人间。活过来的杜丽娘带着柳梦梅去找自己的爸爸。结果，爸爸很生气，他视死而复生的女儿为妖怪。

好在，柳梦梅后来中了状元，皇帝很开明，为他们主持了婚事。

这就是《牡丹亭》里讲的故事。

全本的《牡丹亭》一共55出。课文摘选的这两段，出自《牡丹亭》的第十出《惊梦》。《惊梦》一共有12支曲子。

其中，我们学的这两段【醉扶归】和【皂罗袍】，是流传最广、最为经典的两支曲子。"醉扶归"和"皂罗袍"都是曲牌名，曲牌主要的作用就是规定了一首曲子的押韵、平仄、字数的格式，它和宋词里词牌名的性质是一样的。

《牡丹亭》是一个很简单的故事，但它的语词之美，值得大家好好体会。

首先，我们来看看汤显祖是如何形容杜丽娘的美的？

他先从她的穿戴上来形容——穿红戴绿，首饰精美。"翠生生出落的裙衫儿茜，艳晶晶花簪八宝填"，"茜"是绛红色，她穿一条绛红色的裙子，"花簪八宝填"，就是插在她头上的那些簪子。这些是对她打扮的描述。

"恰三春好处无人见"，这句运用了比喻的手法，用春季三个月的美好风景比喻自己的美貌。

"不堤防沉鱼落雁鸟惊喧，则怕的羞花闭月花愁颤"，是一句夸张的话，形容杜丽娘的美貌沉鱼落雁、闭月羞花。

我们写一个人美，不仅是描述外貌打扮，还可以用各种修辞手法来衬托、来形容。

这里有一句话——"一生儿爱好（hǎo）是天然"，这是这出《惊梦》的文眼。

好，是指美好的事物；一生儿爱好是天然，就是热爱美好的事物，是我一生的天性。

爱好，汤显祖用，我们现在也用，只是语意稍有不同。汉语最美丽的地方，就在于它能用最精练的词凝练出最重要、最丰富的意义。

"原来姹紫嫣红开遍，似这般都付与断井颓垣。"这一句很有意思。我们的古人擅长用各种景物、时节来表达不同的情绪。比如，一般人用春天的景物表达开心，秋天的景物表达伤心。但是汤显祖恰好是反过来用的——她用春天的姹紫嫣红、良辰美景、春光一片大好，来反衬杜丽娘被锁在家中的苦闷。

你想想，外面的世界那么好，我却出不去，这样的表情达意，真的是绝了。

看上去，《牡丹亭》好像只是一个浪漫主义的爱情故事。

实际上，在《牡丹亭》之前，中国的文学作品中很少出现杜丽娘这样的女性形象。

对比中国传统女性角色的羞羞答答、温婉含蓄，杜丽娘是一个自恋、自信、情感丰富、大方、大胆并且渴望自由的人。

汤显祖正是借杜丽娘这样一个鲜明的、自由的、有着反抗气质的女性形象，来控诉当时不近人情、泯灭人性的封建礼教。

你们看，《牡丹亭》写得多极致啊，杜丽娘如果不死，就不能得到她的爱情。人一定要变成鬼，才能冲破封建礼教的束缚，拿回原本属于她的感情和自由。这不正是对当时那个荒谬的世界最极致的控诉吗？

第三课　昆曲的前世今生

汤显祖创作《牡丹亭》，原本用的是宜黄腔。后来才被改编成不同的戏曲种类，其中最著名的就是昆曲版《牡丹亭》。

把《牡丹亭》改编成昆腔的人，是与汤显祖同时代的戏剧家沈璟。

但汤显祖看到昆腔版《牡丹亭》，并不满意，他说："笔懒韵落，时时有之，正不妨拗折天下人嗓子。"——你们写得不好，韵脚押得也不好，改成这样，也不怕折了天下人的嗓子。

然而，恰恰是这部汤显祖不满意的昆腔版《牡丹亭》，成了昆曲的经典剧目。

昆曲，是中国最重要的剧种之一。

如果追根溯源，中国戏曲的萌芽，可以追溯至上古原始社会的歌舞。在经历汉唐直至宋金后，形成了比较完整的戏曲艺术形态。

唐玄宗曾在宫廷里设置了专门训练乐工的机构，就叫梨园。所以，梨园行至今仍供奉唐玄宗李隆基为"祖师爷"。

宋元时期，中国南方兴起的戏曲剧种叫南戏，北方的叫杂剧。到了明清时期，宋元的南戏进一步发展为传奇。许多昆曲剧本，就从传奇演化而来。

昆曲最兴盛的时期，是明万历到清乾隆嘉庆年间。足足二百多年，没有别的剧种可以与它比肩，所以昆曲也被称为"百戏之王"。

昆曲的韵脚、字数，包括旋律，最早是用工尺谱来记载的，所以唱得非常慢。以前我们越剧团隔壁是昆剧团。昆剧团经常自嘲，昆曲是困困曲曲，就是昆曲听着就是要睡着的。昆曲节奏比

学生汇演的地方，是小百花越剧场。这座剧院是一个巨大的蝴蝶造型，因而被称为"大蝴蝶"——它也的确是全世界最大的蝴蝶。

较慢，比较拖沓，但是非常唯美，非常雅。

正是因为它雅，它对京剧和川剧、湘剧、越剧、黄梅戏等许多剧种的形成和发展都有过直接的影响。

昆曲中，最重要的曲目，就是《牡丹亭》。直到今天，中国几乎没有一个昆曲团不演《牡丹亭》的。作为演员，如果演不了杜丽娘，就成不了大角儿。《牡丹亭》可以养活一个剧团，甚至养活一个剧种。

近几十年，《牡丹亭》在年轻人中也普及起来，这都因为一个人——台湾作家白先勇。

白先勇先生和昆曲结缘，也因为《牡丹亭》。1947年，白先勇10岁，生活在上海。那时，梅兰芳八年全面抗战蓄须明志之后，首次登台。他和俞振飞在上海美琪大戏院演出昆曲。白先勇看的那一场，刚好是《牡丹亭》的《游园惊梦》。这一场《游园惊梦》，惊动了少年白先勇，给他留下了终生难以磨灭的印象。

当他听到【皂罗袍】一曲时，白先勇说自己"魂飞天外"："灵魂飞上九重天，茫然间，几百年前全是孽缘"。

客居美国伯克利加州大学的时候，白先勇写了一篇小说，描述的是一个昆曲名伶的一生，小说叫作《游园惊梦》。

1982年，白先勇将小说《游园惊梦》改编成舞台剧。在晚年的时候，他更是倾注了大量心力，去编排和推广青春版《牡丹亭》，使得这部传统戏曲杰作，在年轻人之间普及了起来。

第四课　越剧是戏曲中的青春偶像剧

我所从事的越剧，是最年轻的中国剧种之一。

我们有一位前辈叫袁雪芬。她说："越剧是喝着昆曲和话剧的奶长大的。"

1906年，越剧出生在浙江嵊州一个叫东王村的地方。民间大丰收的时候，大家把四个稻桶合过来，搁上门板，就算是舞台，可以开始唱戏了。其实越剧就是诞生于田间地头，是村民们婚丧嫁娶时表演的一种民间艺术。

到了20世纪三四十年代，越剧来到了上海。那时的上海，是一个世界文化、经济交流的中心。越剧就在这里，吸收了话剧、歌剧、电影，还有昆曲的养分，形成了越剧特有的时尚性和现代性。

在短短一百多年时间里，越剧成长为中国的第二大剧种。它的观众群分布度、剧团的分布度惊人，在20世纪五六十年代，除了西藏和内蒙古，每个省市都有越剧团。

说到这里，昆曲和越剧的唱腔究竟有什么区别呢？昆曲的音调更长，旋律更慢。

越剧虽然很年轻，但也沿袭了中国戏曲的精粹。我小时候练习越剧，我的老师就跟我说，你要像梅兰芳一样练习，怎么练呢？每天点一炷香，眼睛一直跟着袅袅青烟在走。

同时，越剧很年轻，所以它还可以不断地创新。我们曾经在越剧中增加了爵士舞的元素，我们用越剧演出布莱希特、演出莎士比亚，我们正一步步把越剧推向更宽广的国际舞台。

而且，在全中国的剧种中，只有我们越剧是全女班的。

全女班是什么概念呢？大家也许知道日本的宝冢歌剧团。他们最著名的演员叫天海佑希，他们管女小生叫男役。可以说，这一百多年来，越剧把中国传统戏剧中的跨性别艺术，发挥到了极致。

我们学习了汤显祖的《牡丹亭》和关于越剧的知识，我们现在来到小百花越剧场。

七十多年前，我们越剧前辈袁雪芬老师发动了"十姐妹"联盟，写了一个类似于宣言书的声明，大意是，她们要义演一出叫作《山河恋》的戏。并用义演的收入，建一座越剧场。这出戏，是根据三个《火枪手》和《东周列国》中的一些故事情节改编的。这十个人，都是当时在上海非常红的名角。我的太先生尹桂芳，就演三剑客里最风流的那个角色。

现在，我们的小百花越剧场建在杭州西湖的边上。大家可以看到，这里的正门是蝴蝶形状的，像要翩翩起舞。这座剧院的侧面和通道，也采用了蝴蝶形状的镂空，就好像一群大大小小亮晶晶的蝴蝶。所以我们叫它大蝴蝶，它也的确是全世界最大的蝴蝶。

这座大蝴蝶剧场，可以说是实现了我们几代越剧人的梦想。

20世纪40年代的时候，梅兰芳先生他们也曾想搞一个京剧剧场，但没有实现。现在，北京有了梅兰芳大剧院，杭州有了小百花越剧场。

我希望以后大家再来我们杭州，可以逛西湖、喝龙井、看越剧。

今天，就在这里，我会邀请我的三位助教老师——浙江小百花越剧团青年演员徐叶娜、陈丽君、李云霄，带着大家一起完成越剧中"唱、做、念、表"基础动作的练习。

结课八分钟

在这两天的时间里，我们学习了越剧，认识了江西的汤显祖，认识了斯特拉福德的莎士比亚。我们在这个堂皇明亮的大剧场，自己上台表演了戏剧。

我们为什么要看戏？我们有电影院，有电视机，有手机看视频，我们为什么还要走进剧场来看戏？

因为剧场的独特性。一个真正的剧场艺术作品，是舞台上的所有的演职人员和观众共同来完成的，这样的魅力，这样的独特体验，大概只有剧场里才会有。

演员、舞台是一种魔法，而剧场是一座宫殿，丰富而辉煌。面对一道银幕，或是面对一群人，你选谁？我当然选剧场、戏剧。

因为剧场，就是我们的后花园，良辰美景赏心乐事，四大美，都在这里。

我想让你们在这里感受舞台的魅力，感受传承的力量，也希望在未来，你们能把我们绝美的戏曲艺术带向更多、更远的地方。

大春老师说

汤显祖一生最得意的作品就是《牡丹亭》，而《牡丹亭》中，最令人觉得能得人生之意的，应该就是《游园惊梦》。

"临川四梦"，说起来是四个梦，但这四个梦其实是相类似的，都是对于人生不满意的反省。

《紫钗记》改编自蒋防的《霍小玉传》，本来叫《紫箫记》。在蒋防原先的故事里，男主角李益和女主角霍小玉相识之后定情，但李益却因为考上功名而抛弃了这个女子。这个故事，就变成了一个充满怨气的报仇故事。

但是汤显祖采取了另外一个角度——他让男女主角在互相听信了关于对方不利的谣言之后，又有了不同的反省，从而有了坚贞的誓约。于是，《紫钗记》就变成了一个类似喜剧版收场的《霍小玉传》。这是临川四梦的第一梦。

《南柯记》和《邯郸记》，也都取材自《唐人传奇》。

《邯郸记》讲，吕洞宾要找一个人到天庭上扫地，怎么找呢？他在人间找到一个人，让他很快地在他的梦境之中，经历官场上的起起落落，经历富贵、放逐、衰老，到最后回头一看，原来自己所经历的这一切，只不过是一个蚂蚁国里演绎的故事。经此一梦，此人大彻大悟，便随吕洞宾扫地去了。这是邯郸梦。

　　《南柯记》是从《南柯太守传》这个小说里转化而来的，大致上，也采取了和《邯郸记》类似的内容。

　　汤显祖自己声称最得意的这一部《牡丹亭》，采取了一个大规模的、非常细腻的写作手段，把一个完整的女子对于新世界内在的渴求，放在对于春色的敬慕之中。

　　我相信这一个梦，更多的是寄托了中国古代女子数千年来受到桎梏的命运。《牡丹亭》真正的价值是在这里。

　　汤显祖继承了魏良辅在戏曲上面的创作，让这些剧作有了可以和唐诗、宋词、元曲或是元杂剧相抗衡的一种雅正力量，大概这也是它成功最重要的元素。

　　在中国的戏曲里，从元杂剧到明清传奇，甚至到现在我们还能接触到的昆曲、京剧、鼓书这些曲艺中，最常用的一个手段就是垒叠法，或者说是回旋法。

　　曲子里不断地有节奏感，而且不断重复旋律以及节奏。大家如果把这些特定的修辞方式放在你的作文里面，就会找到一种新的节奏感。所以多读戏文，多看戏，还真的会给我们带来一些意外的收获，就好像杜丽娘打开了门窗说，"哎呀，不到园林不知春色如许"，不看戏，还真不知道原来我们的语言有那么多新奇的变化。

上课记

"这堂课，完全颠覆了我对越剧乃至戏剧的看法。越剧名角茅威涛老师走进了我们的课堂。茅老师首先从她自己的角色谈起，从那一刻开始，我就没有停止对她的佩服。"张思怡在作文里这样写道。

张思怡是杭州外国语学校初中二年级四班的学生。杭州外国语学校是一所在周恩来提议下创办的学校，它的毕业生大量被保送北京、上海的外国语大学，为中国的外交事业培养了诸多人才。

茅老师给杭外初二四班带来的《同一堂课》，不是外语课，是经典戏剧课。

中文词句之美　已经被古人用完了

猜猜他们都是谁？茅老师在初二四班的黑板上贴出一组剧照。

光头的是鲁迅的孔乙己，妖艳的是央视版《笑傲江湖》里的东方不败。唯一女装的是《江南好人》里的歌妓沈黛，是茅老师平生扮演的第一个女人。同一剧目中，她还扮演了一个男人——沈黛的表哥隋达。

这部戏本来的名字是《四川好人》，编剧是布莱希特,德国人。

古代组的男人，是《陆游与唐婉》里的陆游、《西厢记》里的张生，拿扇子的是梁山伯，腰间插扇子的——茅老师透题说，那是匕首，是《寒情》里的荆轲，拿着柳枝的，是《牡丹亭》里的柳梦梅。

穿罗马军服的是寇流兰，跟柳梦梅出现在同一台戏——《寇流兰与杜丽娘》里。寇流兰是莎士比亚《科里奥兰纳斯》里的古罗马将军。

今天的正课，正是《牡丹亭》。全本《牡丹亭》有55出，本课课文选自其中一出——《惊梦》中的两支曲子。

"这个括号里的'旦'就是生旦净末丑的'旦'。这个'贴'呢，贴身的'贴'，小姐的贴身是什么？"

"丫鬟。"

"说对了。这个括号里的'行介'呢，就是走的动作。'合'就是一起唱。"

语文课当然是从语文讲起："我们古时候的戏文可以写得那么美，'锦屏人''奈何天''姹紫嫣红''良辰美景'，所有这些，已经到了一种真正的极致了。我们中文的、词句的这种美，似乎已经被古人用完了，所以你们要创造出更好的、更美丽的中文来。"

昆曲好听还是越剧好听

《惊梦》不仅是读本，而且是唱本，要唱出来、演出来。

杜丽娘来了。

茅老师请来一位助教，浙江小百花越剧团的青年演员徐叶娜。在《寇流兰与杜丽娘》中，她扮演杜丽娘。

茅老师和徐老师先表演了一段《惊梦》，杜丽娘在梦中梦见柳梦梅。

"我们刚才的道白和唱腔，很多不是老越剧的，有许多昆曲的东西。"

茅老师请徐老师展示一段《惊梦》的念白，先昆曲，再越剧。越剧的念白有更长的拖腔，亦念亦唱。

"昆曲好听还是越剧好听？"

"越剧。"同学们回答。

在莎士比亚与汤显祖共同逝世400周年的时候，茅威涛老师曾将《大将军寇流兰》与《牡丹亭》编排成一出戏《寇流兰与杜丽娘》。
在小百花越剧场，茅威涛扮寇流兰，学生扮演杜丽娘。

助教老师陈丽君带领学生学习戏曲小生的基本步伐。
"女小生"的跨性别艺术，是越剧的一大特色。

"太好了，说明我们的移植很成功。昆曲是曲牌体，越剧是板腔体，这里我们打破了板腔体，多用了一些曲牌体的旋律。"

张思怡同学发现了一个问题：老师，你们不用眨眼睛吗？是唱戏的时候不能眨眼睛吗？

茅老师说："当然了。眼睛的训练也是重要的基本功。"茅老师还说，自己也会在晚上看蚊帐的四个角来训练眼睛。

扇子是什么？可以用来扑蝴蝶。

一只蝴蝶成为祝英台、梁山伯相识的良媒。

祝英台说："蝴蝶飞走了。"梁山伯说："飞走了。"

两个老师用扇子为同学们表演了梁山伯与祝英台初次相遇的情形。

茅老师声情并茂地解释："两人都看见了同一只蝴蝶，上去一捉，就碰到了一块儿了。这就好比你们去西湖看喷泉，一个说：'啊！这个喷泉好高啊！'另一个人在边上说：'是啊！好高啊！'然后你们俩就认识了。"

这话说完，全班笑成一团。

"你们知道在舞台上，怎么开门、关门？哪位同学来演示一下？"

英文很棒的周祺洋的开门，鬼鬼祟祟的。茅老师说，你一定很熟悉《三岔口》。

《三岔口》，京剧里的经典折子戏，人物都是在黑暗中摸索打斗。

茅老师用手眼身法步，演示了越剧的开门、关门、上下楼梯。

开门要打开门闩，再推门，关门也是闭门，推上门闩。上下楼梯，要提起衣服，抬脚，跨过门槛，要应和锣鼓点，踩出单数的台阶，9或者11，一定是单数。

最后一个课程任务，还是需要猜猜看。

讲台边有水袖长衣、两种扇子、靴子，学生们任选其一。选择之后，他们会承担一种角色。分别是什么呢？

自己最大的敌人是谁？就是自己

他哭了。

高高大大的程漪超说，不想演了，学不会。

他选的是靴子。靴子组的男生是《白蛇传》里的许仙。

第二天上午的课程是排练。全班分成三个小组，分别学习三个折子戏的片段。

一个是《白蛇传》里的《断桥》片段，一个是《梁祝》中《十八相送》的片段，一个是《牡丹亭·惊梦》片段，分别有三个助教老师来辅导：徐叶娜老师辅导《游园惊梦》，陈丽君老师辅导《断桥》，李云霄老师辅导《梁祝》。

排练课在浙江省音乐学院。小百花越剧团因为原址搬迁，暂时借居空间宽阔、植被茂密的音乐学院。

在大排练室，上全班的大课。除徐叶娜老师之外，茅老师带来两个新助教，一个是花旦，一个是女小生。

徐叶娜老师今天穿上了戏服，是惊艳版的杜丽娘。茅老师说我们用课文的一个词来形容徐老师，学生们齐声说："闭月羞花。"

李云霄老师水袖翻飞，她是窦娥；陈丽君老师衣襟挥挥洒洒，她是许仙。

"杜丽娘、窦娥两个都是旦角，一个是青衣，一个是花旦。许仙是巾生。巾就是头巾、帽子。小生有官生、巾生、穷书生。"

柳梦梅也是巾生。茅老师也换上戏服，表演了一段《牡丹亭》中的《叫画》。

柳梦梅捡到了杜丽娘的自画像，再三观览，痴痴叫唤，喊出了杜丽娘的精魂。

"丹青妙处却天然，不是天仙即地仙。"

老师们展示结束，学生们分组排练。

"还是做数学题容易。"水袖组的宋奕韬说。学霸宋奕韬是水袖组三个男生之一。

浓眉大眼的宋奕韬原本选的是扇子，又坚决地申请更换成水袖，现在却有点畏难情绪。

李云霄老师的窦娥版水袖有8尺，近3米。水袖组的常规水袖没那么长，但也是长袖难舞，要用大拇指，将水袖一寸寸抖开来，真的不容易。90后的李云霄老师也经过刻苦的学习，从"水袖玩我"，进化到"我玩水袖"，八尺水袖如行云流水般收放自如。

水袖组难倒学霸，靴子组难哭了男同学。

"我不学了。我退出。"

茅老师巡视到靴子组的排练场，发现帅气的程漪超要退群。

理由呢？

"老师，我不行，我看不见老师的动作，我只学会（唱）两个词。"

陈丽君老师把他安排到前排，他还是想放弃："老师，我没这个天分，我学不会。"

"你不要哭，就当这是一个好玩的事情，好吗？"茅老师说，"我们再试试呢？我们别轻言放弃，快乐地去面对，战胜自己。自己最大的敌人是谁？知道吗？就是自己。"

茅老师把程漪超带到舞台边，说陈老师的故事："你们的君君老

学生被越剧难哭了，茅老师耐心安抚："做一个勇敢面对自己的人，才是成功的人。"

师，比你们大不了几岁。在这出戏里头，她还有一个360度的旋转跌坐。参加比赛的时候她把脚一下子就扭伤了。我问她，你要是觉得真的太难了，你可以不做这个动作，但最后她说，我还是要做。"

茅老师给程漪超上小课，一句一句、一个动作一个动作地教。

"我们所谓的成功，不是说赚多少钱，考多少分，将来上不上名牌大学，做一个勇敢面对自己的人，才是成功的人"，这是茅老师50多年的人生体会。

课间休息，陈果同学找到茅老师，央求道："茅老师，我能否跟您合作一段戏？"

陈果是班上唯一的"专业"票友，5岁时参加过越剧比赛，得到过小梅花奖，登上过央视的元宵晚会。

茅老师一口答应。她们的合作剧目是什么呢？

大蝴蝶的"新演员"

大蝴蝶的院子里，有一座木阁。写着"尺八祖庭"。

"尺八就是从这里传到日本去的。"茅老师给同学们介绍说。

这里曾经是一座寺庙：护国仁王寺。在宋代的时候，一位来自日本的僧人，来这里学习了尺八，并且把尺八带回了日本。尺八如今是日本的国乐之一。

下午的《同一堂课》，在大蝴蝶进行排练和演出。

大蝴蝶的正规名称是小百花越剧场，是一座造型如同蝴蝶的大剧院。"大蝴蝶"的设计师，是设计过台北101大楼的李祖原。越剧场的设计灵感，来自浙江小百花越剧团的新版《梁祝》。

大蝴蝶有三个剧场：一个黑匣子剧场，演出实验性剧目；一个经典剧场，常年演出经典戏曲；一个大剧场，可以坐八九百个观众。

杭外的同学们，将在大剧场的舞台上交付自己的作业。

"你们是我的第一批客人，也是第一批在这个舞台上演出的非'小百花'演员。"茅老师说。

水袖组的演出是《惊梦》："不到园林怎知春色如许，原来姹紫嫣红开遍，似这般都付与断井颓垣。良辰美景奈何天，赏心乐事谁家院！"水袖组里人人都有戏服，但是陈果还包了头，满头华翠。

靴子组的演出是《断桥》："想当初遇娘子同舟湖上，两下里结同心门户共撑。"

扇子组的作业是新版《梁祝》，分梁山伯与祝英台："书房门前一枝梅，树上鸟儿对打对。喜鹊满树喳喳叫，向你梁兄报喜来。"

周祺洋和张思怡完成的是英文作业，穿了贾宝玉、林黛玉戏服，演唱英文版《天上掉下个林妹妹》。英文唱词是茅老师一个外交界的朋友翻译的。教两个零起步的学员唱英文版越剧，助教老师李云霄老师简直要崩溃了。幸好，结果可喜。

最后一场表演，正是陈果主动要求和茅老师合作的那出戏——《寇流兰与杜丽娘》。幽怨的杜丽娘、悲愤的寇流兰，在时空隧道中相遇。

"她混到专业群里，也完全没问题。"茅老师高度肯定陈果。

谢幕是我们站在舞台上的一种尊严

观摩表演的还有初二四班同学的家长。表演课结束后，还有一节作文课，茅老师布置的作文题是"我心中的越剧"。

周祺洋在作文里写道："我第一次知道，越剧可以与莎士比亚结合，可以将东西方的戏剧文化结合。"

茅威涛老师要周祺洋给大家表演一段英文版的"哈姆雷特"，"生存还是毁灭"，分别用三种不同的情态来表达：平静的、慷慨激昂的、忧郁的。他赢得了家长们的掌声和茅老师的好评。"我们在上表演课的时候，经常要用同一句唱腔、同一句台词，用喜怒哀乐来做不同的表达。周祺洋尽管没有学过表演，但与生俱来地具有表演天分。"

陈舒静："通过这节课，我看到了越剧全新的可能。这堂课带给我最大的收获，就是让我觉得'原来姹紫嫣红开遍'。也许越剧对我来说，就像是那后花园对于杜丽娘一样，是一个崭新的、令人感到期待的领域。"

哭鼻子喊着不练了的程潇超，对越剧也有了新的感触："今天在排练的过程中，我有点跟不上动作，还产生了放弃的念头。但是，茅老师她亲身指导了我念词，还教了我一些动作。感谢茅老师。在课堂上，茅老师经常说，'我不只希望你们的爷爷奶奶喜欢越剧，我希望你们也喜欢越剧'，现在我可以骄傲地说一声，我喜欢越剧。"

最后一篇作文是陈果同学的："来到茅老师的课堂之前，我对越剧的认知一直停留在一些经典的唱段上，《红楼梦》《梁祝》。接触到浙江小百花越剧团时，我深深地被他们的想法震慑住了，他们翻排了《步步惊心》。接触到茅威涛老师的课堂，我又惊讶于由《四川好人》改编的《江南好人》，居然将爵士舞搬上了舞台。今天很荣幸能与茅威涛老师合演《寇流兰与杜丽娘》中的'魂游'片段，我惊叹于杜丽娘细腻的千丝热情、寇流兰对荣誉的追求，中西的结合居然可以如此完美。"

茅老师听孩子们读完作文，向家长们说："我不知道你们听完之后，是不是也和我一样，心中充满着激动。这一天，就像同学们刷新了对越剧、对传统戏剧的认识一样，同学们也为我眼前打开了一扇窗、打开了一扇门，让我知道，中国戏曲、中国传统艺术，不再担心没有年轻人。我相信这门艺术，它会有第二个一百年。"

茅老师最后一个课程内容，是教同学谢幕："手拱起来，左手在前，鞠躬。向右边的观众致意。向左边的观众，再鞠躬，谢幕。向中间的观众，鞠躬。我们最后，谢谢你们的爸爸妈妈，谢谢你们的老师，再次鞠躬。我们感谢所有幕后的工作人员，给到我们这样好的支持和帮助，谢谢他们，再次鞠躬。"

茅老师感慨地说："你知道我们小百花谢幕谢得最多的一回是多少次吗？三十几次，观众就是不让你下去，最后我们实在是谢不动了。但这是观众对我们的一种热爱。所以同学们，谢幕是我们站在舞台上的一种尊严。"

关于同一堂课的说明文

（后记）

向 阳

《同一堂课》本来的名字，是《一村一课》，寄放了一个很朴素的想法，就是请代课老师去乡村小学上语文课。

给它改名字的是田明，田明是这个项目的联合发起人。他觉得应该有一个"同"，同根同脉同一堂课，所以就《同一堂课》了。

《同一堂课》三年两季，跑了19个省区市，34所学校，包括台湾的6所学校，香港的1所学校，日本的1所学校，包括北京、上海、苏州、杭州等城市的学校，所以真的没法"一村一课"了，但是远山偏乡的乡村，仍然是"同课"的主校区。

看看是谁来上课

"同课"不是上课秀，是上课，所以第一要紧的是请到好的老师。所谓好的老师，第一是肯认认真真上课，第二是有资格、有技艺。

语文不仅是"语文"，语文本质上是全科教育，所以需要有技艺的老师。戏剧、音乐、舞蹈甚至魔术，都可以是理解语文的技艺。

"同课"的第一个老师是濮存昕，他讲的是《桃花源记》和《草船借箭》。他在舞台上演过的第一个主角就是周瑜。他的代课时长是五天，在全部"同课"老师中讲课最长。"同课"第二季最后一课的老师也是濮存昕，这一回他讲的是林则徐，其时，他正在国家大剧院演出《林则徐》。

茅威涛老师讲《牡丹亭》，她演过柳梦梅。王珮瑜老师讲《空城计》，她演过诸葛亮。

张国立老师讲《论语》，他演过康熙、雍正、乾隆，这三位皇帝是历代皇帝中最敬拜孔子的。他张罗过一出戏，叫《下鲁城》，讲的是曲阜人不投降的故事。

老狼老师讲《送别》，《送别》是一首诗，首先是一首歌。

品冠老师讲《水调歌头·明月几时有》，《水调歌头》是一首词，苏东坡那个时候的歌。

作家当然是好的语文老师。

麦家老师的老家是富阳，那里跟鲁迅的故乡绍兴只有一山之隔。在富阳讲鲁迅是很自然的选择，篇目是很绍兴的《从百草园到三味书屋》。

刘震云老师也是讲鲁迅，也是很绍兴的《社戏》，但是增加了加缪的《第一个人》，以及他本人的《童年读书》。

阿来老师讲的也是他自己的作文，刊印在语文教科书上的《一滴水经过丽江》。作文写的是丽江，上课自然也在丽江。

张悦然老师很想讲讲诗歌中的失落和痛苦。她选择了《虞美人·春花秋月何时了》，上课的学校在甘肃张掖，那儿离江南很远，但是有"塞上江南"之称。

蒋方舟老师给张爱玲写过一封信，所以请她来讲张爱玲《天才梦》。张爱玲在港大上的学，所以找了港大同学会小学。

蒋雯丽老师也是一个作家，她的导演作品《我们天上见》，就源自她的著作《姥爷》，她的语文课因此讲的是萧红《祖父的园子》。

江南老师是一个理科生，却是在中学生阅读界最火的作家。他写的都是打打杀杀的故事，所以他讲的课文，是中国最著名的刺杀故事《荆轲刺秦王》。

杨祐宁老师是一个演员，但是领着孩子们做了一次科学实验，他讲的《曹冲称象》关乎浮力的物理学知识。语文课上任何奇迹都可能发生。杨老师童年的一堂《孔融让梨》课本剧，就成了他演艺生涯的一颗种子。

看看天看看地

"同课"确定要有户外课，走出教室去上课。孔子时代、柏拉图时代的上课都是户外课。

于丹老师的两堂课，一堂在台湾池上，一堂在日本神户，都是讲秋。秋天是看得见的，秋天当然在户外。池上的户外课在稻田，神户的户外课在日式庭院——相乐园。

王洛勇老师也有两堂课，一堂在贵州毕节，讲蒲松龄的《狼》；一堂在广东顺德，讲曹操的《观沧海》。讲海，要看海，看海底世界；讲狼，当然要去草原。

濮存昕老师的第一课讲了两篇课文：《草船借箭》《桃花源记》。上课所在的云南坝美村，就是一座桃花源，四面环山，两条水洞进出，坝子上是河流和稻田。

麦家老师讲《从百草园到三味书屋》，在院子里演示用簸箕抓鸟，走在村路上滚铁环，走在山路上挖何首乌，都是鲁迅时代延续至今的童年游戏。

老狼老师的《送别》课，在漠河北红村。《送别》唱"天之涯地之角"，北红村就是"地之角"。《送别》的户外课要去雪地上撒撒野，看看天空的星星，讲一讲户外生存。老狼带了豪华助教团，一支现场乐队，户外生存老师、天文老师配合星星和雪地。

马未都老师的《猫》课，当然要去看看猫。这些猫居住在观复博物馆。

蔡国庆老师在扬州讲《再别康桥》，当然要去看看桥，扬州的桥和剑桥的桥真是大不同。

孟非老师的学生是一班台湾排湾部落的孩子，他们学了李白，唱了李白，认识了李白游历图，还有一处要紧的，就是一起去喊山，对着祖灵大声喊出自己的心愿：我要去看大陆的河山。

惠英红老师的敬业精神，在香港演艺界是出了名的，所以请她来讲讲梁启超的《敬业与乐业》。梁启超是中国现代图书馆的开创者，上课地云南腾冲和顺镇恰恰有中国最早最大的乡村图书馆。更巧的是，惠英红老师曾经在这里拍过电影《武侠》。

邹市明老师的经历是一个跌宕的励志故事，所以请他讲讲"天降大任于斯人也"。地点在远天远地的四川丹巴，可以好好地看看天看看地。

凯叔老师一口气讲了两个节日，王安石的《元日》是我们今天的春节，辛弃疾的《元夕》是元宵节，都是过年。讲课的地点在四川凉山，当地的彝族恰巧要过彝族的大年。

张晓龙老师讲盛唐气象的《凉州词》，当然要从"夜光杯"说起。唐三彩很唐代，当然还可以讲唐代的化妆。讲大唐的上课地，首选当然是长安，如今的西安。

如何上好一堂课

如何让语文更有趣，如何发现语文更多的意思？

徐帆老师是一个好母亲，但是来讲了一堂好父亲的课：朱自清的《背影》。这是徐帆自己选定的课目。父亲送她去上大学那一幕，徐帆感受强烈，几十年后还记忆犹新。

语文课要讲字词，准确达意。徐帆要求孩子们"向左微倾"，努力爬爬讲台，体会父亲爬站台的样子。《背影》是父亲课，在课堂上，徐帆要求孩子们来扮演父亲，自己扮演孩子，课后的作业，是孩子们回家采访父亲。语文需要写感情，徐帆老师布置的作文，是写写《爸爸，我想对你说》。

冯仑老师讲的是胡适"母亲课"，他的台湾鼻头小学的孩子们，要外出去探探母亲的班，要自谋生计体会母亲的不容易。

刘谦老师的《疑邻盗斧》课，在长城上认识"邻居"，是以邻为壑、以墙为界，还是以墙为桥。

王珮瑜老师的课当然要"唱念做打"，茅威涛老师的课是"唱念做表"，越剧没有打戏。杭州小百花越剧场，被称为"大蝴蝶剧场"。"大蝴蝶"成了孩子们的超级大课堂。

黄豆豆老师是舞蹈家，但是演过猴戏。他的《西游记》课，自然热闹成一团。

陈晓卿讲的是鸭蛋课，汪曾祺《端午的鸭蛋》。首先要吃到鸭蛋，鸭蛋是他从高邮请来的。广西龙胜小寨村，也有自己腌制鸭蛋的方式。鸭蛋课不限于鸭蛋，这是一堂美食课，到梯田上去看看玉米、看看辣椒。晓卿老师说，没有辣椒之前，中国人用茱萸制造辣味，孩子们齐齐地背出"遍插茱萸少一人"。然后呢，在野地里挖坑垒灶烧火吧，烤鱼、烤玉米。

阿来老师的正课是讲丽江的水，雪水泉水河水，但是还要讲讲植物。古城里的孩子们爱水，还有去花海看波斯菊，去高山看云杉，草地上一草一叶都是含水的生命体。

"同课"中更好的作文课，是张大春、刘震云、郑渊洁、王洛勇老师的课。作家的作文课效果好，是应当应分的，但是王洛勇作文课为什么好？

好作文都有一个好题目。

郑渊洁老师给出的作文题目是"大峡谷的马"："有一匹马正在吃草，吃着吃着，突然山崩地裂，马掉进了大峡谷，但是它没死，发现里面有一个神奇的地方，想象一下接下去会怎样？"

王洛勇老师给出的作文题目是"我在回家的路上"，要求就是：写你看见什么还看见什么。结果呢，几乎每一篇作文都好。

"我在回家的路上，我看到了两条小狗，我在回家的路上，看见了四头小牛，我在回家的路上，看见了几只小鸡，我在回家的路上，看见了几只小猫，我在回家的路上，看见了一头母猪，我在回家的路上，看见了几只蜜蜂。"（陈家驰）

"今天我在回家的路上见了一只小猫在自由地奔跑，我还看见小鸟在树上歌唱，有的小花在山上，鲜艳的小花，有的人在集口边挑了一担满满的水，从我的身边经过一辆汽车，里面有三个大人。在我家边上有很多人在乘凉，这就是我在回家的路上。"（曾江鸿）

"我在回家的路上，看见了一只公鸡。金鸡独立地站在那里，我赶紧跑过去看，公鸡展开两只大翅膀，拼命地跑，我追呀追呀，我怎么都追不着，我只是想和你说句话，我不是要吃你。我学着鸡和它一起金鸡独立，不知不觉我和鸡妈妈接近了，后来我收养了这只鸡，我每天放学都抱它一下。"（龙丽）

"一人回家的路上，看见牛羊吃草，吃得好饱，一头小牛不见了妈妈，就在叫，结果牛妈妈就来，我也学它叫一声，可是被母牛追到

了小明家门前。后来小牛叫了一声，它就回去了。所以我发现了牛也会叫妈妈。"（高茂）

"我回家的路上看到了一位老奶奶买东西排队，我又看到了一位男孩手里拿着手机，目不转睛地盯着手机玩，还在唱歌，好听极了，还看见了一个绿油油的草坪，我在那上面玩，可开心了。我在那上面又发现了许多花，有紫的、黄的、白的、粉的等颜色，我忍不住采了几朵，我又看见了几只蝴蝶停在花上，我追啊追，终于捉住了一只，我开开心心地回家了。"（罗韶婷）

"今天在回家的路上看见了一朵美丽的鲜花，分别有白、红、黄、绿四种颜色的花瓣，于是我就想把它摘了，可是我发现旁边有一个公告牌上，请勿摘美丽的花儿，我就没有摘。而且我每天都给花儿浇水，于是我就给它起了一个好听的名字，五色花，每天我都带我的小伙伴们看我的五色花，今天真开心呀。"（陶丝宇）

"有一天我回家的路上遇见一头牛，牛奇怪地叫，一辆摩托车跑来，它停住了，牛妈妈走过去，那个人下车了，下去把牛头打了，牛的主人来了，拿着棍子来了，把牛给打走了。"（罗红涛）

这样的作文，每一个孩子都写得出、写得好。

还有几句话

"同课"首先在电视台播出，乍看是一档文化节目，但是我们理解的"同课"，它就是一个教育项目。"同课"需要结结实实地备课，老老实实地上课，必须好看、好玩，有意思，有用处。

所以"同课"的每一堂课，都有长版的课程版在网络常年播出。但是，即使是课程版，仍然不完整，不足以展现课程的菁华。所以这一次，我们整理成书，希望"同课"的课，惠及更多的学生、老师和家长。

"同课"中这些课的课文，篇篇都是语文教科书中的经典篇目，统统都是斯文中国的一部分，值得好好学。

"同课"的这些课，每一堂都涵融了代课老师自身的修为，不仅是知识修养，还有更多生活的感悟、生命的美学。

"同课"中的这些课，浸润了代课老师的虔诚之心，浸润了上课孩子们的快乐之心，当然，也寄托了我们全体教学研究伙伴、全体"同课"同仁的谦卑之心。

同一堂课行动的联合发起方，是南方周末、南瓜视业、灿星制作。其初心之本，是对中国教育的一份执念。一起做"同课"这件事情的，有多方的伙伴，几十所学校及其上级教育部门、地方宣传部门的开放度极高的合作，浙江卫视慷慨给予宝贵的黄金档，学而思网校、博实乐教育集团、方太集团、斯巴鲁汽车欣然援之大度的扶助，因缘和合，共同成就善果。

"同课"真正的果报，是孩子们都喜欢语文课。人生该懂得的，在语文课上都可以学得到。

同一堂课，是一件"对的事情"。我们会继续做下去，做好它。

2020.10.10